Katharina Maier
Die großen Literaten der Welt

Katharina Maier

Die großen Literaten der Welt

Amerika und Asien

marixverlag

Copyright © by Marix Verlag GmbH, Wiesbaden 2007
Covergestaltung: Thomas Jarzina, Köln
Bildnachweis: akg-images GmbH, Berlin
Korrekturen: Ortrun Cramer, Wiesbaden
Satz und Bearbeitung: C&H Typo-Grafik, Miesbach
Gesamtherstellung: GGP Media GmbH, Pößneck
Printed in Germany

ISBN: 978-3-86539-929-8

www.marixwissen.de
www.marixverlag.de

Inhaltsverzeichnis

Inhalt

VORWORT:
LITERARISCHE SCHLAGLICHTER AUF
OST UND WEST

Wer sich selbst und andre kennt,
Wird auch hier erkennen:
Orient und Okzident
Sind nicht mehr zu trennen.
Sinnig zwischen beiden Welten
Sich zu wiegen lass ich gelten;
Also zwischen Ost und Westen
Sich bewegen, sei's zum Besten.

JOHANN WOLFGANG GOETHE

Zwar wagten die Europäer den Blick über den literarischen
Tellerrand, wie dieses Gedicht von Goethe zeigt, schon vor 200
Jahren, doch sind wir auch heutzutage nach wie vor gut bera-
ten, den Rat des Dichterfürsten aus Weimar anzunehmen. Denn
wer vermag schon, nach außereuropäischen Literaten gefragt,
aus dem Stegreif mehr als eine Handvoll – zumeist US-amerikanischer – Namen zu nennen? Gleichwohl haben der ›Osten‹ wie
der ›Westen‹ den europäischen Betrachter schon immer fasziniert als das vage ›Andere‹, das Exotische, das Ferne. Das vorliegende Buch möchte sich als Beitrag verstehen, dem Leser einen
Zugang zu eröffnen zu den bestrickenden Welten der amerikanischen und der asiatischen Literatur, wo berückende Fremd-
artigkeit genauso auf ihn warten wie unerwartete Vertrautheit.
Dabei kann es allerdings nur einen ersten Eindruck liefern,
sowohl von der jahrtausendealten, vielschichtigen und vielfältigen literarischen Tradition Asiens als auch von der ungeheuer
reichen Literatur des gesamten amerikanischen Kontinents.
Dieses Buch wirft Schlaglichter und beleuchtet so Leben
und Werk von 65 der bedeutendsten und größten Dichter und
Schriftsteller der Kulturkreise östlich und westlich von Europa.
›Amerika‹ und ›Asien‹ dienen dabei als rein geographische Sam-
melbegriffe, unter die im letzteren Fall etwa auch Vorderasien
und der Nahe Osten fallen, um dem Leser einen möglichst brei-

ten Einblick zu gewähren. Zugleich entstehen dadurch sowohl räumlich als auch zeitlich geradezu unermessliche literarische Kontinente, die durch die geworfenen Schlaglichter nur partiell erhellt werden können. Das Buch deckt eine Zeitspanne vom 4. Jahrhundert n. Chr. bis zur Gegenwart ab, doch wirkte das Gros der hier vorgestellten Literaten im 20. Jahrhundert. Dies liegt im Falle Amerikas schlicht daran, dass sich erst im Laufe der letzten 200 Jahre allmählich eine eigenständige Literatur zu entwickeln begann, die gerade in der literarischen Moderne mit all ihrer imaginativen, umwälzenden Kraft über die Welt hereinbrach. Die asiatische Welt wiederum hat zwar immer wieder das Auge des Westens angezogen, ist aber erst seit dem 20. Jahrhundert dabei, mit immer unüberhörbarer werdenden Stimmen so wortgewaltig auf sich aufmerksam zu machen, dass ihre Literaten nicht mehr vom eurozentristischen Blick ignoriert werden können. Dabei erregen die alten Dichter und Schriftsteller (aufs Neue) das Interesse des Europäers, vielleicht noch mehr jedoch faszinieren die neuen Stimmen, die, zusammen mit den lateinamerikanischen Poeten, besonders in der Postmoderne ihre ganz eigenen Lieder singen.

Das Fremde uns anzueignen und das Selbst im Anderen zu erkennen – dazu fordert uns Goethes Gedicht letztendlich auf. Dieser sein Appell zu geistiger Flexibilität und Aufgeschlossenheit erscheint heute dringlicher als jemals zuvor. Gleichzeitig lädt uns der Dichterweise ein, uns auf eine Reise zwischen den Welten zu begeben und uns auf das große Abenteuer des literarischen Weltbürgertums einzulassen. Das vorliegende Buch versteht sich als kleiner Reiseführer auf dieser geistigen Entdeckungsfahrt und will zugleich zur Erforschung abgelegenerer literarischer Gebiete Lust machen, die jenseits der hier schlaglichtartig beleuchteten Bereiche liegen.

Katharina Maier

KĀLIDĀSA

(4./5. JAHRHUNDERT)

Wolkenbote – Der Dichterfürst des alten Indien

Die Blüte der altindischen Kunstdichtung (*kāvya*) fällt in den Zeitraum zwischen dem 4. und dem 6. Jahrhundert nach Christus und findet ihren unbestrittenen Höhepunkt in der Gestalt des legendenumrankten Epikers, Dramatikers und Lyrikers Kālidāsa, der bis heute als der größte Poet Indiens gilt.

Wenig ist vom Leben des großen Sanskrit-Dichters Kālidāsa bekannt. Selbst seine Lebenszeit lässt sich aller Bemühungen der Forschung zum Trotz nur vage bestimmen; eine Inschrift aus dem Jahr 634 zeugt zum ersten Mal von der großen Berühmtheit Kālidāsas, und es erscheint am wahrscheinlichsten, dass Indiens überragender Poet um die Wende vom 4. auf das 5. Jahrhundert gelebt und gewirkt hat. Die ausführlichen, besonders blumigen Beschreibungen der Reichshauptstadt Ujjayinī in Kālidāsas Werken – allen voran in dem berühmten Gedicht *Meghadūta* (*Der Wolkenbote*)[1] – legen nahe, dass diese Stadt die Heimat des Poeten war; möglicherweise war er Dichter am Hofe von Chandragupta II. Vikrmādrya, des dritten der Gupta-Kaiser, unter denen das alte Indien zum Großreich gedieh und die *kāvya*, die klassische indische Kunstdichtung, volle Blüte trieb. Kālidāsa gehörte höchstwahrscheinlich zu der Kaste der Brahmanen[2] und verehrte sowohl Śiva als auch die Göttin Kali, auf die sein Name zurückgeht und die ihm der Legende nach sein ›übermenschliches‹ dichterisches Talent verlieh; die Symbolik seiner Werke, die, wie für die *kāvya*-Dichtung typisch, mythische und epische Stoffe aufgreifen und in denen die Welt der Menschen und die der Götter und Dämonen ineinanderfließen, spricht deutlich vom starken Einfluss der hinduistischen Lehre. Dennoch fehlt in den Texten des Brahmanen Kālidāsa auch das stark diesseitige Element nicht, das die oft sehr erotische *kāvya*-

---

[1] Kālidāsas Werke sind in ersten Linie unter ihren Sanskrit-Originaltiteln bekannt.

[2] oberste Kaste der Hindus (Priester, Dichter, Gelehrte, Politiker)

Literatur kennzeichnet und unter anderem auf deren Natur als ›Hofdichtung‹ zurückzuführen ist.

Die *kāvya*-Dichtung, als deren erstes Werk das zentrale Sanskrit-Epos *Rāmāyana* (*Epos von Rāmās Lebenslauf*)[1] gilt, entwickelte sich in Indien über Jahrhunderte hinweg; zur Zeit der Gupta-Kaiser hatte sich ein systematisiertes Regelwerk gebildet, an dem die vor allem in den städtischen Zentren und im Umfeld des Hofes wirkenden Dichter sich messen lassen mussten. Von einem Literaten wurde eine umfassende Allgemeinbildung erwartet, die sowohl die breite Mythologie umfassen sollte als auch alle Arten von weltlichen Belangen; vor allem jedoch wurde eine genau Kenntnis der *kāvya*-Poetik vorausgesetzt, die in den *Alamkāraśātras*, Lehrbüchern der Kunst, niedergeschrieben war. Das Sanskrit-Wort *alamkāra* bedeutet ›Schmuck‹, und verweist somit auf den formalen Schwerpunkt, den die *kāvya*-Dichtung setzte. Diese wurde »als sprachliche Komposition, die ästhetisches Wohlgefallen hervorruft« definiert[2]; das heißt, die ästhetische Form dominiert hier über den Inhalt. In der *kāvya*-Dichtung geht es darum, alten überlieferten Stoffen aus Legende, Mythos und Epos eine möglichst kunstvolle, gefällige und ›schmuckvolle‹ neue Gestalt zu geben. Metaphern, Wortspiele, farbenreiche Schilderungen, ungewöhnliche Ausdrücke und Wortkombinationen charakterisieren folglich die – gerade für das westliche Auge – oft überwältigende Bildlichkeit dieser Literatur, die, vor allem in ihrer späten, ›dekadenten‹ Form, Gefahr läuft, im sprachlichen Schmuckwerk zu ersticken[3]. Nicht so bei Kālidāsa; der große Dichter beherrschte das ästhetische Sprachspiel in Perfektion und wusste den Reichtum der *kāvya*-Dichtung einzusetzen, um Kompositionen größter Harmonie zu kreieren – jene Harmonie, die den *dhvani* (den Grundton, die Seele) seiner Poesie konstituiert.

---

[1] Das *Rāmāyana* ist eines der indischen Nationalepen und wurde vermutlich von dem Dichter Valmiki in der Zeit zwischen dem 4. Jahrhundert vor und dem 2. Jahrhundert nach Christus verfasst.

[2] vergl. Klaus Mylius. *Geschichte der altindischen Literatur. Die 3000-jährige Entwicklung der religiös-philosophischen, belletristischen und wissenschaftlichen Literatur Indiens von den Veden bis zur Etablierung des Islams.* Scherz 1988. S. 157.

[3] Ein Beispiel ist die Dominanz der nominalen über die verbale Ausdrucksform, was im Sanskrit schließlich zu immer unüberschaubarer werdenden Kompositionen und regelrechten Wortungetümen führte.

Die *kāvya*-Dichtung umfasst die Gattung des Epos, des Dramas und der Lyrik, und in allen dreien war Kālidāsa unangefochtener Meister. Von den zahlreichen Werken, die ihm ob seiner Berühmtheit zugeschrieben werden, stammen mit Sicherheit das vielgelobte Langgedicht *Meghadūta* (*Der Wolkenbote*), die beiden höfischen Epen *Kumārasambha* (*Die Geburt des Kriegsgottes*) und *Raghumvamśa* (*Das Raghu-Geschlecht*) und die Dramen *Mālavikāgnimitra* (*Das Schauspiel von Malavika und Agnimitra*), *Vikramorvaśīya* bzw. *Urvaśī* (*Das Schauspiel von Vikrama und Urvshi*) und die weltberühmte *Śakuntalā* von Kālidāsas Hand. Vor allem die *Śakuntalā* und der *Meghadūta*, die beide zu den größten und wichtigsten Schöpfungen der Weltliteratur gehören, machten Kālidāsa weit über Indien hinaus berühmt, und das von Anfang an; *Meghadūta* existierte schon bald nach seiner Entstehung in tibetischen, mongolischen und singhalisischen Übersetzungen, und das Langedicht über den Wolkenboten war eines der ersten (alt)indischen Werke, die in Europa bekannt wurden. Unter anderem Johann Wolfgang Goethe (1749–1832) und Alexander von Humboldt (1769–1859) gehörten zu den Bewunderern des *Wolkenboten*, der voller intensiver wie zarter Natur- und Gefühlsschilderungen ist und in dem sich die starke Sehnsucht ›getrennter Liebe‹ (*virhara*) manifestiert[1]. Die Berühmtheit, Bedeutung und dichterische Meisterschaft des *Meghadūta* werden nur noch von der *Śakuntalā* übertroffen, die in Indien und darüber hinaus als das bedeutendste Sanskrit-Drama überhaupt gilt. Sie wird als die Krönung der hochentwickelten *kāvya*-Dramenkunst angesehen[2], die eine in mythologische Stoffe gekleidete Nachahmung des Lebens sein will und daher – im Gegensatz zum höfischen Epos – eine lebensnahe Volkskunst konstituierte. Das Stück – das wie die beiden anderen Dramen Kālidāsas eine Liebe zum Thema hat, die allerlei himmlische wie irdische Hindernisse zu bewältigen hat, bevor sie Erfüllung findet – erzählt die Geschichte von König Dusyan-

---

[1] Der *Meghadūta* besteht hauptsächlich aus dem Monolog eines verbannten Yaksa (eines halbgöttlichen Wesens), der sich in Sehnsucht nach seiner Frau verzehrt und einer Regenwolke – vergessend, dass diese kein lebendiges Wesen ist – eine Botschaft an die Geliebte mitgibt.

[2] Das Drama gilt in der *kāvya* als höchste Gattung, da es Epik und Lyrik in sich vereint (es enthält sowohl Passagen in Prosa als auch in Lyrik), verschiedene Sprachen gebraucht (je nach Stand und Geschlecht der auftretenden Personen) und ein komplexes Gesamtkunstwerk aus Wort, Geste und Klang bilden muss.

Kālidāsa

ta und Śakuntalā, der Tochter eines Einsiedlers und einer As-
para (himmlische Nymphe). Das Paar wird durch einen Fluch,
der den König seine Geliebte vergessen lässt, getrennt. Erst als
der Zufall Dusyanta einen Ring in die Hand fallen lässt, den er
Śakuntalā einst geschenkt hat, erinnert sich der König und wird
– nach einem Kampf gegen die Dämonen an der Seite des Göt-
terkönigs Indra – mit seiner Geliebten und dem gemeinsamen
Sohn vereint. Wie mit den meisten seiner Texte greift Kālisāda
auch mit der *Śakuntalā* altbekannte epische und mythologische
Stoffe auf, fügt jedoch eigene Ideen hinzu (etwa den verlorenen
und wiedergewonnenen Ring) und treibt ein meisterhaftes Spiel
mit überlieferten Motiven. Das Werk ist von einer lyrischen Ein-
dringlichkeit und fesselt sowohl durch seine intensive Sprache
als auch durch die Lebensechtheit seiner Charaktere; vor allem
Śakuntalā selbst beweist eine Gefühlstiefe, wie sie angesichts
der altindischen Auffassung von der Unterlegenheit der Frau
überraschen muss. Die Bedeutung der *Śakuntalā* für die indische
Literatur, ja, für die Weltliteratur, kann kaum überschätzt werden; Goethe, der Elemente des altindischen Dramas in seinen
Faust (1808/1828-29) integrierte, schrieb mit berechtigter Begeisterung über das Meisterwerk Kālidāsas:

> *Willst du die Blüte der frühen, die Früchte der späten Jahre,*
> *Willst du, was reizt und entzückt, willst du, was sättigt und nährt,*
> *Willst du den Himmel, die Erde mit Einem Namen begreifen,*
> *Nenn' ich, Sakontala, dich, und so ist alles gesagt.*

Wichtige Werke:

Kumārasambha (Die Geburt des Kriegsgottes)
Mālavikāgnimitra (Das Schauspiel von Malavika und Agnimitra)
Meghadūta (Der Wolkenbote)
Raghumvamśa (Das Raghu-Geschlecht)
Śakuntalā (Śakuntalā oder Das Erkennungszeichen)
Vikramorvaśīya/Urvaśī (Das Schauspiel von Vikrama und Urvshi)

Du Fu

(712–770)

Vollkommene Symphonie – Der Dichterheilige

Du Fu, der Dichterheilige (*Shisheng*), ist zusammen mit seinem Zeitgenossen Li Bai oder Li Bo (701–762)[1] der bedeutendste Poet der chinesischen Literatur. Er brachte die klassische Dichtung der Tang-Dynastie zu ihrem Höhepunkt und überschritt sie zugleich mit seinen kühnen sprachlichen und thematischen Innovationen, die ihrer Zeit oft Jahrhunderte voraus waren. Er brachte den Alltag in die chinesische Poesie und besticht doch durch seine ungeheure Gelehrsamkeit. Teilnahmsvoll dokumentiert Du Fu das Leiden seines vom Krieg gebeutelten Landes und der eigenen Familie, während er gleichzeitig in den meisten seiner Gedichte den melancholischen Gestus eines ewig Heimatlosen beibehält.

Die Zeit der Tang-Dynastie (618–907) sah die Blüte der klassischen chinesischen Kunst in all ihren Formen, und ihr Höhepunkt fiel in die Lebenszeit von Du Fu und seinem elf Jahre älteren Zeitgenossen Li Bai. Beide großen Dichter müssen fast in einem Atemzug genannt werden, erscheinen sie doch oft wie die zwei Seiten einer Münze: Während Li Bai für seine anarchische Weinseligkeit und seine überbordende Lebensfreude bekannt ist, verkörpert Du Fu den melancholischen Mahner und formstrengen Gelehrten. Diese beliebte (und vereinfachende) Kontrastierung[2] darf aber nicht über die tiefe Verbundenheit dieser beiden bedeutendsten chinesischen Dichter hinwegtäuschen, die sich auf persönlicher Ebene durch eine, trotz nur einmaliger Begegnung[3] ausgesprochen tiefe, Freundschaft niederschlug und auf künstlerischer Ebene durch eine allen Unterschieden zum Trotz

---

[1] Li Bai ist in Europa besser bekannt unter dem Namen Li Taibai oder Li Taibo.

[2] Du Fu teilte durchaus Li Bais Liebe zum Wein und schrieb lebensfrohe Gedichte über denselben, während Li Bai wie sein jüngerer Freund die Kriegswirren seiner Zeit in Verse fasste.

[3] Diese Begegnung fand wahrscheinlich im Jahr 744 während der ausgedehnten Reisen des jungen Du Fu durch das Chinesische Reich statt

sehr ähnliche poetologische Grundeinstellung. Diese äußerte sich bei Du Fu, wie Reinhard Emmerich anmerkt, etwa durch »eine in die höchste Überheblichkeit gesteigerte Auffassung über seine frühe literarische Reife und sein poetisches Schaffen, die sich mit einer Geringschätzung älterer Poeten paart oder ihn sagen ließ, wenn man (wie er) zehntausend Buchrollen zerlesen habe, führe einen gleichsam ein Geist den Schreibpinsel«[1]. Mit einer solchen, offensichtlich nicht unberechtigten, genialischen Einstellung brachten Li Bai und Du Fu die ausgesprochen regelstrenge klassische Poetik der Tang-Dichtung an ihre Grenzen – und darüber hinaus.

Während die weingetränkte Lebenslust des Li Bai im Westen lange Zeit größeren Anklang fand als Du Fus herb-alltägliche Schwermut – unter anderem ersichtlich an der Vertonung von sechs Li-Bai-Gedichten durch Gustav Mahler (1860–1911) in dessen *Lied von der Erde* (ca. 1908–1909) –, wird Du Fu in China selbst als der bedeutendste Poet überhaupt angesehen. Sein Einfluss auf die spätere chinesische, und ab dem 17. Jahrhundert auch auf die japanische[2], Literatur und Kultur war derart groß, dass Du Fu als der chinesische Shakespeare bezeichnet werden kann; seit der Song-Dynastie (960–1279) – die Zeit der Wiederbelebung der Werke des bis dahin ob seiner innovativen Radikalität fast vergessenen Du Fu – kann sich kein chinesischer Literat dem Einfluss des Dichterheiligen ganz entziehen. Mehr noch als Li Bai bereicherte Du Fu die chinesische Literatur um sprachliche, formale und thematische Neuerungen, die selbst heute noch oft unkonventionell erscheinen.

Trotz oder gerade wegen seines Innovationsgeistes war Du Fu ein Meister jeglicher Spielart und Gattung der klassischen chinesischen Poesie. Deren Schwerpunkt lag von jeher auf der Harmonie der Form, die der Dichterheilige durch seine poetische Virtuosität zur Vollendung brachte. Seine Lyrik wird in China deswegen als *jidacheng*, als ›vollkommene Symphonie‹ bezeichnet, ein Begriff, mit dem auch das Werk des Konfuzius beschrieben wird. Sein Beiname *Shisheng* bringt Du Fu eben-

---

und war vor allem durch die tiefe Bewunderung geprägt, die der noch unbekannte Jüngere dem ›Dichtergott‹ Li Bai entgegenbrachte.

[1] Reinhard Emmerich. »Östliche Han bis Tang«. in: Reinhard Emmerich (Hg.): *Chinesische Literaturgeschichte*. Stuttgart/Weimar: Metzler 2004. S. 88–186, hier: S. 154.

[2] Die formstarke Lyrik Du Fus beeinflusste vor allem auch Matsuo Bashō (1644–1694), den Erfinders des japanischen Haiku.

falls mit dem ›Philosophenheiligen‹ Konfuzius in Verbindung, dessen Lehre eine wichtige Rolle für die Weltsicht des großen Lyrikers spielte. Du Fus (dichterische) ›Heiligkeit‹ meint jedoch nicht eine weltabgewandte Jenseitigkeit, wie sie viele seiner vom Wunderglauben und dem Wunsch nach der Unsterblichkeit erfüllten Zeitgenossen charakterisiert, sondern vielmehr eine Hinwendung zum Hier und Jetzt, zu den kleinen und unscheinbaren Dingen und zum Alltag des Lebens und Leidens. So schreibt Du Fu in dem Gedicht *Am reinen Strom*:

> *Großmutter malt ein Schachbrett auf Papier,*
> *Ein Kind klopft eine Nadel sich zur Angel.*
> *Für Krankheit gibt's Tinktur und Elixier.*
> *Woran ist für den armen Leib noch Mangel?*[1]

Somit nennt Wolfgang Kubin Du Fu zu Recht den ersten »weltlichen« Dichter Chinas[2], der über das tägliche Leben schreibt, über die eigene Familie[3] und, oft klagend, über seine eigene Befindlichkeit, welche er jedoch meist in einen größeren Kontext stellt: eingebunden in die sich immer gleichbleibende Natur, verortet im zeitgeschichtlichen Geschehen oder über die Evokation historischer Gestalten in einen übergeordneten Zusammenhang gebracht. Dabei porträtiert sich Du Fu selbst sowohl als den körperlich wie seelisch Leidenden, der sozusagen das Elend seines von Bürgerkrieg, Hunger und Krankheit zerrissenen Volkes in sich aufnimmt, als auch als den rastlos Wandernden in der Fremde, der nie heimkommt:

> *Fremde*
> *Nie war der Fluss so grün, das Weiß der Vögel weißer,*
> *So blau der Berg, das Rot der Blüten heißer.*
> *Und doch vergehts, das Jahr, gleich allen, wies auch brennt,*
> *Und niemand ist, der mir den Tag der Heimkehr nennt.*[4]

---

[1] Übersetzung von Günter Eich

[2] Wolfgang Kubin. »Du Fu«. in: Axel Ruckaberle (Hg.): *Metzler Lexikon der Weltliteratur*. Band 1. Stuttgart/Weimar: Metzler 2006. S. 400–401. hier: S. 400.

[3] Etwa verfasste Du Fu Liebesgedichte an seine Ehefrau, wie es damals nur an Konkubinen üblich war, oder gab der Trauer über den Hungertod seines jüngsten Kindes lyrische Gestalt.

[4] Übersetzung von Günter Eich

So ist dem ausgesprochen biographischen Werk des Du Fu[1] aller vollendeten Symphonie in der poetischen Form zum Trotz eine gewisse melancholische Spannung zu eigen, die die vollständige Vereinigung von Mensch und Natur zu einen harmonischen Ganzen unmöglich macht. Dieser ›Riss in der Welt‹, der sich durch Du Fus Poesie zieht, spiegelt sich in seinem Leben sowie in dem historischen Hintergrund seiner Epoche. Es ist die Zeit des An-Lushan-Aufstandes[2], der von 755 bis 764 andauerte und zusammen mit verheerenden Hungersnöten, Naturkatastrophen und außenpolitischen Gebietsverlusten die Bevölkerung Chinas von über 50 Millionen auf weniger als 20 Millionen reduzierte. In seiner Position als niederer Beamter am kaiserlichen Hof in Chang'an (dem heutigen Xi'an), die er von 755 bis 759 innehatte und die der Sohn einer verarmten adligen Familie sein ganzes unstetes Leben lang zu erreichen bestrebt gewesen war[3], versuchte Du Fu, sich mit Rat und Tat am Widerstand gegen die Rebellion zu beteiligen. Aus Enttäuschung über die Zurückweisung seiner Bemühungen und die allgegenwärtige Korruption machte sich Du Fu im Jahr 759 auf in die Stadt Chengdu, wohin er seine Familie zu deren Sicherheit geschickt hatte. Während seiner Reise durch das Land wurde er Zeuge und Opfer des Elends, das im Reich herrschte und sich zum Hauptthema seiner Gedichte entwickelte. Du Fu wurde so zum ›Dichter-Historiographen‹ seiner Zeit, der den historischen Ereignissen sowie der Vergangenheit poetische Gestalt gab. Seine Verse über den Krieg – etwa *Die müde Nacht*, *Die Wäscheklopferin*, *In einer Mondnacht an die Brüder denkend* und *Reise in den Norden* – wurden zu den berühmtesten Werken des Dichterheiligen. Die nächsten Jahre verbrachte Du Fu in Chengdun, zwei davon in seiner berühmten Grashütte, in der er eine Art Eremitenexistenz führte. Deren Nachbildung neben einem Ehrentempel, der zur

---

[1] Du Fu war einer der ersten chinesischen Dichter, der sein Gesamtwerk nach biographischen Aspekten gliederte.

[2] An Lushan, ein einflussreicher General aus dem Nordosten des damals extensiven Chinesischen Reiches, führte die Rebellion gegen die Tang-Kaiser an, die bürgerkriegsähnliche Zustände im ganzen Reich mit sich brachte.

[3] Du Fu scheiterte, vermutlich aus politischen Gründen, mehrmals an dem Examen, dem sich kaiserliche Beamte zu unterziehen hatten, und war deswegen für den Unterhalt seiner selbst, seiner Frau und seiner fünf Kinder lange auf die Unterstützung von Gönnern angewiesen, die manchmal recht, manchmal schlecht für die Grundlagen zum Leben sorgten.

Zeit der Song-Dynastie in Erinnerung an den Dichterheiligen errichtet wurde, ist heute noch zu besuchen. Du Fus Familie lebte in Chengdun in Armut und der Abhängigkeit von Gönnern; dennoch entstanden die meisten der über 14.000 Gedichte des großen Poeten in dieser Zeit und während seiner letzten Lebensjahre, die der große Wanderer – wie die Jahre seiner Jugend und der Kriegszeit – in steter Unrast verbringen musste.

Wichtige Werke:

Ba ai shi (›Acht Klagen‹)
Beizheng (*Reise in den Norden*)
Quinixing bu shou (›Acht Gedichte über die Herbststimmung‹)
Yonghuaigujo (›Ausdruck von Gefühlen angesichts alter Stätten‹)
Yueye (*Mondnacht*)

Ono no Komachi

(9. Jahrhundert)

Tasten nach der Spur – Das Symbol der Schönheit

Ono no Komachi, der ›Stern‹ der klassischen japanischen Literatur, ist die wohl geheimnisvollste und faszinierendste Gestalt unter den *Rokkasen*, den sechs bis heute hochverehrten ›Dichtergenien‹ der künstlerisch so ausgesprochen fruchtbaren Heian-Periode. Die erotisch aufgeladene Liebesdichtung der Frau Ono no Komachi überbrückt mühelos eine Zeitspanne von über 1000 Jahren, um sich in Herz und Blut ihrer Leser einzubrennen, und die legendäre Schönheit der Poetin selbst inspiriert Dichter und Künstler bis zum heutigen Tag.

Ono no Komachi war eine Meisterin des klassischen japanisches Kurzgedichts, dem *tanka*, der Hauptgattung der *waka*-Dichtung der Heian-Periode[1] (797–1185), aus der sich später das *haiku* entwickeln sollte. Wie die Gattung des *tanka* im Allgemeinen sind die Schöpfungen Ono no Komachis zum Großteil Liebesdichtungen; dabei zeichnen sich ihre Texte durch eine be-

---

[1] Die Heian-Periode ist benannt nach der damaligen imperialen Hauptstadt Heian Kyo, dem heutigen Kyōtō, Sitz des kaiserlichen Hofes und kulturelles Zentrum.

sondere Erotik bei gleichzeitiger müheloser Berührung existen-
tieller Thematiken aus:

Seit ich im leichten
Schlummer mir den Ersehnten
ersehnen konnte,
fange ich an, den Träumen,
wie man sie nennt, zu trauen.

Die *tanka*-Dichtung – wie das *haiku* ein Silbengedicht, bestehend aus fünf Teilen zu 5, 7, 5, 7, 7 Silben – war Bestandteil des
höfischen Spiels im künstlerisch-kulturell ausgerichteten Heian
Kyo und Medium der (erotischen) Kommunikation. Liebende
und solche, die es werden wollten, schrieben sich gegenseitig *tanka*; zuweilen wurden auch die letzten beiden Siebensilber vom jeweils anderen Partner erst ergänzt. Jedes Mitglied des Hofs prak-
tizierte diese Art der Dichtung als eine Selbstverständlichkeit.
Sechs Dichter jedoch taten sich besonders in dieser Kunst hervor:
die sogenannten *Rokkasen*, die in der ersten Gedichtanthologie
der japanischen Literatur – der *Kokin-wakashū*, die im Jahr 905
auf kaiserlichen Befehl erstellt wurde – als die großen Poeten
der jüngeren Vergangenheit gefeiert werden. 18 *tanka* von Ono
no Komachi enthält diese Anthologie – die einzigen erhaltenen
Texte, die mit Sicherheit von dieser großen Dichterin stammen.

Wir wissen heute so gut wie nichts vom Leben der Ono no
Komachi. Nicht einmal ihre Lebensdaten sind gesichert; der
Herausgeber der *Kokin-wakashū* erwähnt nur, dass sie »vor
Kurzem« gelebt hätte. Vermutlich aber entstanden die erhal-
tenen *tanka* um 850. Die Stadt Ogachi in Akati nennt sich selbst
die Geburtsstadt der Liebeslyrikerin; dort steht der Komachi-
Schrein, jedes Jahr findet das Komachi-Festival statt und eine
Reisart aus der Gegend von Akati trägt den Namen der großen
Dichterin. Vermutlich war Ono no Komachi eine niederrangige
Hofdame oder möglicherweise Konkubine am Hof von Kaiser
Nimmyō (Regierungszeit von 833–850). Um die Jahrhundert-
mitte stand sie wohl in regem persönlichen Kontakt mit anderen
führenden Dichtern der Zeit, mit denen ihr auch das ein oder
andere Liebesverhältnis nachgesagt wird – und, liest man ihre
spielerischen Gedichte, scheint eine solche Annahme gar nicht
so weit hergeholt:

Im wachen Leben
mag es ja wohl so gelten.

Aber noch im Traum
meinen, anderer Blicke
scheuen zu müssen: trostlos!

Und genau an diesem Punkt beginnen die Legenden und
Fiktionen, die Ono no Komachi bis zum heutigen Tag umgeben.
Sie soll eine außergewöhnliche Schönheit gewesen sein, eine
Meisterin des höfischen Liebesspiels und eine (sexuell) selbstbewusste *femme fatale* – und das im wahrsten Sinne des Wortes: Wie
die Legende erzählt, erlegte sie einem Verehrer auf, 100 Näch-
te vor ihrer Tür zu verharren, ehe sie ihn erhören würde; als
der Verliebte eine Nacht aufgrund des Todes seines Vaters nicht
vor dem Zimmer seiner Angebeteten verbringen konnte, starb
er aus Verzweiflung, sein begehrtes Ziel nun nie erreichen zu
können. Ono no Komachi wiederum zerbrach fast an der Trauer
um den Tod ihres Verehrers. Eine andere Version der Geschichte lässt den Liebenden vor der Tür der kaltherzigen Dichterin
erfrieren und Ono no Komachi zur Strafe als alte und hässliche
Frau allein durchs Land ziehen und vereinsamt sterben. Eine
wieder andere Tradition spricht der alten, wandernden Weisen
Frau die magische Fähigkeit zu, die überirdische Schönheit ihrer Jugend wieder annehmen zu können, um junge Männer in
ihren Bann zu ziehen. Solche Gestalt gibt Ono no Komachi etwa
das Schauspiel *Sotoba Komachi* von Yukio Mishima (1925-1970)
aus dem Jahr 1960. Doch bereits im auf die Heian-Periode folgenden japanischen Mittelalter wurde das Leben oder besser:
die Legende Ono no Komachis gerne fiktional bearbeitet, etwa
in Kurzgeschichten und den damals zu voller Blüte kommende
noh-Dramen. Über die Jahrhunderte ist sowohl die schöne, kap-
riziöse als auch die gebrochene alte Dichterin ein beliebtes Motiv der japanischen Malerei in all ihren Formen geblieben. Der
jüngste ›fiktionale Gastauftritt‹ der großen Poetin geschah 2003
in Form eines australischen Ein-Personen-Stücks von Christie
Niemann mit dem Titel *Call me Komachi* (›Nennt mich Komachi‹)[1]. Bis heute ist Ono no Komachi in Japan ein Symbol sowohl
der Schönheit als auch deren irdischer Vergänglichkeit. So verliert sich die historische Gestalt der Dichterin in den Legenden
und Fiktionen, die sie umranken, so dass das folgende klagende

---

[1] Der Titel des Dramas spielt auf den ersten Satz von Herman Melvilles (1819-1891) berühmten Roman *Moby Dick* (1851) an: »*Call me Ishmael*
– Nennen Sie mich Ismael.«

(Abū ʿAbdollāh Djaʿfar ben Mohammad) Rūdakī

Liebesgedicht fast als ein Kommentar des posthumen Schicksals
der Poetin gelesen werden kann:

> *Bin ich selbst denn*
> *nicht zu finden? O blindes*
> *Tasten nach der Spur,*
> *seit der Erwartete mich*
> *aus seinem Herzen verlor.*

Doch die Spur Ono no Komachis verliert sich nicht wirklich,
denn sie lässt sich entdecken in ihren unsterblichen Gedichten,
den spielerischen wie den wehmütigen, die in ihrer kurzen Einfachheit ein ganzes Leben fassen:

> *Farbiges Blühen,*
> *wehe, es ist verblichen,*
> *da ich leeren Blicks*
> *nachtlang in ewigem Regen*
> *mein Leben verrauschen sah.*

Wichtige Werke:

18 *tanka* aus der Anthologie *Kokin-wakashū* (905)

(Abū ʿAbdoll h Djaʿfar ben Mohammad) Rūdakī

(um 859–941)

Eine Million und Dreihunderttausend Verse –
Der König der Dichter

Abū ʿAbdollāh Djaʿfar ben Mohammad Rūdakī wird im
Allgemeinen als der Begründer der Dichtung im Neuper-
sischen (Dari, Parsi, Farsi) betrachtet. Obwohl von seinem legendenumwobenen *Diwan*[1] nur ein Bruchteil überliefert ist,
wurde der Poet, Sänger und Musiker in verschiedenen Epochen der persischen Literaturgeschichte als ›König der Dich-

---

[1] Persisch für ›Schreibzimmer, Sammlung beschriebenen Papiers‹;
Bezeichnung für Gedichtsammlung oder auch das lyrische Gesamtwerk
eines Dichters in alphabetischer Ordnung; manche halten Rūdakī für den
Begründer der literarischen Form des *Diwan*.

22

ter‹ verehrt, und sein Meisterwerk *Kalīla wa Dimna* (›Kalila und Dimna‹) gilt als einer der wichtigsten Texte in Farsi.

Unter den Samaniden-Herrschern im 9. und 10. Jahrhundert kam es im persischen Kulturkreis zu einer Art Zeitenwende und zur Entwicklung einer neuen Art von Dichtkunst, die versuchte, die neue islamische Poesie mit der alten, vorislamischen Tradition zu verbinden. Außerdem etablierte sich mit Farsi (von Fārsī-e Darbārī, d. i. ›Sprache des königlichen Hofes‹) eine neue Schriftsprache, die auf einem arabisch-persischen Alphabet basierte. Zum ersten hervorragenden Dichter dieser Sprache, die sich im Mittelalter zur bedeutendsten Literatur- und Gelehrtensprache der islamischen Welt entwickeln sollte, wurde Abū 'Abdollāh Dja'far ben Mohammad Rūdakī, der somit die poetologischen Regeln des Farsi entscheidend mitdefinierte. So etwa geht die Farsi-Reimordnung auf den *Diwan* Rudakis zurück.

Es existieren vergleichsweise viele Überlieferungen das Leben Abū 'Abdollāh Dja'far ben Mohammad Rūdakīs betreffend (der Beiname verweist auf seinen Geburtsort Rūdak bei Samarkand); dennoch oder gerade deswegen sind Fakt und Legende unauflöslich miteinander verwoben. Sicher ist, dass Rūdakī Hofdichter des Samanidenkönigs Nasr II. (Regierungszeit 914–933) in Bukhara (Bochara) war. Berichte über die Jugend des Farsi-Poeten sind weniger verbürgt; dem Chronisten 'Awfi, einem Zeitgenossen des Dichters, zufolge, zeigte Rūdakī seine ungewöhnliche Begabung schon früh: Als Achtjähriger soll er den gesamten Koran auswendig gewusst und bald darauf erste Gedichte verfasst haben. Seine ausgesprochen schöne Singstimme verhalf Rūdakī zur Bekanntschaft mit dem berühmten und hochgeehrten Flötisten Bakhtiar, dessen Schüler er wurde und dessen Erbe er schließlich antrat. Rūdakīs ungeheure Gelehrsamkeit, sein immenses musikalisches wie poetisches Talent und nicht zuletzt seine charismatische Persönlichkeit sollen schließlich König Nasr II. dazu veranlasst haben, den Künstler an seinen Hof zu bitten und ihn dort mit Ehren und Reichtümern zu überschütten. Tatsächlich jedoch war es wohl die Bekanntschaft und das Mäzenat des wichtigsten und einflussreichsten Wesirs (Hofminister) der Zeit, Abul Fadl Bal'ami, die dem Dichter den initialen Zugang zum königlichen Hof ermöglichten und ihn aller Anfeindungen zum Trotz die Position des Hofpoeten verschafften und erhielten (ein Mäzenat, das nicht nur die unbestreitbare poetische Geist Rūdakīs an sich inspirierte, sondern auch die Gelegenheit, eben jenen Geist als ›Propagandadichter‹ – in Form von Lobpreisgedichten auf den Gönner – einsetzen zu können). Wie dem auch sei: Die Position des Hofdichters und seine poetische Potenz[1] verhalfen Rūdakī jedenfalls zu einem Reichtum, der in der islamischen Welt sprichwörtlich geworden ist; er soll 200 Sklaven besessen haben und seine Besitztümer sollen 400 Kamele nicht haben tragen können. Doch mit dem Sturz oder dem Tod Bal'amis endete auch Rūdakīs große Zeit. Im Jahr 937 wurde er vom Hof verbannt und starb altersschwach und ver-armt in seinem Heimatdorf.

Zu Kontroversen regte die Gelehrten seit jeher die legendäre Blindheit des großen Dichters Rūdakī an. Erblindete der Poet nach und nach oder wurde er vielleicht sogar geblendet, da er sich weigerte, weiterhin den Lobpreis der Herrschenden zu singen? Oder berichtet uns der Chronist 'Awfi die Wahrheit, wenn er von Rūdakīs angeborener Blindheit spricht? Wie aber könnte ein von Geburt an Blinder Verse von der Einduckskraft eines Rūdakī verfassen – Verse, die die Schönheit der Natur in unsterbliche Worte fassen und in denen nicht zuletzt Farben eine zentrale Rolle spielen? Könnte die an der Musik geschulte Imagination Rūdakīs tatsächlich von einer derartigen übermenschlichen Kraft gewesen sein? – Was auch immer die Antwort auf diese Fragen sein mag, Abū 'Abdollāh Dja'far ben Mohammad Rūdakī ist als der große blind-sehende Dichter in die Literaturgeschichte eingegangen.

Legendär ist auch der angebliche Umfang des poetischen Werkes Rūdakīs, das 1.300.000 *bayts* (Doppelverse) umfasst haben soll. Tatsächlich überliefert sind vom *Diwan* Rūdakīs, dessen tatsächlicher Umfang im Dunkeln liegt, nur an die 1.000 verschiedenen Genres zugehörige Verse. Auch von der Romanze *Sindbād-Nāmē* (›Das Buch des Sindbad‹) und der Fabelsammlung *Kalīla wa Dimna* sind nur Fragmente übriggeblieben. Letztere ist das unbestrittene Meisterwerk Rūdakīs, das trotz fehlender Überlieferung eine wichtige Rolle für die persische Literatur spielt. *Kalīla wa Dimna* ist die persische Übertragung einer wohl 2000 Jahre alten Sammlung von Tierfabeln aus dem Sanskrit

---

[1] Die Kraft von Rūdakīs Poesie soll so groß gewesen sein, dass während eines Kriegszuges nach Herat in Afghanistan die Emire Nasr II. den Dichter baten, ein Loblied auf das heimatliche Bukhara zu verfassen, um den König zur Umkehr zu bewegen. Die Macht der Verse, die Rūdakī daraufhin auf die Schönheit Bukharas schrieb, ließ dann auch, so die Überlieferung, den König prompt Hals über Kopf gen Heimat aufbrechen.

und wurde von Rūdakī im Auftrag von Wesir Balʿami angefertigt. Der Poet übersetzte jedoch die alten indischen Fabeln nicht einfach, sondern dichtete sie nach und setzte sie in Versform. Sie sind ein Musterbeispiel der ausgesprochen schlichten[1] und dabei ungeheuer melodiösen Sprache des großen Farsi-Dichters, wie sie sich auch in dem folgenden berühmten Gedicht an den Fluss Amu-Daria (Oxus) zeigt:

> *Ich rieche gern den Duft des Molian-Bachs.*
> *Er erinnert mich an die liebliche Geliebte.*
> *Der Armur und sein rauer Sand*
> *scheint mir wie Federn unter meinen Füßen.*

Neben den lehrreich-amüsanten Tierfabeln und den Lobpreisliedern auf den König, den Hof und die Hauptstadt verfasste der Gelehrte Rūdakī Gedichte über zentrale Themen der menschlichen Existenz: das Verstreichen der Zeit, die Unabwendbarkeit des Todes, die Wichtigkeit der Liebe und das Verlangen nach Glück sowie die große Bedeutung von Wissen, Bildung, Erfahrung und Kunst. Dabei reicht sein Ton von Hedonimus bis Pessimismus, und Rūdakī erweist sich genauso als Meister der Erotik wie als weiser Denker.

Wichtige Werke:

Sindbād-Nāmē
Kalīla wa Dimna

---

[1] Rūdakīs poetische Schlichtheit wurde allerdings nicht in allen Epochen der persischen/islamischen Literaturgeschichte geschätzt; je verkünstelter die Poetik der jeweiligen Epoche, desto geringer wurde die augenscheinlich so einfache Diktion Rūdakīs geachtet.

MURASAKI SHIKIBU

(UM 978–1016)

Der strahlende Prinz und die Dame Blauregen –
Japans klassischer Roman

Die Geschichte des Prinzen Genji (*Genji Monogatari*, um
1003–1010), verfasst von der Kaiserlichen Hofdame Murasaki
Shikibu, gilt vielen als der erste vollständige Roman Asiens,
wenn nicht sogar der Welt. Ohne Zweifel ist, dass die monumentale Geschichte des ›strahlenden Prinzen‹ das herausra-
gendste Werk der klassischen japanischen Literatur konstituiert und zu den großen Texten der Weltliteratur gehört.

Die Frage, ob einer der ersten, wenn nicht sogar *der* erste,
Roman der Welt tatsächlich von einer Frau geschrieben wurde,
beschäftigt die Fachleute bis zum heutigen Tag. Schon zu Murasaki Shikibus Lebzeiten kam das Gerücht auf, die Erzählung
stamme eigentlich aus der Feder ihres Vaters, eine Vermutung,
die sich bis heute hält. Auch andere bedeutende Zeitgenossen
Murasaki Shikibus stehen ›in Verdacht‹ der möglichen Mitautorschaft an einem der komplexesten und ausladendsten Texte
der Weltliteratur. Ähnlich wie im Falle des Œuvres William
Shakespeares (1564–1616) erscheint *Die Geschichte des Prinzen
Genji* als ein (fast) zu großes Werk, um es mit der historischen
Gestalt seiner Verfasserin zu vereinbaren. Und konnte eine Frau
in einer Zeit, in der Damen im Allgemeinen nur in der sogenannten ›Frauenschrift‹ schrieben, eine begrenzte Ausbildung
erhielten und sich akzeptierterweise ausschließlich mit Poesie
beschäftigten[1], tatsächlich ein Erzählwerk von der Bandbreite
der *Geschichte des Prinzen Genji* verfassen?

Murasaki Shikibus biographischer Hintergrund, auch wenn
er nur in Fragmenten und zu einem Großteil über das *Tagebuch
der Murasaki Shikibu* (*Murasaki Shikibu nikki*, 1008–1010) bekannt
ist, deutet allerdings durchaus darauf hin, dass die Schriftstellerin die nötigen Voraussetzungen mitgebracht haben kann, um

---

[1] Auch Murasaki Shikibu verfasste Gedichte, von denen 128 in der
Sammlung *Murasaki Shikibu shū* zu finden sind.

den monumentalen Roman zu verfassen, der unter ihrem Namen in die Literaturgeschichte eingegangen ist. Murasaki Shikibu, deren Geburtsname nicht bekannt ist – ›Shikibu‹ bezieht sich auf das Amt ihres Vaters im Ministerium für Zeremonien, ›Murasaki‹, d. i. Glyzinie bzw. Blauregen, stammt vermutlich von dem Namen der weiblichen Hauptfigur der *Geschichte des Prinzen Genji*, Murasaki no Ue –, entstammte der Fujiwara-Familie, einer der wichtigsten Familien in der japanischen Geschichte, und zwar entsprang die künftige Schriftstellerin einem literarisch ausgesprochen fruchtbaren Zweig derselben. Sowohl Murasaki Shikibus Großvater als auch ihr Vater und ihre Mutter waren poetisch tätig. Da die Mutter früh verstarb, wuchs Murasaki Shikibu, anders als zu dieser Zeit in der Adelsschicht üblich, nicht im mütterlichen, sondern im Haushalt des Vaters auf, wo sie – wieder völlig entgegen den Konventionen – zusammen mit ihrem jüngeren Bruder Nobunori unterrichtet wurde, also eine ›männliche‹ Bildung erhielt; unter anderem lernte sie Chinesisch, die ›männliche‹ Schriftsprache. Ihr Vater soll von der Intelligenz und schnellen Auffassungsgabe seiner Tochter so beeindruckt gewesen sein, dass er wortreich ihr weibliches Geschlecht beklagte, das ihr einen adäquaten Einsatz ihrer Talente zu verwehren drohte. Als Murasaki Shikibus Vater im Jahr 996 zum Provinzverwalter ernannt wurde, begleitete ihn seine Tochter, womit sich ihr eine weitere für eine Frau ungewöhnliche Gelegenheit eröffnete: die zu reisen. Zwei Jahre später, nach ihrer Rückkehr in die heimatliche Reichshauptstadt Heian Kyo (das heutige Kyōtō), heiratet Murasaki Shikibu mit Fujiwara Nobutaka einen entfernten, um viele Jahre älteren Verwandten. Aus der Ehe ging eine Tochter hervor, die unter dem Namen Daini no Sanmi (999–1077) später selbst zu einer bekannten Dichterin wurde. Sie schrieb vermutlich nach dem Tod ihrer Mutter die letzten zehn der 54 Bücher der *Geschichte des Prinzen Genji* und brachte somit das große Werk Murasaki Shikibus zum Abschluss. Mit dessen Abfassung begann die Schriftstellerin vermutlich nach dem Tod ihres Mannes; den Großteil der Erzählung schuf sie wohl während ihrer Zeit als Hofdame der jungen Kaiserin Fujiwara no Aikiko bzw. Jōtō mon'in. Diese Zeit am Kaiserlichen Hof hielt die Schriftstellerin in ihrem *Tagebuch* fest, welches eine scharfe Beobachtungsgabe auszeichnet, wie sie auch die psychologische Tiefe und Dichte der *Geschichte des Prinzen Genji* verrät. Das *Tagebuch* dokumentiert unter anderem Murasaki Shikibus Rivalität mit der zweiten großen Dichterin der Zeit: Sei Shōnagon (um 966–1025), ebenfalls des Chinesischen mächtig, war Verfasserin des *Kopfkissenbuchs* (*Makura no sōshi*, 1001–1010), ein komisches, ja, satirisches Werk in Tagebuchform, das die Welt des Kaiserlichen Hofes ähnlich dicht und lebendig einfängt wie die Texte der großen Rivalin. Nach dem Abschluss des *Tagebuchs* im Jahr 1010 verlieren sich die Spuren Murasaki Shikibus. Es wird jedoch angenommen, dass sie im Jahr 1014 oder 1016 verstarb, wenn auch manche Quellen erst 1025 als das Todesjahr der Schriftstellerin nennen.

Der große Roman der Murasaki Shikibu erzählt, wie sein Titel schon sagt, die Abenteuer des fiktiven ›strahlenden Prinzen‹ Genji, welche in erster Linie Liebesabenteuer sind. Die letzten 12 Bücher handeln allerdings von seinen Nachkommen: seinem angeblichen Sohn Kaoru und seinem ihm so ähnlichen Enkel Niou und ihrer Rivalität in persönlichen wie in Liebesangelegenheiten. Der Kern des Romans ist die Begegnung Genjis mit Murasaki no Ue, die er sich zur idealen Gattin formt und deren Tod ihn, wenn nicht gebrochen, so doch jeden ›Strahlens‹ beraubt, zurücklässt. Der Roman entwickelt sich von einem märchenhaften, leichtherzigen Anfang über den melancholischen Ausklang von Genjis Leben und dem unglücklichen Dreiecksverhältnis zwischen Kaoru, Niou und dem Mädchen Ukifune hin zu einem dunkel-schwermütigen Ende. Das monumentale Werk wird so von einem in idealisierendem Realismus gehaltenen Gemälde der frivolen wie kultivierten Adelsschicht zu einem komplexen Seelenporträt dreier unglücklicher Menschen. Er zeichnet sich durch emotionale Sensibilität, durch eine einfühlsame Wahrnehmung der sozialen Umwelt und nicht zuletzt durch gefühlstiefe Naturschilderungen aus. Die Handlung erstreckt sich über fast ein Jahrhundert, umfasst mehr als 400 Charaktere, von denen jeder mit kluger psychologischer Genauigkeit gezeichnet ist, und verzweigt sich in vielschichtige *plot*-Stränge. Zusammengehalten wird das epochale Werk durch Murasaki Shikibus sprachliche Präzision und ihren ausgesprochen flüssigen Stil. *Die Geschichte des Prinzen Genji* begeistert ihre Leser bis heute, auch wenn sie im Westen erst in neuerer Zeit Anklang fand. Sie ist ohne Zweifel der bedeutendste der *monogatari*, der klassischen japanischen Romane, und machte Murasaki Shikibu zu einer der ganz Großen der Erzählliteratur.

Wichtige Werke:

Genji monogatari (*Die Geschichte vom Prinzen Genji,* um 1003–1010)
Murasaki Shikibu nikki (*Tagebuch der Murasaki Shikibu,* 1008–1010)

(Abū Muhammad al-Qāsim) al-Harīrī

(1054–1122)

Wie ein Regenguss – Der sprachgewandte Schelm

Die Makāmen (*al-Maqāmāt,* 1101–1107) von Abū Muhammad al-Qāsim al-Harīrī gelten heute wie vor 900 Jahren als *das* Meisterwerk der arabischsprachigen Literatur. Und auch der Einfluss dieser sprachgewaltigen Schelmengeschichten auf die Weltliteratur kann kaum zu hoch eingeschätzt werden, wenn er auch ein eher indirekter, vermittelter gewesen sein mag.

Abū Muhammad al-Qāsim, der unter dem Beinamen al-Harīrī, ›der Seidenhändler‹, bekannt ist, war ein arabischer Dichter und Sprachgelehrter. Er verfasste philologische Werke, unter anderem ein grammatikalisches Lehrgedicht und die Abhandlung *Die Perle des Tauchers über die Sprachfehler der Gebildeten* (*Durrat al-gawwās fī auhām al-hawāss*), in der er seinen schneidenden Witz und seine messerscharfe Sprachpräzision einsetzte, um die ›Sprachdummheiten‹ bloßzulegen, mit denen die angeblich Gebildeten in Wort und Schrift – seiner Meinung nach – die klassische arabische Literatursprache verunreinigten[1]. Während der Sprachgelehrte al-Harīrī die Annäherung der arabischen Umgangs- und Hochsprachen nicht aufhalten konnte, machte der Dichter al-Harīrī seine ›reine Diktion‹ mit seinen *Makāmen* unvergänglich.

Über das Leben al-Harīrīs ist wenig überliefert. Es scheint jedenfalls nicht sonderlich ereignisreich gewesen zu sein. Der große Sprachmeister wurde geboren und starb auf der Dattelpalmenplantage seiner Familie nahe der Hafenstadt Basra, wo er vermutlich studierte. Später wurde er Vorsteher des Post-

---

[1] Allerdings unterliefen al-Harīrī, so meisterhaft die Sprache der *Makāmen* auch ist, einige der von ihm in der *Perle des Tauchers* ausgemachten Fehler durchaus auch selbst.

und Nachrichtendienstes von Basra, eine Aufgabe, die ihn des Öfteren nach Bagdad geführt haben dürfte. Ansonsten führte der Sohn einer reichen Familie das Leben eines freien Gelehrten. Seine *Makāmen*, die aus 50 Einzelgeschichten bestehen und zwischen 1101 und 1107 als geschlossenes Gesamtwerk entstanden, verfasste der Dichter wohl im Auftrag eines Wesirs (Minister); die Überlieferung erzählt allerdings, al-Harīrī sei eines Tages in einer basrischen Moschee einem zerlumpten, aber ungeheuer sprachgewandten und gebildeten alten Mann namens Abū Zaid aus der Stadt Sarūǧ in Nordsyrien begegnet – den der Dichter dann zu dem pikaresken Helden seiner *Makāmen* machte.

Makāmen bzw. *Maqāmāt* sind ein spezifisch arabisches Genre, das auf die mittelalterliche Straßenunterhaltung zurückgeht (der Begriff *maqāmāt* wird üblicherweise mit ›Bettleransprachen‹ oder ›Straßenpredigten‹ übersetzt). Es handelt sich um Geschichten in Reimprosa und/oder lyrischem Vers, vorgetragen von einem Erzähler, der jede *Makāme* traditionellerweise mit der Formel »Mir berichtete …« einleitet und die Schelmereien und Gaunereien einer eulenspiegelhaften Figur wiedergibt. Der schelmische Held der *Maqāmāt* – zumeist Bettler, Gelehrter und Galgenvogel in einer Person[1] – schwindelt sich üblicherweise durch alle Fährnisse hindurch. Nichtsdestotrotz konstituieren die Geschichten in der Regel realistische Erzählungen, die den Alltag des Volkes und vor allem auch dessen Schattenseiten thematisieren. Begründet wurde das literarische Genre der *Maqāmāt* von dem ›Wunder der Zeit‹ Badī as Samān al-Hamadhāni (968–1008), der neben al-Harīrī der berühmteste und bedeutendste Vertreter dieses Genres ist; üblicherweise wird al-Hamadhāni die größere Originalität und Kreativität im Umgang mit den der mündlichen Überlieferung entnommenen Stoffe zugesagt, dem ›Seidenhändler‹ dagegen die überlegene Sprachvirtuosität. Al-Harīrī kann seine Inspiration durch den großen Vorgänger nicht verleugnen (gelegentlich übernimmt er den Inhalt gewisser Episoden kurzerhand von al-Hamadhāni), doch vergleicht er selbstbewusst den ersten *Maqāmāt*-Dichter mit einem Tröpfeln, sich selbst dagegen mit einem Regenguss[2]. – Diese wenig be-

---

[1] Der gebildete Bettler bzw. der verarmte Gelehrte scheint zu der Entstehungszeit der Gattung der *Maqāmāt* eine alltägliche Erscheinung gewesen sein.

[2] vergl.: Wiebke Walter. *Kleine Geschichte der arabischen Literatur. Von der vorislamischen Zeit bis zur Gegenwart*. München 2004; der Vergleich mit einem Regenguss ist im Arabischen – der Sprache der Wüste – nachvoll-

scheidene Analogie ist durchaus berechtigt; al-Harīrīs *Makāmen* sind – um den Metaphernbereich zu wechseln – ein Feuerwerk von Sprachwitz und Bildgewalt, von lyrischen Kunststücken und geistreichen Gedankenspielen. Die in eleganter, komplexer Reimprosa verfassten Erzählungen sind durchsetzt mit Gedichten, ausgeklügelten Rätseln, religiösen und sprachphilosophischen Reflexionen, einer Vielzahl von Anspielungen auf die arabische Literatur, Kultur und Geschichte und nicht zuletzt mit Formspielen und -witzen, wie sie nur in der arabischen Schrift möglich sind[1]. Berühmt ist etwa die sogenannte ›krebsgängerische‹ Makāme[2], in der al-Harīrī 100 gereimte arabische Sprichwörter so aneinanderreiht, dass sie rückwärts gelesen genau die gegenteilige Aussage ergeben wie vorwärts; oder das Streitgespräch zwischen einer Rechnung und einem literarischen Essay, das zynisch zugunsten der Rechnung entschieden wird. Außerdem handelt es sich bei den *Makāmen* al-Harīrīs um ein strukturell konsequent durchkomponiertes Gesamtkunstwerk. Die in sich geschlossenen Episoden (also die einzelnen Makāmen) werden zusammengehalten durch die Figuren des schelmenhaften Helden Abū Zaid, der sich mit Sprach- und Mutterwitz durchs Leben gaukelt und gaunert, und des Erzählers al-Hārit Ibn Hammām, der als moralisch-kritische Instanz fungiert und Abū Zaid am Ende jeder Makāme von der Unlauterkeit seines Lebensweges überzeugt. Diese Bekehrung ist natürlich, wie die Gesamtheit der *Makāmen* zeigt, nie von sonderlicher Tiefe und Dauer. Erst die letzte Geschichte präsentiert uns einen hochbetagten Abū Zaid, der als Asket in seine von den Arabern befreite Heimatstadt, aus der er von den Kreuzrittern vertrieben worden war, zurückkehrt und somit dem Erzählwerk einen abgerundeten Abschluss gibt.

Der Einfluss der *Makāmen* al-Harīrīs auf die arabische Literatur ist enorm. Bis heute werden seine Reimerzählungen mit ihrer stilisierten, blumigen und teilweise durchaus abenteuerlichen Sprache als Stilideal und rhetorisches Meisterwerk an-

---

ziehbarerweise rein positiv besetzt; man kann sogar soweit gehen, zu sagen, dass al-Harīrī mit dieser Analogie seiner Poesie lebensspendende Kraft zuschreibt.

[1] Dies ist ein deutlicher Hinweis darauf, dass al-Harīrī seine *Makāmen* als Leseliteratur verfasst hatte und sie so ihrem mündlichen Ursprung entrückte.

[2] Die Bezeichnung geht auf den großen Orientalisten und al-Harīrī-Übersetzer Friedrich Rückert (1788–1866) zurück.

gesehen. Al-Harīrī beeinflusste mit seinem Werk außerdem die hebräische und persische Literatur, und auch in Europa sind die *Makāmen* wohlbekannt, dank zahlreicher Übersetzungsversuche (wobei der Bildreichtum des Arabischen im Allgemeinen und al-Harīrīs Sprachwitz im Besonderen eine ganz eigene Herausforderung darstellt). Besonders hervorzuheben ist dabei die kongeniale Übertragung der *Makāmen* ins Deutsche durch den Orientalisten Friedrich Rückert (1826/37), dem es gelang, die Sprachspiele des ›Seidenhändlers‹ adäquat zu übertragen. Doch schon lange vor den Übersetzungsversuchen des 18. und 19. Jahrhunderts machten die *Makāmen* ihren Einfluss in Europa geltend: Bereits im Jahr 1108 kamen die Schelmengeschichten nach Andalusien (vermutlich von einem maurischen Dichter aus Bagdad mitgebracht, der sie von al-Harīrī selbst erzählt hörte), von wo aus sie sich in ganz Spanien verbreiteten – und so die Entwicklung des pikaresken bzw. Schelmenromans im 16. Jahrhundert entscheidend anregten, jener Gattung, die von so immenser Bedeutung für den neuzeitlichen Roman im Besonderen und die Weltliteratur im Allgemeinen werden sollte[1].

Wichtige Werke:

al-Maqāmāt (*Die Makāmen*, 1101–1107)
Durrat al-gaww'as fī auhām al-hawāss (*Die Perle des Tauchers*)

LI QINGZHAO

(UM 1084–1150)

Klarer Gedanke – Die Lieddichterin

Li Qingzhao gilt als die größte Dichterin der traditionellen chinesischen Literatur. Ihre ausdrucksstarken *ci* (Lieder) ließen sie aus dem Meer von Dichtern der Nördlichen Song-Dynastie herausragen und berühren ihre Leser bis auf den heutigen Tag aufs Tiefste.

---

[1] Bekannte deutsche ›Schelmen‹ sind etwa der *Simplicissimus* (1668) von Hans Jakob Christoffel von Grimmelshausen (1622–1676) und Oskar Matzerat aus der *Blechtrommel* (1959) von Günter Grass‹ (*1927).

Die Epoche der Nördlichen Song-Dynastie (960–1279) war eine Zeit der Bildung und des Schöngeistes; fast jeder kultivierte Chinese schuf poetische Kreationen. Doch es war auch eine Zeit militärischer Niederlagen und schwacher Kaiser. So scheint, wie Zhong Jian anmerkt, auf die Song-Zeit das alte chinesische Sprichwort zuzutreffen: »Wenn das Elend im Land herrscht, gedeihen die Dichter«[1] – unter ihnen die große Li Qingzhao.

Das klassische Genre der Song-Zeit war das *ci*, das Lied, das sich während der Tang-Dynastie (618–907) zunächst als Medium der Hof- und später auch der Volksunterhaltung etablierte, sich jedoch schon in der Frühzeit der auf Diesseitigkeit und Subjektivität ausgerichtete Song zu einer ›hohen‹ literarischen Gattung entwickelte. Die Poetik des *ci* beinhaltet strikte Regeln – allein die obligatorische Einschränkung auf einen Kanon bereits existenter Melodien bedeutete über die Titel derselben eine Begrenzung der zu poetisierenden Themen, die die Dichter jedoch kreativ zu umgehen wussten. Nichtsdestotrotz ließ die *ci*-Dichtung den Poeten größere Freiheit als das formstrenge klassische *shi*-Gedicht, das nun eher zum Ausdruck politischer, sozialkritischer und allgemein intellektueller Thematiken verwendet wurde, während das *ci* besser zur Manifestation von Emotionen geeignet erschien. Li Qingzhao übte sich in beiden Gattungen, doch es waren ihre gefühlsstarken, individualistischen Lieder, die sie zu einer der überragenden Gestalten der chinesischen Poesie werden ließen[2]. Sie verfasste sogar ein literaturtheoretisches Fragment über das *ci* als eigene literarische Gattung und etablierte die heute klassische Einteilung der *ci*-Dichter in *haofang pai* (›Schule des heroischen Verzichts‹) und *wanyue pai* (›Schule der zartfühlenden Zurückhaltung‹), wobei die Meisterin selbst der letzteren Schule zugeordnet wird. Dies verwundert bei so intensiven Versen wie den folgenden kaum:

Sag nicht, ich könnte nicht überwältigt sein:
Wenn der Westwind den Vorhang bewegt,
Bin ich zarter als die gelbe Chrysantheme.

Selbst in einer Zeit des Schöngeists fällt Li Qingzhaos immense Bildung auf – umso mehr, da sie eine Frau war. Die

---

[1] Zhong Jian. *Die Dichterin Li Qingzhao.* unter: *China Heute*, www.chinatoday.com. Juli 2004.
[2] Von Li Quinzhaos Hand sind 17 *shi*-Gedichte und etwa 60 *ci*-Lieder erhalten.

Lieddichterin, deren Name ›klarer Gedanke‹ bedeutet, war die älteste Tochter einer Literatenfamilie: Ihr Vater Li Kefei war Politiker und Prosaschriftsteller, und ihre Mutter genoss als Lyrikerin großes Ansehen. Im kulturellen Zentrum der kaiserlichen Hauptstadt Kaifeng aufgewachsen, erhielt Li Qingzhao eine ausgesprochen gute Ausbildung, interessierte sich von jungen Jahren an für die alte chinesische Literatur und verfasste angeblich bereits im Alter von zehn Jahren Gedichte, denen die Kollegen ihres Vater eine ›männliche Reife‹ (das heißt Klarheit des Ausdrucks und der Form) bescheinigten. Im Jahr 1101 verheiratete sich Li Qingzhao mit dem kunstbegeisterten Würdenträger Zhao Mingcheng (1081–1129). Die Ehe erwies sich als eine kongeniale Partnerschaft. Zusammen ging das wohlhabende Paar der beiderseitigen Sammlerleidenschaft nach und häufte eine beeindruckende und viel beneidete Kollektion alter Bücher, Kalligraphien und Steininschriften an. Aus dieser entstand die *Sammlung von Bronze und Steininschriften (Jinshilu)*, von der leider nur noch Li Qingzhaos Vor-/Nachwort erhalten ist, in dem sie in verdichteter Form das Lebenswerk ihres Mannes würdigt und ihre Autobiographie zu Papier bringt. Eine kleine Anekdote veranschaulicht die legendäre Sammlerleidenschaft des Paares: Als ein gieriger Händler für eine Kalligraphie des Meisters Wang Xizhi (307–365) noch einen Zuschlag auf die goldene Haarspange verlangte, die ihm Li Qingzhao als Entgelt anbot, zog die Dichterin kurzerhand ihr wertvolles Außengewand aus und übergab es dem Verkäufer als Dreingabe.

Die Jahre an der Seite ihres Mannes waren die glücklichste Zeit im Leben Li Qingzhaos. Sie genoss die Existenz einer wohlhabenden, gebildeten und sensualistischen Frau der Oberschicht, wie viele ihrer Verse zeigen:

> *Sogar der Himmel teilt unsere Freude,*
> *lässt den vollen Mond auf deinen geschwungenen Körper scheinen.*
> *Feiern wir mit schwerem grünen Wein in goldenen Bechern.*
> *Ich habe nichts dagegen, berauscht zu werden,*
> *denn diese Blüte ist unvergleichlich.*

Zeilen wie diese, voller Lebenslust, Sinnlichkeit und Witz, werden traditionellerweise der glücklichen Ehefrau und ›Patrizierin‹ Li Qingzhao zugeschrieben. Der große Einschnitt im Leben der Lieddichterin erfolgte mit dem Einfall der Jurchen in Nordchina, denen auch die Hauptstadt Kaifeng in die Hände fiel, und vor allem mit dem Tod ihres Mannes. Die folgenden

Jahre waren für Li Qingzhao durch Heimatlosigkeit geprägt und durch den vergeblichen Versuch, die wertvolle und geliebte Kunstsammlung zusammenzuhalten, die sie im Zuge der Kriegswirren und einer Folge von Unglücksfällen – nicht zuletzt eine zweite desaströse Ehe – nach und nach verlor. Dieser dreifache Verlust schlägt sich in Li Qingzhaos Klageliedern nieder, die dieser zweiten, unglücklichen Phase ihres Lebens zuzuordnen sind und die ihren Ruf als ideale, ihren Mann und ihr Land liebende Frau und Dichterin begründeten. Auch ihr berühmtestes und vielleicht ausdrucksstärkstes Lied zu der Melodie *Sheng sheng man* wird dieser Lebensphase zugeordnet. Die Verse, von denen Hans von Ess als »einem stilistischen Wagnis ohne Vorläufer« spricht[1], gehören sicher zu den schönsten und wehmütigsten Gedichten der chinesischen, ja, der Weltliteratur:

Suchen, suchen, spähen, spähen,
einsam, einsam, Stille, Stille,
frieren, frieren, Kummer, Kummer, Leid, Leid.
Bald warm, dann wieder kalt zur Zeit,
wahrhaft schwer ist's Ruh zu finden.
Drei Becher, zwei Schalen faden Weins,
wie sollt er spät noch kommen, eilig wie der Wind?
Wildgänse ziehn,
wirklich, tut weh im Herz.
Denn von früher her kannt ich sie noch.
Die Erde voll gelber Blüten, aufgetürmt,
ausgezehrt, verwelkt.
Wer wollte sie jetzt noch pflücken?
So wach ich am Fenster,
einsam und allein, wie kann es da dunkel werden?
Im Wutong-Baum hängt feinster Regen,
bis zur gelben Dämmerung fallen, fallen Tropfen um Tropfen.
Dieser Zustand
ist durch ein Wort nur zu begreifen: Gram.

Wichtige Werke:

Sheng sheng man

---

[1] Hans von Ess. »Die Literatur der Dynastien Song und Yaan«. in: Reinhard Emmerich (Hg.): *Chinesische Literaturgeschichte*. Stuttgart/Weimar: Metzler 2004. S. 187–224. hier: S. 205.

HĀFEZ (CHÂDĒ SHANSÒ D-DĪN MOHAMMAD)

(1326–1390)

Die Zunge der unsichtbaren Welt – Liebe und Wein in vollendeter Form

Hāfez gilt bis heute als der größte Lyriker, den die persische Sprache je gesehen hat. Sein *Diwan*[1] gehört nicht nur zur Grundausstattung eines jeden iranischen Haushalts und wird – wie der Koran – zur Auslegung von Omen eingesetzt, sondern wird auch in der Türkei, in Afghanistan, Pakistan, Indien und Zentralasien hochverehrt. Die Gedichte des persischen Poeten, der etwa Johann Wolfgang Goethe (1749–1832) zutiefst beeindruckte[2], feiern bildstark und formvollendet den Wein und die Liebe und gehören unzweifelhaft zu den größten Texten der Weltliteratur.

Die Lebensumstände von Châdē Shansò d-Dīn Mohammad liegen zum Großteil im Dunkeln. Die beiden Ehrentitel Châdē (in etwa ›weiser, ehrwürdiger Lehrer‹) und Hāfez (›der im Gedächtnis Bewahrende‹, ›der den Koran auswendig weiß‹) verweisen auf die große Gelehrsamkeit des Dichters und legen nahe, dass er als Koranlehrer tätig war. Hāfez, im für seine intellektuelle und künstlerische Kultur gerühmten Schiras geboren, stammte aus einfachen Verhältnissen, erhielt aber offenbar dennoch eine exzellente Ausbildung (wohl auf Betreiben der Mutter, da der Vater des Dichters früh verstarb). Bis zum Alter von mindestens dreißig Jahren arbeitete Hāfez als Berufsschreiber (einige Handschriften sind überliefert), danach war er als Professor an einer theologischen Akademie (*Madrase/Medrese*) tätig und verfasste vermutlich einige theologische Werke. Schließlich jedoch erlangte Hāfez, der im fruchtbaren kulturellen Klima

---

[1] Persisch für ›Schreibzimmer, Sammlung beschriebenen Papiers‹; Bezeichnung für Gedichtsammlung oder auch das lyrische Gesamtwerk eines Dichters in alphabetischer Ordnung

[2] Die Gedichte von Hāfez inspirierten Goethe zu seinem *West-Östlichen Divan* (1819/27), den der deutsche Dichterfürst sozusagen als Huldigung an den persischen verstand.

36

seiner geliebten und vielbesungenen Heimatstadt in seinem Element war, die Position des Hofdichters am Hof der Mosaffariden-Herrscher in Schiras. Schnell jedoch wurde der Poet Opfer der bewegten politischen Zeit[1]; schon 1369 wurde Hāfez auf Verlangen des zelotischen Klerus und der mit diesem verbündeten Polizei vom Hof verbannt (der freie Moralkodex des Dichters und die offenen, scharfen Angriffe gegen die Heuchelei und Korruption der Geistlichkeit in seinen Versen machten Hāfez nicht gerade beliebt). Zwar wuchs der Ruhm des großen Lyrikers auch nach dieser Zeit und verbreitete sich über die Grenzen Persiens hinaus[2], aber seine wortgewandten poetischen Klagen über sein Schicksal sowie die ebenso beredten Bitten um erneute fürstliche Gunst trafen auf taube Ohren. Erst kurz vor seinem Lebensende wurde es Hāfez, der bis dahin relativ zurückgezogen in Schiras lebte, erlaubt, an das von ihm so vermisste kulturelle Zentrum des königlichen Hofes zurückzukehren.

Seiner Position als Hofdichter entsprechend, ist ein Großteil von Hāfez' Dichtung dem Fürstenlob gewidmet und besingt Schiras und seine ›Großen und Schönen‹. Doch Hāfez verwandelte die Panegyrik (Lobdichtung) in eine Dichtkunst ganz eigener Prägung, indem er das der erotischen, hedonistischen und Liebesdichtung vorbehaltene Ghasel zu seiner Form erkor. Das Ghasel ist ein Gedicht von beliebiger Länge, das dem Reimschema aa ba ca da etc. folgt und aus in sich abgeschlossenen Doppelversen (*bayt*, d. i. ›Haus‹) besteht, die in sich, oft antithetisch oder kontrapunktisch, einen bestimmten Gedanken verhandeln. Diese dialektische Struktur kommt Hāfez' »skeptischer Beweglichkeit« (Goethe) zwischen den Gegensätzen entgegen, zwischen Gefühl und Intellekt, Diesseitigkeit und Jenseitigkeit, Hedonismus und Gelehrsamkeit, Schmerz und Glück – Dichotomien, die Hāfez in seiner wort-, gedanken- und gefühlsmäch-

---

[1] Die Mosaffariden-Dynastie war von häufigen, oft gewaltsamen Herrscherwechseln gezeichnet und von den Einfällen der Mongolen, die zwar Schiras selbst nicht erreichten, aber den Rest des Landes in Kriegswirren stürzten. Hāfez selbst begegnete 1387 während einer zeitweiligen Besetzung von Schiras durch die Tartaren dem ›Welteroberer‹ Tamerlan – eine Begegnung, die legendär geworden ist.

[2] Hāfez wurde etwa vom Brahmaniden Mahmūd Shāh nach Indien eingeladen. Ein Sturm am Persischen Golf zwang den Dichter jedoch zur Rückkehr und setzte so dem einzigen Versuch Hāfez', das geliebte Schiras zu verlassen, ein frühzeitiges Ende – was der Legendenbildung um die enge, ›schicksalhafte‹ Bindung des Dichters an seine vielbesungene Heimatstadt Vorschub leistete.

tigen Dichtung letztendlich zu einer schwebenden Synthese bringt. Über die unendliche Variation seiner beiden Zentralmotive, der Liebe und dem Wein, gibt Hāfez fundamental menschlichen Erfahrungen poetische Gestalt, von dem Sehnen nach der Verschmelzung mit dem Göttlichen bis hin zum puren Lebensgenuss – und dies oft in ein und demselben Atemzug:

> *Es stirbt der Durst, wenn du ihn stillst im Weine;*
> *und Liebe, die gesättigt wird, ist keine.*
> *Wenn du erfliegen dürftest deine Sonne,*
> *wie sonntest du dich dann in ihrem Scheine?*

Hāfez nutzt die erotischen, ja, bacchantischen Metaphern des Ghasels, um aus seinen Lobgedichten, in denen der Gelobte so zum Geliebten wird, Texte von universaler Gültigkeit und zeitloser Schönheit zu machen. Er schöpft den Bilderreichtum des Farsi (Neupersisch) – der hohen Literatursprache, die zu Hāfez' Zeit und durch ihn zu ihrem Höhepunkt fand – und all seine vielfältigen sprachlichen Möglichkeiten[1] voll aus, ja, bereicherte diese Sprache durch seine Poesie, die seit Jahrhunderten kulturelles Allgemeingut ist, noch weiter. Die Freiheit des Liebeswie des Weinrausches, die so viele von Hāfez' Versen inhaltlich dominiert, prägt auch die Form seiner Gedichte und schlägt sich in gewagten Wortkunststücken, unorthodoxen Kombinationen poetischer Bilder, geistreichem Sprachwitz, spielerischen Zitaten aus der traditionsreichen persischen Dichtung und der antithetischen Struktur seiner Dichtung nieder. Die resultierende Vielschichtigkeit seiner Texte hat zu einigen Kontroversen bezüglich der Interpretation dieser einmaligen lyrischen Schöpfungen geführt. Besonderes Augenmerk liegt dabei auf der Frage, ob seine sinnlichen Gedichte, die nicht selten den Geliebten und Gott gleichsetzen, mystizistisch zu deuten sind, als eine Poetisierung der sufischen Sehnsucht nach der Auflösung im Göttlichen. Während manche Forscher der Meinung sind, Hāfez' Gedichte könnten ohne Berücksichtigung sufischen (d. i. islamisch-mystischen) Gedankenguts nicht voll verstanden werden – der Dichter war vermutlich Mitglied eines Sufi-Ordens –, verweisen andere auf die deutliche Kritik, der der Sufismus in Hāfez' Versen nicht selten unterzogen wird, und sehen in der Gleichsetzung des Geliebten mit Gott vielmehr eine poetische

---

[1] Etwa nutzt Hāfez die unzähligen Doppelbedeutungen, die viele Worte in Farsi tragen, für seine gewagten Sprachspiele aufs Vollste aus.

Überhöhung menschlicher Liebe. Letzten Endes jedoch werden derartige Einengungen – egal, in welche Richtung sie erfolgen – der Vielschichtigkeit Hāfez' und der so charakteristischen steten Schwebe, in der er seine Gedichte belässt, nicht gerecht. Diese Ambivalenz schließt die geschlechtliche Unbestimmtheit der/ des Geliebten ein (das Persische hat nur ein unbestimmtes Pronomen für die dritte Person Singular), die aber durchaus auch ins Homoerotische umschlagen kann. Auch Gottes- und Menschenliebe erfährt keine Unterscheidung bei dem großen Perser; während die eine versinnlicht und erotisiert wird, wird die andere vergeistigt überhöht. Für Hāfez, der im Iran die ›Zunge der unsichtbaren Welt‹ genannt wird, ist letzten Endes alles Eins: Menschliches und Göttliches, Todesnähe und Lebensgenuss, Trunkenheit und Erleuchtung, Leben und Kunst.

Wichtige Werke:

Diwān-e Hāfez (*Diwan des Hāfez*, um 1390)

YUN SEONDO

(1587–1671)

Der Alte Mann vom Meer – Zeit der Harmonie auf Koreanisch

Yun Seondo, auch bekannt als Yun Sŏndo, gilt vielen als der größte koreanische Literat überhaupt. Er brachte die spezifisch koreanische Dichtungsform des *sijo* zu ihrem Höhepunkt, und seine harmonisch-fließenden Gedichte um den schwermütigen Menschen inmitten der Natur gehören zu den bewegendsten Werken der Literaturgeschichte.

Yun Seondo war einer der zahlreichen konfuzianischen Minister-Dichter, für die die koreanische Joseon Dynastie bekannt ist, und er sollte der berühmteste und wichtigste von ihnen werden. Als Sohn und Adoptivsohn – Yun Seondo wurde von seinem kinderlosen Onkel adoptiert, der auch seine (erstklassige) Ausbildung übernahm – von hochrangigen Beamten schien der Lebensweg des künftigen Poeten fest vorgezeichnet. Und in der Tat legte er im Jahr 1612 sein Examen zur Aufnahme in die königliche Administration ab, bewies aber auch bereits seinen rebellischen wie integren Charakter, als er sich weigerte,

Yun Seondo

danach tatsächlich in die Dienste des tyrannischen Kwanghae-
gun (1556–1622) zu treten. Im Jahr 1616 wiederum präsentierte
Yun Seondo dem König ein Memorandum, in dem er gegen die
Korruption hochrangiger Minister protestierte. Dies führte zur
ersten Verbannung des rebellischen Geistes nach Kyonwon.
Hier verarbeitete er die Erfahrung des Exils und der Einsamkeit zu seinen ersten Gedichten, die den *sijo*-Zyklus *Gesänge
zum Vertreiben der Schwermut* (*Kyŏnhoe-yo*, 1618) bilden und
in denen Yun Seondo sowohl allgemeine Menschlichkeit und
Gerechtigkeit als auch die unerschütterliche Loyalität zum Königshaus als oberste Werte propagiert. Erst im Jahr 1623 wurde Yun Seondos Verbannung vom neugekrönten König Injo
(1595–1649) aufgehoben, der den Dichter fünf Jahre später zum
Tutor seiner Söhne berief. Dieser Wechsel von einflussreicher
politischer Tätigkeit und dichterischem Schaffen während der
Perioden des – teils wegen seiner anhaltenden unbequemen
politisches Ansichten und Aktivitäten verhängten, teils selbstgewählten – Exils bestimmte Yun Seondos gesamtes Leben; insgesamt verbrachte er 14 Jahre in offizieller Verbannung, viele
mehr zog er sich freiwillig in die Natur zurück, die in seinen
Gedichten zum Gegenbild zu der Illoyalität und Boshaftigkeit
der Menschen wird – ein utopisch-bukolischer Gegenentwurf
der Reinheit und Unberührtheit. Seine letzte Zuflucht fand
Yun Seondo schließlich auf der Insel Bogildo, deren Landschaft sich in vielen seiner Gedichte poetisch manifestiert und
die sich heute noch als Wahlheimat des großen Poeten rühmt.
Die fünf bedeutendsten Gedichtzyklen Yun Seondos – *Gesänge zum Vertreiben der Schwermut, Neue Weisen inmitten der Berge* (*Sanjung singok*, 1642–1645), *Weitere Neue Weisen inmitten der
Berge* (*Sanjung soksingok*, 1645), *Gedanken über die vier Jahreszeiten
des Fischers* (*Ŏbusasisa*, 1651) und *Gesänge über die enttäuschende
Fahrt* (*Mongch'ŏn-yo*, 1652) – sind als insgesamt 75 Texte in der
Nachgelassenen Schrift des Kosan (*Kosan yugo*) gesammelt. ›Kosan‹, was ›Einsamer Berg‹ bedeutet, ist genauso wie Haeong,
d. i. ›Alter Mann vom Meer‹, ein poetischer Beiname Yun Seondos. Beide Bezeichnungen verweisen auf die Verbundenheit
des Dichters mit, ja, Eingebundenheit in die Natur und ehren
zugleich die große Weisheit seines immer kritischen und doch
eigenartig schicksals- und weltversöhnten Geistes.
Der *Gesang der fünf Freunde* (*Ouga*) von Yun Seondo ist das
vielleicht berühmteste *sijo*-Gedicht überhaupt. Tatsächlich besteht es aus einer Aneinanderreihung von insgesamt sechs *sijos*

und ist von seiner Thematik her typisch für den ›Alten Mann vom Meer‹:

> *Du fragst, wie viele Freunde ich mein nenne? Wasser und Stein, Bambus und Pinie.*
>
> *Der Mond, der über den östlichen Hügeln aufgeht, ist mir ein freudvoller Gefährte.*
>
> *Von jenen fünf umgeben, nach was mehr sollte mich verlangen?*
>
> *Man sagt mir, Wolken seien schön, ihrer Farbe wegen; doch wie oft dunkeln sie!*
>
> *Man sagt mir, der Wind sei angenehm, seines Klanges wegen; doch er verweht in der Stille.*
>
> *Und so sage ich: Nur das Wasser ist treu und unendlich.*
>
> *Warum vergehen die Blumen und sterben so früh nach jenem einen herrlichen Blühen?*
>
> *Warum wird das grüne Gras zu welkem Gelb, nachdem seine Speere doch so hoch geschossen waren?*
>
> *Kann es denn sein, dass nur der Stein den Elementen die Stirn bietet?*

Im gleichen Stil lobt der *Gesang der fünf Freunde* auch noch den Bambus, die Pinie und den Mond und ist so ein exzellentes Beispiel für die tiefe Naturverbundenheit des großen Koreaners und die unterschwellige Einsamkeit und Schwermut, die aus all seinen Gedichten spricht. Die Werke Yun Seondos konstituieren den Gipfel der Gattung des *sijo*. Diese Dichtungsart, die auch heute noch in Korea praktiziert wird, kann auf eine lange Tradition zurückblicken. Der *sijo* – der Begriff ist zusammengesetzt aus den koreanischen Zeichen für ›Zeit‹ und ›Harmonie‹ – ist ein kurzes, lyrisches Lied; er wird also gesungen, nicht gesprochen. Die spezifisch koreanische Gattung entwickelte sich aus der mündlichen Tradition; ihre Wurzeln gehen bis ins 7. Jahrhundert, wenn nicht weiter, zurück; bereits im 13. Jahrhundert war der *sijo* die dominierende Gattung der koreanischen Lyrik und etablierte sich endgültig mit der Einführung des *Hanguei*, des koreanischen Alphabets, im 15. Jahrhundert. Der *sijo* ist dem zeitlich jüngeren japanischen *haiku* verwandt; wie dieses ist es ein Silbengedicht, das in relativ strenger Form und einfachen Bildern eine philosophische oder existentielle Idee kristallisiert. Der traditionelle *sijo* ist ein Dreizeiler von insgesamt 44 bis 46 Silben mit einem festen Aufbau: Der erste Vers führt die zentrale Situation ein, der zweite Vers entwickelt die initiale Idee weiter, und der dritte Vers bringt den spannungsgeladenen Wendepunkt (ein unverzichtbares Element des *sijo*) und darüber die Auflösung oder Schlussfolgerung des Gedichts, das jenes oft auf eine höhere, abstrakt-philosophische Ebene hebt. Da jeder Vers des *sijo* etwa in der Mitte eine rhythmische Pause enthält (Rhythmus ist aufgrund der liedhaften Ursprünge dieser Gattung ein zentrales Element des *sijo*), werden die drei Verse zuweilen aufgesplittet, so dass auch sechszeilige *sijo* existieren. Der *sijo*, so heißt es, sei das einzige Medium, um die typisch koreanische Gemüts- und Lebenshaltung des *Han* adäquat auszudrücken: eine komplexe Mischung von Traurigkeit und Hoffnung, wie sie in den Gedichten Yun Seondos ihre vielleicht reinste, doch auf jeden Fall meisterhafteste Manifestation findet. Ganz besonders gilt das für den Zyklus, der als das vollkommenste Werk des ›Alten Manns vom Meer‹ gerühmt wird: die *Gedanken über die vier Jahreszeiten des Fischers*, auch als *Des Fischers Kalender* bekannt, eine Sammlung von 40 symbolträchtigen Naturgedichten, die die Figur des Fischers, traditionell ein Symbol des weisen Mannes und des einfachen Lebens in der Natur, in den Mittelpunkt stellen und sowohl das *Han* als auch Yun Seondos eigenes Lebensgefühl in berührende Verse hüllen:

Wo reine Schneeflocken schmelzen,
ballen sich drohend die dunklen Wolken.
Wo stehen die Blumen des Frühlings in ihrer Blüte?
Mir einsamen Gestalt, verloren im Schatten
der untergehende Sonne, bleibt kein Ort,
an den ich gehen könnte.

Wichtige Werke:

Kyŏnhoe-yo (*Gesänge zum Vertreiben der Schwermut*, 1618)
Sanjung singok (*Neue Weisen inmitten der Berge*, 1642–1645),
Sanjung soksingok (*Weitere Neue Weisen inmitten der Berge*, 1645)
Ŏbusasisa (*Gedanken über die vier Jahreszeiten des Fischers*, 1651)
Mongch'ŏn-yo (*Gesänge über die enttäuschende Fahrt*, 1652)

WU CHENG'EN

(UM 1500–1582)

Westwärts – Der Literaturbeamte und der Affenkönig

Die *Reise nach Westen* (*Xiyou ji*, erschienen 1592) von Wu Cheng'en ist einer der vier klassischen chinesischen Romane. Sie ist das weltweit wohl bekannteste dieser *si da qishu* (›außergewöhnliche Bücher‹), und die fantastische Erzählung um den Affenkönig Sun Wukong und sein Streben um Wiedergutmachung einer himmlischen Schuld gehört ohne Zweifel zu den großen Geschichten der Menschheit.

Kaum etwas ist vom Leben des Wu Cheng'en überliefert – doch so wenig man auch über den Autor der *Reise nach Westen* weiß, es ist immer noch mehr als über die Verfasser der restlichen ›außergewöhnlichen Bücher‹[1]; von ihnen kennt man nicht einmal die Namen. Die klassischen chinesischen Romane sind zu allererst Volkskunst – in dem Sinne, dass ihre Stoffe überliefertem Material entstammen, welches ihre Autoren künstlerisch bearbeiteten, nur damit jene Bearbeitungen wieder Teil des Volksguts wurden. In fast jedem Medium wurden und werden die Geschichten, die in den *si da quishu* erzählt werden, wieder aufgegriffen – von der Malerei über das Theater bis zum Film. Die Verfasser der klassischen Romane wiederum verschwinden hinter ihren Texten und deren unzähligen Variationen. Zwischen dem präfigurierten und dem refigurierten Volksgut jedoch – zwischen der Tradition, der die ›außergewöhnlichen Bücher‹ entsprangen, und der, die sie begründeten – stehen die *si da qishu* als unauslöschliche Kunstwerke im wahrsten Sinne des Wortes.

Obwohl sie (sozusagen) dem Volk entstammen und letztendlich zu ihm zurückkehrten, entstanden die Romane der Ming-Zeit (1368–1644), wie sie sich im 16. Jahrhundert entwickelten, als bewusst gestaltete Kunstprodukte, als originäre und originelle Kompositionen. Deren Zielpublikum war die zu jener Zeit

---

[1] Die drei weiteren ›außergewöhnlichen Bücher‹ sind *Sanguozhi yanyi*, *Shuihu zhuan* und *Jing Ping Mei*.

in China stetig anwachsende städtischen Bildungsschicht.[1] Vor allem die sogenannten Literaturbeamten erwiesen sich – wie schon ihre Bezeichnung verrät – als leidenschaftliche Leser und Verfasser von Romanen. Auch Wu Cheng'en gehörte dieser intellektuellen Schicht an, war aber, so erzählt die Überlieferung, in seiner Funktion als Beamter in jeder Hinsicht weniger erfolgreich denn als Literat. Der Sohn einer wohlhabenden Kaufmannsfamilie aus Huai-an war immer mehr Gelehrter, Dichter und Schriftsteller als Beamter (auch wenn jene Positionen sich im damaligen China nicht ausschlossen, ganz im Gegenteil). Er studierte wohl für mindestens zehn Jahre an der Universität Nanjing Taixue, und die *Reise nach Westen* verrät Wu Cheng'ens historische Versiertheit wie seine immense philosophische Bildung. Das Werk, das zahlreiche östliche Legenden von China bis Indien aufgreift, künstlerisch gestaltet und zu einem harmonischen Gewebe verknüpft, vereint die verschiedenen Geistesströmungen seiner Entstehungszeit, vom Buddhismus über den Daoismus bis hin zum Volksglauben. Den Kern der *Reise nach Westen* jedoch bildet das neokonfuzianische Konzept des Selbst. Geprägt von Individualisierung und gesteigerter Selbst-Bewusstheit, charakterisiert dieses neue Verständnis des menschlichen Ich die Geisteswelt der Ming-Zeit mehr als alles andere und konstituierte einen weiteren entscheidenden Faktor für die Entwicklung des klassischen chinesischen Romans (der Roman beschäftigt sich *per definitionem* mit dem individuellen menschlichen Selbst)[2].

Die *Reise nach Westen* erzählt die fantastischen Abenteuer einer Pilgergruppe, die unterwegs nach Indien ist (also westwärts wandert), um die heiligen Schriften des Buddhismus zu finden und nach China zu bringen. Solche Unterfangen sind belegt, und Wu Cheng'en fand den Stoff für seinen Roman sowohl in historischen Chroniken als auch in zahlreichen Legenden.

---

[1] Wie der westliche Roman auch originiert der klassische chinesische Roman zu einem Großteil in einem sprunghaften Anwachsen des Lesepublikums, ausgelöst durch die Verbesserung und Ausweitung des Bildungssystems in der mittleren und späten Ming-Zeit, die ein Bedürfnis für mehr und abwechslungsreicheres Lesematerial entstehen ließ. Gleichzeitig (was sich wechselseitig bedingte) dehnten sich Buchdruck und Buchhandel aus. (vergl. Helwig Schmidt-Glintzer. *Geschichte der Chinesischen Literatur*. Darmstadt: Wissenschaftliche Buchgesellschaft 1990. S. 426f.).

[2] Trotz aller Ähnlichkeiten in der Entstehung des westlichen und des chinesischen Romans dürfen westliche Gattungsbezeichnung nur mit Vorsicht auf letzteren angewandt werden.

Hauptinspirationsquelle waren die Berichte und Geschichten um die Pilgerfahrt des Mönchs Xuanzang (602–664) bzw. Tripitaka, der das Vorbild für Wu Cheng'ens Hauptfigur bildet. Die Figur des eher passiven Pilgers wird jedoch schnell überschattet von dem zweiten Protagonisten des Romans, dem Affenkönig Sun Wukong. Diese Gestalt, die in früheren Legenden lediglich die Funktion einer niederen Helferfigur für Xuanzang/Tripitaka übernimmt, wird bei Wu Cheng'en schnell zum Zentrum des Romans – und zu einer der faszinierendsten Schöpfungen der Weltliteratur. Wu Cheng'ens Affenkönig, der seinen Ursprung vermutlich im indischen *Rāmāyana*-Epos[1] hat, ist eine himmlische Gestalt, die von Buddha wegen begangenen Unrechts auf die Erde verbannt wurde, wo Sun Wukong nun nach Wiedergutmachung strebt. Die 100 Kapitel[2] der *Reise nach Westen* erzählen die 81 fantastischen Bewährungsproben Sun Wukongs im Kampf mit Dämonen und Gespenstern – und letzten Endes mit dem eigenen Selbst. Denn, so Clemens Treter, der Affenkönig kann traditionellerweise als Symbol des menschlichen Geistes gedeutet werden, und die Suche nach den heiligen Texten als Reise in das Selbst[3]. So wird die fantastische *Reise nach Westen* zu einer vielschichtigen philosophischen, theologischen und nicht zuletzt protopsychologischen Allegorie, während die in ironischem Stil wiedergegebenen Abenteuer des Mönchs, des Affen, des Schweins, des weißen Pferdes und des Pferdeführers in ihrem Kampf gegen die Dämonen zugleich einen der großen komischen Romane der Weltliteratur konstituieren.

Wichtige Werke:

Xiyou ji (*Reise nach Westen*, 1592)

---

[1] Das *Rāmāyana* (*Epos von Rāmās Lebenslauf*), eines der indischen Nationalepen, erzählt die Geschichte der siebten Inkarnation des Vishnu in der Gestalt von Rāmā; in der Geschichte übernimmt der Affenkönig Sugriva eine entscheidende Rolle. Diese mögliche Inspiration für Wu Cheng'ens Sun Wukong ist ein weiterer Beweis für die große Gelehrsamkeit des Literaturbeamten und seine Fähigkeit, unterschiedliche Traditionen zu einem einheitlichen, harmonischen Ganzen zusammenzufügen.

[2] Die heute bekannte Version der *Reise nach Westen* mit ihren 100 Kapiteln ist wohl das Ergebnis einer Bearbeitung von Wu Cheng'ens Werk aus dem 17. Jahrhundert (vergl. Helwig Schmidt-Glintzer, S. 434).

[3] Clemens Treter. »Die Literatur der Ming- und Qing-Zeit«. in: Reinhard Emmerich (Hg.): *Chinesische Literaturgeschichte*. Stuttgart/Weimar: Metzler 2004. S. 225–87. hier: S. 244.

MATSUO (MUNEFUSA) BASHŌ

(1644–1694)

Bananenstauden – Die Entdeckung des Kleinen im haiku

Matsuo Bashō kann ohne Übertreibung der größte Lyriker des neuzeitlichen Japans genannt werden. Als Begründer der Gattung des *haiku*, des epigrammatischen Siebzehn-Silben-Gedichts, kann sein Einfluss auf die Weltliteratur kaum zu hoch eingeschätzt werden.

Das vielleicht berühmteste *haiku* Matsuo Bashōs ist das sogenannte Froschgedicht, das in zahlreichen Sprachen nachgedichtet und auch parodiert worden ist:

Alter Teich –
Ein Frosch springt hinein
Das Geräusch des Wassers.

Das japanische *haiku*[1] ist eine Gedichtform, die in drei Versen zu (in der Originalsprache) 5–7–5 Silben den Blick auf das Kleine lenkt, auf das momentane Detail. Genau in dieser einfachen Ausschnitthaftigkeit will das *haiku* die Seele schulen in der erahnenden Erkenntnis des Ganzen. – Auf diese Formel kann nicht nur die Gattung des *haiku* und die Poesie ihres Begründers gebracht werden, sondern auch das Leben Matsuo Munefusas, der den Künstlernamen Bashō, d. i. ›Bananenstaude‹, trug. Das etwas eigenartig anmutende Pseudonym verdankte der japanische Lyriker seiner *bashō-an*, seiner Klause aus Bananenstauden im Fukagawa-Viertel in Edo (Tōkyō), in die er sich von 1681 an zurückzog, wenn er Ruhe und Frieden suchte. Bis zu diesem Zeitpunkt trug Matsuo Munefusa vielerlei Dichternamen, vermutlich, um sich von der Samurai-Familie, der er entstammte, abzugrenzen; schließlich hatte sich Bashō entschlossen, dem Leben des niederen Adels den Rücken zu kehren und statt dessen ein Dasein als wandernder Wahrheitssucher in genügsamer

---

[1] Der Begriff entstand im 19. Jahrhundert aus der Zusammenziehung der ursprünglichen Bezeichnung *haikai no hokku* (= Erstgedicht in einer Kettengedichtsequenz).

Einfachheit zu führen. Somit sind Leben und Werk des großen Lyrikers aufs Engste miteinander verflochten.

Bashō begann seine Wahrheitssuche mit einem Studium in Kyōtō, wo er von 1666 an bei angesehenen Meistern studierte, in erster Linie *haikai* und *waka* (die traditionellen japanischen Gedichtformen), die klassische chinesische Literatur[1] und Kalligraphie. 1672 kam Bashōs erste Verssammlung *Kai ōi* (›Muschelwettstreit‹) heraus und im gleichen Jahr übersiedelte der Dichter nach Edo, wo er in dem Fischhändler Sugiyama Sampū einen Gönner fand. Bald etablierte sich Bashō als *haikai*-Meister und Lehrer und konnte ein voll und ganz der Poesie gewidmetes Leben unter Gleichgesinnten führen. Dichtung war für den großen Japaner ein Lebensstil und ein Weg zur Erlangung von Erleuchtung, den er *kado* nannte (d. i. ›der Weg der Dichtung‹). Edo und die *bashō-an* wurden zur Heimstatt des Wahrheitssuchers, doch er bereiste ganz Japan, um seine Studien der taoistischen und der Zen-Philosophie zu vertiefen (etwa verbrachte er längere Zeit in einem Zen-Kloster). Bashō reiste aber auch, um im Sinne des Zen durch persönliches, direktes Erleben der Erkenntnis nahe zu kommen; denn, so der *haiku*-Meister, der Dichter müsse das »was Kiefer ist, von der Kiefer lernen« und nicht den Fußstapfen der Altvorderen folgen, sondern sich aufmachen und das suchen, wonach auch jene auf der Suche waren. Im letzten Jahrzehnt seines Lebens unternahm Bashō, begleitet von seinen Schülern, fünf große Reisen durch Japan, aus denen seine beispiellosen *haibun* (Reisetagebücher) hervorgingen. In diesen Aufzeichnungen, von denen *Auf schmalen Pfaden durchs Hinterland* (*Oku no hosomichi*, 1689) das bedeutendste ist, hielt Bashō Begegnungen, Reflexionen und Eindrücke fest – in ausdrucksstarker Prosa, aber noch eindrucksvoller in dichten *haikus*, die bis heute zu den besten in japanischer Sprache gerechnet werden und lange Zeit als ideale Muster hochgehalten wurden. Bis zuletzt ließ sich Matsuo Bashō das für ihn so wichtige Reisen nicht nehmen; er starb auf seiner letzten Wanderschaft im Jahr 1964, die ihn bis nach Nagasaki führen sollte.

---

[1] Besonders die Werke des ›Dichterheiligen‹ Du Fu (712–770) mit ihrer melancholisch-reflexiven Grundstimmung und die weinseligen, lebensfrohen Verse des großen Li Bai (701–762) übten Einfluss auf Bashōs eigene Lyrik aus.

Nicht nur auf Reisen, sondern auch auf organisierten Dichtertreffen umgab sich Bashō mit Schülern und Freunden, mit denen zusammen er Kettengedichte (*renga*) verfasste und diese dann in Gedichtsammlungen herausgab. Die bekannteste dieser Anthologien ist *Das Affenmäntelchen* (*Sarumino*, 1691), so benannt nach einen *haiku* Bashōs, das wiederum seine scharfe Aufmerksamkeit für die Details des Alltags und die mit ihnen verwobenen Gefühlsregungen offenbart:

> *Erster Winterregen!*
> *Auch das Äffchen ersehnt sich*
> *einen Regenmantel.*

Im Kreise seiner Dichterfreunde und aus seinen Erfahrungen heraus entwickelte Bashō seinen eigenen *shōfū*-Stil, der sich von der allzu rigiden Poetik der alten *haikai*-Dichtung löste und trotz strenger Vorgaben große dichterische Freiheit erlaubte. Das Ziel des *shōfū*, und damit des *haiku*, ist, wie Irmela Hijiya-Kischnereit formuliert, die »mystisch-intuitive […] Anverwandlung aller Bereiche der Erscheinungswelt«[1]. Das heißt, über die scharfe Beobachtung des Details und dessen poetische Verarbeitung in der festen Form des *haiku* soll für Dichter wie Leser ein Schritt hin zum Staunen, und so hin zur Erleuchtung, getan werden. *Fugano-michi*, der Weg der Eleganz, war das oberste Mittel des *shōfū*-Stils: eine ungewöhnliche Prägnanz der Aussage bei gleichzeitiger Geschlossenheit des Gedichtes, die doch einen Nachhall (*yoin*) im Leser erlaubt. Das bedeutet, das *haiku* soll in 17 Silben ein abgerundetes Ganzes bilden und gerade dadurch etwas anregen im Leser, das den Blick über den kleinen Ausschnitt, den das Gedicht präsentiert, hinauslenkt auf ein unbestimmtes Anderes. So soll das *haiku* in immer wandelbarer Gestalt (*ryūkō*) das Unwandelbare (*fueki*) offenbaren.

> *Zwei Menschenleben!*
> *Und dazwischen ganz üppig –*
> *die Kirschblütenzeit.*

---

[1] Irmela Hijiya-Kischnereit: »Matsuo (Munefusa) Bashō«. in: Axel Ruckaberle (Hg.): *Metzler Lexikon der Weltliteratur*. Stuttgart/Weimar: Metzler 2006. Band 2. S. 119–20. hier: S. 120.

Ein solches *haiku*, das im Detail auf das Ganze verweist und damit auf die unauflösliche Verwobenheit von allem mit allem, besitzt Wahrhaftigkeit (*makoto*).[1]

Die Kunst des *haiku* wurde zur Volkskunst in Japan, zum Volksspiel sozusagen, das einen scharfen Blick und das Staunen der Seele ausbilden soll. Auf die Lyrik des Westens im 20. Jahrhundert wiederum – als die Dichter am Rande der Verzweiflung nach neuen Ausdrucksformen in einer fundamentalen Sprachkrise suchten – hatte diese japanische Poesie des Sehens einen ungeheuren Einfluss.

Wichtige Werke:

Kai ōi (1672)
Oku no hosomichi (*Auf schmalen Pfaden durchs Hinterland*, 1689)
Sarumino (*Das Affenmäntelchen*, 1691)

SOR JUANA INÉS DE LA CRUZ (JUANA INÉS DE ASBAJE Y RAMÍREZ DE SANTILLANA)
(1651–1695)

Die zehnte Muse – Der Impuls moderner Poesie

Die Nonne Juana Inés de la Cruz war die herausragende intellektuelle Figur im Mexiko des 17. Jahrhunderts. Sie war Universalgelehrte, Proto-Feministin und weltliche wie mystizistische Liebespoetin und ist ohne Zweifel die bedeutendste Dichterin des kolonialen Amerikas. Aus ihren Versen spricht eine Modernität, die ihrer Zeit weit voraus war.

Ich und nur ich allein muss
mir Familie und Stammbaum sein.
Was kann sich schon messen mit dem Wissen,
dass ich von niemandem abhängig bin?
Ich wähle den Tod, um mich selbst zu gebären,
wann immer mir danach der Sinn steht.

---

[1] vergl. Gero von Wilpert (Hg.): *Lexikon der Weltliteratur. Band I.* Stuttgart: Körner 1988. S. 122.

[...]
Mein Tintenfass ist der schlichte Scheiterhaufen,
auf dem ich mich selbst in Flammen setze...

Die Poesie von Sor Juana Inés de la Cruz trage den Impuls der Moderne in sich, schrieb der mexikanische Dichtergigant und Nobelpreisträger Octavio Paz (1914–1998) in seiner monumentalen Studie/Roman *Sor Juana Inés de la Cruz oder die Tücken des Glaubens* (*Sor Juana Inés de la Cruz o la trampa de la fe*, 1982). Das obige Gedicht ist eindrucksvoller Beweis dafür, dass sich in der Dichtung der mexikanischen Nonne ein modernes, und dazu weibliches, Ich eine Stimme kreiert, wie sie zu ihrer Zeit noch nie gehört worden war – und, das zeigt das tragische Verstummen der Dichterin, aller Sprachgewalt zum Trotz auch noch nicht bereit war, gehört zu werden.

Sor Juana war in der Tat eine singuläre Erscheinung. Sie wurde unter dem Namen Juana Inés de Asbaje y Ramírez de Santillana als illegitime Tochter einer Kreolin geboren, jedoch im Haushalt ihres Großvaters erzogen, wo das hochintelligente Mädchen eine ungewöhnlich umfassende Ausbildung erhielt. Schon mit drei Jahren, so heißt es, konnte Juana lesen und verschlang von da an jedes Werk, das sie aus der Bibliothek ihres Großvaters in die Finger bekam. Besonders gern beschäftigte sie sich mit Poesie, Philosophie, Astronomie und Medizin. Im Alter von 15 Jahren galt das Mädchen als die gebildetste Frau Mexikos und wurde an den Hof des Vizekönigs geholt und in den Stand einer Hofdame der Vizekönigin erhoben. Ihre Schönheit, ihre scharfe Zunge, ihr wacher Verstand, ihr ungeheures Wissen, ihre zarte Poesie – all dies sicherte ihr die Bewunderung des gesamten Hofes. Und doch entschied sich Juana im Alter von zwanzig Jahren, den Schleier zu nehmen. Die Spekulationen über ihre Motive gehen auseinander; während manche Quellen nahelegen, dass die junge Hofdame verheiratet gewesen war und nach dem Tod ihres über alles geliebten Mannes nur noch ein Leben als Braut Christi in Betracht ziehen konnte, gehen die meisten Forscher davon aus, dass trotz des Mäzenats des Vizekönigs letztendlich das Kloster der einzige Ort war, an dem eine unverheiratete Frau sich der Gelehrsamkeit hingeben konnte. Und lange Zeit schien Sor Juana auch genau das zu gelingen: Sie verwandelte das Kloster San Geranium in einen Ort intellektueller Begegnung, schuf dort eine Bibliothek mit über 4.000 Büchern und verfasste philosophische wie theologische

Abhandlungen – und natürlich Poesie. Letztere bestand nicht nur aus Auftragsarbeiten von Kirche und Königshof (darunter Vokalmusik und Dramen), sondern auch aus mystizistischen und weltlichen Liebesgedichten. Letzteres erregte nicht selten den Unmut der kirchlichen Obrigkeit. Der Bischof von Puebla rügte die Nonne mehrmals öffentlich wegen ihrer weltlichen Gelehrsamkeit und unangemessenen Verse, was Sor Juana mit scharfzüngigen offenen Briefen beantwortete. Diese – z. B. die berühmte *Antwort an Schwester Philothea* (*La Requesta de la poetisa a la muy ilustre Sor Philotea de la Cruz*, um 1690)[1] – können als frühe feministische Manifeste gelesen werden, in denen Sor Juana das Recht der Frauen auf Bildung verteidigt, wie sie es etwa auch in dem folgenden zu Ehren der Heiligen Katharina von Alexandria verfassten Gedicht tut[2]:

> *Einer Frau ist es gelungen*
> *all den Weisen von Ägypten*
> *zu beweisen, dass Erkenntniskraft*
> *nicht bedingt ist durchs Geschlecht.*
> *Triumph! Triumph!*
> *Ein Wunder, ja, ein Mirakel.*
> *Aber nicht, dass sie obsiegte*
> *war das Wunder, sondern dass*
> *die Männer sich vor ihr beugten.*
> *Triumph! Triumph!*
> *Sie forscht, diskutiert und lehrt,*
> *tätig im Dienste der Kirche,*
> *weil er, der ihr den Verstand gab,*
> *nicht will, dass sie nichts erkenne.*
> *Triumph! Triumph!*

Es ist wenig verwunderlich, dass Sor Juana, die in diesem Gedicht recht unverblümt die Gottgewolltheit ihrer eigenen Gelehrsamkeit propagiert, die innigste Beziehung in ihrem Leben zu einer anderen Frau hatte: der Vizekönigin María Luisa de Padera. Die beiden Frauen pflegten eine intellektuelle Zweisamkeit, und Sor Juanas schönste – und leidenschaftlichste – Liebesgedichte, in den Konventionen höfischer Liebesdichtung

---

[1] Der Bischof hatte seine rügenden Worte der fiktiven Sor Philothea in den Mund gelegt.

[2] Die Heilige Katharina von Alexandria soll, so die Legende, 50 heidnische Philosophen allein durch die Kraft ihrer Argumentation zum Glauben an Christus bekehrt haben.

verfasst, sind der Vizekönigin gewidmet. Diese werden nur übertroffen von Sor Juanas großem philosophischen Gedicht *Erster Traum* (*Primero sueño*, 1685), das von ihrer Stellung als Universalgelehrte an der Schwelle der anbrechenden Moderne zeugt.

Bei ihrer Rückkehr nach Spanien brachte María Luisa de Padera die Poesie Sor Juanas mit in die Alte Welt und trug so wesentlich zur Verbreitung des Ruhms ihrer gelehrten Freundin bei. Gleichzeitig jedoch verlor die Dichterin durch die Ablösung von María Luisas Ehemann als Vizekönig von Mexiko dessen Protektorat – und war von da an den Kirchenoberen ausgeliefert. Im Jahr 1691 beugte sie sich schließlich dem Druck unter dem Schatten der Inquisition, unterschrieb ein Sündenbekenntnis, verkaufte ihre wissenschaftlichen Instrumente und ihre gesamte Bibliothek – und hörte auf zu schreiben. Sor Juana Inés de la Cruz überlebte dieses poetische Verstummen nur um zwei Jahre. Ihr Ruf und ihre Poesie jedoch lebt noch heute. Nicht nur Octavio Paz' Biographie der großen Dichterin zeugt davon, sondern auch die Verfilmung derselben von der argentinischen Regisseurin María Luisa Bemberg (1922–1995) aus dem Jahr 1990, *Yo, la peor de todas* (*Ich, die Unwürdigste von allen*). Eine deutsche Sammlung von Sor Juanas Werken findet sich unter dem Titel *Es höre mich dein Auge*.

Wichtige Werke:

Primero sueño (*Erster Traum*, 1635)
La Requesta de la poetisa a la ilustre Sor Philotea (*Die Antwort an Schwester Philothea*, um 1690)

Edgar Allan Poe

(1809–1849)

Nimmermehr – Der Nachtseitenpoet

Der Name Edgar Allan Poe wird populärerweise am ehesten mit exquisiten Schauergeschichten und grotesk-unheimlichen Gedichten – wie sein berühmtestes lyrisches Werk *Der Rabe* (*The Raven*, 1845) – in Verbindung gebracht. Poe war jedoch viel mehr als der *Master of Horror*, nämlich Initiator verschiedener Neuentwicklungen der amerikanischen wie europäischen Literatur, sowohl auf dem Gebiet der Prosa als auch der Lyrik. Seine poetologischen Überlegungen beeinflussten die französischen Symbolisten nachhaltig, er war der Begründer der Gattung der Detektivgeschichte und eröffnete in seinen Erzählungen und Gedichten den Zugang zu den Nachtseiten der menschlichen Psyche wie kaum ein Dichter vor ihm. Auch heute noch ist Poe einer der meistgelesenen US-amerikanischen Schriftsteller überhaupt.

Nicht nur die Literatur Edgar Allan Poes ist von einer Aura des Mysteriösen umgeben, sondern auch sein Leben. Es ist schwer, in seinem Fall Fakt von Legende zu trennen, nicht nur, weil er sich ähnlich wie der englische Romantiker George Gordon Lord Byron (1788–1824) als eine Art *Byronic hero*[1] zu inszenieren pflegte, sondern auch wegen der Verleumdungskampagnen, die Poes angeblicher Freund Rufus Griswold nach dessen Tod unter anderem durch Fälschung von Korrespondenzen führte. Selbst was von Poes Leben als relativ gesichert bekannt ist, hat den Touch des Melodramatischen. Er wurde in Boston als Sohn der Schauspielerin Elizabeth Arnold Poe und von David Poe Jr. geboren. Als der kleine Edgar gerade mal zwei Jahre zählte, starb seine Mutter und der Vater ließ die drei Kinder im Stich, die von verschiedenen Familien aufgenommen wurden. Edgar kam zu der Familie des wohlhabenden Tabakhändlers John Allan in Richmond (daher der mittlere Name des Schriftstellers). Von 1815 bis 1820 lebte die Familie in England, wo Edgar zur Schule ging, 1826 besuchte der junge Poe die University of Virginia, die er jedoch aufgrund seiner Spielschulden trotz seiner außergewöhnlichen Leistungen bald wieder verlassen musste. In der Zeit von 1827 bis 1831 versuchte sich der Universitätsabgänger recht erfolgreich an einer militärischen Karriere, gab diese jedoch wieder auf. Die `30er Jahre verbrachte Poe in relativer Armut in Baltimore, Richmond, New York und Philadelphia, wo er für verschiedene Zeitschriften tätig war. Der eifrige Literat hatte bis 1831 zwar schon drei Gedichtbände veröffentlicht[2], mit *Metzgengernstein* 1832 seine erste Kurzgeschichte publiziert und im Laufe des Jahrzehnts seine größten Erzählungen

---

[1] Unter dem *Byronic hero*, dem Byronschen Helden, versteht man die Figur des geheimnisvoll-düsteren romantischen Helden, den Lord Byron in seinen Dichtungen popularisierte und in gewisser Weise selbst lebte.

[2] Poes erster Gedichtband erschien bereits 1827 unter dem Titel *Tamerlane and Other Poems*.

verfasst, aber der Publikumserfolg blieb aus. Dafür machte sich Poe während seiner Zeit beim *Southern Literary Messenger* (Richmond, 1835–1837) einen nationalen Namen als genialer Rezensent und Literaturkritiker, den er bis heute behalten hat. Erst das Jahr 1845 brachte dem Dichter Poe, der inzwischen wieder in New York lebte, den literarischen Durchbruch, und zwar mit der Veröffentlichung seiner berühmten Schauerballade *Der Rabe*, die eine Sensation auslöste und ihm den Zugang zu den literarischen Kreisen New Yorks erschloss. Gerade Letzteres genoss Poe in vollsten Zügen. Poes Glück zerbrach jedoch abrupt, als seine geliebte Frau Virginia[1] tödlich erkrankte. Poe blieb als gebrochener Mann zurück, der zwar weiterhin literarisch tätig war – etwa veröffentlichte er 1848 mit seinem philosophischen Prosagedicht *Heureka* (*Eureka*) eine Summe seines sowohl romantisch wie naturwissenschaftlich geprägten Weltbildes –, verfiel aber zusehends der Paranoia und Halluzinationen. 1849 verschwand er während einer Reise nach Philadelphia und wurde drei Tage später verletzt und halluzinierend gefunden. Kurz darauf verstarb der Poet im Alter von 40 Jahren.

Edgar Allan Poe nimmt eine Sonderstellung unter den Dichtern der sogenannten Amerikanischen Renaissance ein. Während es seinen poetischen Zeitgenossen ein Anliegen war, eine eigenständige amerikanische Nationalliteratur zu kreieren, verstand sich Poe als Kosmopolit und die gesamte Welt als die einzig angemessene Bühne für die Literatur. Er thematisierte nicht die Alltagsrealität der jungen Staatengemeinschaft, sondern schuf in seinen Gedichten und Geschichten eine zeitlose, surreale, universale und archetypische Atmosphäre. Er kann als einer der europäischsten der amerikanischen Literaten bezeichnet werden, und zwar sowohl von seinen Wurzeln her (seine Vorbilder waren die englischen und deutschen Romantiker) als auch von seiner Wirkung her: Es waren die französischen Symbolisten – allen voran Charles Baudelaire (1821–1867), der Poes Gedichte ins Französische übersetzte und so dessen Erfolg in Europa tatkräftig Vorschub leistete –, die ihn als den Wegbereiter einer neuen Poesie feierten. Im konservativen intellektuellen Klima der damaligen USA dagegen

---

[1] Als Poe und Virginia Clemm im Jahr 1836 heirateten, zählte die Braut zarte 13 Jahre – eine Tatsache, die das ihrige zum Ruf des Dichters und Literaturkritikers als verruchter *Byronic hero* beitrug. Manche behaupten allerdings, die Beziehung zwischen Poe und Virginia sei eher geschwisterlicher und asexueller Natur gewesen.

wurde Poe als Exzentriker betrachtet, und noch heute gilt er dem Augsburger Amerikanisten Hubert Zapf zufolge »als Prototyp des Schriftstellers, als romantischer Außenseiter, der in der materialistisch eingestellten amerikanischen Gesellschaft keine Überlebenschancen hat«[1].

Gerade in dieser Autonomie von der äußeren Wirklichkeit, seinem Interesse an den Nachtseiten der menschlichen Psyche und seiner symbolischen ›Traumsprache‹ liegt der große Einfluss begründet, den Poes Werke auf die französische Lyrik ausübten, die ihrerseits wegbereitend für die literarische Moderne war. Auch seine theoretischen Überlegungen hinsichtlich des Wesens der Lyrik erwiesen sich als höchst wirkungsmächtig; der ›Nachtseitenpoet‹ war einer der Wegbereiter der *pure poetry* oder *poésie pure*, die die Kunst selbst als alleinigen Zweck der Kunst betrachtete. Für Poe stand allein das Schöne im Mittelpunkt des Gedichts – das Schöne in der Sprache, im Rhythmus, in der Metrik und im Gegenstand der Lyrik, wobei er allerdings die Melancholie zur höchsten ästhetischen Emotion erklärte. Deren angemessenstes Sujet, so Poe, sei der Tod einer schönen Frau, und so drehen sich seine bekanntesten Gedichte, wie *Der Rabe*, *Anabel Lee* und *Lenore*, um diese Thematik. Poe erhob außerdem die Musikalität zum höchsten Prinzip seiner ästhetizistischen Dichtung und führte eine ganz neue Verssprache in die englischsprachige Literatur ein, die in erster Linie auf der Rhythmik der Sprachmelodie beruht. Des Weiteren proklamierte er die Verbindung von »*symmetry and strangeness*«, wie er in seiner Erzählung *Ligeia* schreibt, von idealisierter Schönheit mit bizarren Verfremdungselementen. Dadurch entstanden in seiner Lyrik oft dunkle, apokalyptische Bilder, welche die für Poe so typische Atmosphäre des Unheimlichen erzeugen.

Obwohl Poe auch satirische und humoristische Erzählungen verfasste, ist auch seine Prosa für dieses Unheimliche bekannt; er selbst bezeichnete sie als ›grotesk‹ oder ›arabesk‹. Damit meinte er die Atmosphäre der Irrationalität und Fantastik, der Exotik und des inneren Verfalls, die er in seinen Geschichten erzeugt. Diese sind von der europäischen Schauerromantik inspiriert, verwandeln dieses Genre jedoch in ein Medium der Erforschung innerseelischer, dysfunktionaler Zustände. Poes Er-

---

[1] Hubert Zapf: »Romantik und ›American Renaissance‹«. in: Hubert Zapf (Hg.): *Amerikanische Literaturgeschichte*. Stuttgart/Weimar: Metzler 2004. S. 85–153. hier: S. 110.

zählungen werden so zu einem frühen Ausdruck der Krise des Subjekts, die die Entwicklung zur Moderne charakterisiert. Dies schlägt sich auch in Poes Erzählstil nieder, der von analytischer Beobachtung bis hin zur dramatischen Unmittelbarkeit reicht. Nicht selten wählt sich der Nachtseitenpoet vom Wahnsinn gezeichnete narrative Stimmen.

Nicht nur auf dem Gebiet der grotesken Erzählung betrat Poe Neuland. Vielmehr schuf er mit seinen *tales of ratiocination* – von denen *Der Mord in der Rue Morgue* (*The Murders in the Rue Morgue*, 1841) die erste ist – das Genre der Detektivgeschichte mit all seinen charakteristischen Merkmalen: die analytischen Verfahren der Wahrheitsaufdeckung; die Inkompetenz der Polizei; die Figur des naiven Freundes, der als Erzähler fungiert; und die Figur des Meisterdetektivs mit seiner überlegenen Verstandesschärfe. So ist Edgar Allan Poe und nicht Sir Arthur Conan Doyle (1859–1930) der Vater des ›Helden der Logik‹, der in Sherlock Holmes seinen berühmtesten Vertreter gefunden hat.

Nicht zuletzt ging Edgar Allan Poe als einer der Schöpfer und Theoretiker der *short story*, der Kurzgeschichte, in die Literaturgeschichte ein; er argumentierte für die Dichte und Kürze einer Prosaerzählung und etablierte die *unity of effect* (›Einheit des Effekts‹), das heißt die Erzeugung einer ganz bestimmten, einheitlichen Atmosphäre, als entscheidendes Merkmal der Kurzgeschichte (im Gegensatz zum Roman). So war es dem Nachtseitenpoeten Poe, der die Lyrik als seine Leidenschaft bezeichnete, letztendlich beschieden, als Meister der Kurzprosa in das literarische Gedächtnis einzutreten.

Wichtige Werke:

Ligeia (*Ligeia*, 1838)
The Fall of the House of Usher (*Der Untergang des Hauses Usher*, 1839)
William Wilson (*William Wilson*, 1839)
The Murders in the Rue Morgue (*Der Mord in der Rue Morgue*, 1841)
The Masque of the Red Death (*Die Maske des roten Todes*, 1842)
The Black Cat (*Die schwarze Katze*, 1843)
The Tell-Tale Heart (*Das verräterische Herz*, 1843)
The Raven (*Der Rabe*, 1845)
Eureka. A Prose Poem (*Heureka. Ein Prosagedicht*, 1848)
The Poetic Principle (*Das dichterische Prinzip*, 1850)

HERMAN MELVILLE

(1819–1891)

Ishmael – Der Seefahrer und der amerikanische Prometheus

Die Frage nach dem amerikanischen Nationalepos kann nicht eindeutig beantwortet werden; vielmehr teilen sich diesen Titel drei Werke von gleichgroßer Bedeutung: *Huckleberry Finn* (*Adventures of Huckleberry Finn*, 1855) von Mark Twain (1835–1910), die *Grashalme* (*Leaves of Grass*, Endfassung 1881/82) von Walt Whitman (1819–1892) und Herman Melvilles *Moby Dick* (1851). Letzterer gehört zu den berühmtesten Romanen der Weltliteratur überhaupt. Die mythisch überhöhte Jagd Captain Ahabs auf den Weißen Wal ist zum kulturellen Symbol geworden für den Kampf des sich selbst absolut setzenden Individuums gegen eine Naturgewalt, die jenseits des Beeinflussbaren liegt.

Die US-Literatur des 19. Jahrhunderts ist geprägt von der Suche nach der eigenen Stimme, dem Versuch der Emanzipation von der Alten Welt im Allgemeinen und England im Besonderen. Das Werk Herman Melvilles stellt einen bedeutenden Schritt auf diesem Weg dar, auch wenn es von seinen Zeitgenossen nicht in dem ihm gebührenden Maße anerkannt wurde. Erst in den 20er Jahren des 20. Jahrhunderts wurde Melvilles Werk wiederentdeckt und entsprechend gewürdigt.

Herman Melville, einer der bedeutendsten amerikanischen Schriftsteller überhaupt, war Autodidakt. Der Vater, ein New Yorker Kaufmann, starb früh, und so musste sein Sohn bereits mit dreizehn Jahren die Schule verlassen. Es folgten verschiedene Tätigkeiten, etwa als Bankangestellter, als Farmarbeiter und als Lehrer, bis Melville 1839 seinem bisherigen Leben den Rücken kehrte und *cabin boy* auf der *Redburn* wurde, die nach Liverpool segelte. 1841 heuerte er dann auf dem Walfänger *Acushnet* an – der Beginn einer Reihe von ›Irrfahrten‹ durch die Südsee, die 1844 endeten, als Melville als Matrose der US-Navy nach Norfolk zurückkehrte. Die Seefahrt ist Melvilles großes Thema, und das Meer mit seiner unfasslichen Weite und wilden Elementarität ist das symbolische Feld, dem die intensiven

Bilder entspringen, die so charakteristisch für sein Gesamtwerk sind. *Moby Dick* kann dabei als die Summe von Melvilles Erfahrungen, Reflexionen und autodidaktischen literarischen Studien betrachtet werden. Zunächst allerdings begann Melville hauptsächlich aufgrund seiner schwierigen finanziellen Lage nach seiner Rückkehr an Land und dem Fehlen jeglicher Berufsausbildung zu schreiben. Bereits zu dieser Zeit allerdings verkehrte der aufstrebende Literat in einem Kreis von Dichtern und Intellektuellen, die darum bemüht waren, eine von Europa unabhängige US-amerikanische Literatur zu etablieren. Zwischen 1846 und 1850 erschienen Melvilles ›Reisebücher‹, die auf seinen eigenen Erlebnissen basieren und mit denen er bekannt wurde; sie trugen ihm lange Zeit den Ruf eines lesenswerten Reiseschriftstellers ein, der auf der Welle der allgemeinen Beliebtheit der Reiseliteratur im 19. Jahrhundert schwamm. Die Bücher brachten Melville genug ein, dass er sich 1850 auf einer Farm in Massachusetts niederlassen konnte, wo er dreizehn Jahre lang verweilte. Doch schon in den '50er Jahren begann die Popularität des ›Reiseschriftstellers‹ zu schwinden; das Erscheinen von *Moby Dick* 1851 konstituierte sowohl den Gipfel von Melvilles Schaffen als auch den Beginn seines nachlassenden Erfolgs. Der Roman kam bei der US-amerikanischen Kritik nicht an; die düstere Welt von *Moby Dick*, in der der sich selbst überschätzende Mensch den Kampf mit dem Schicksal aufnimmt und letztendlich verliert – wenn auch heroisch-ungebrochen –, passte nicht zu dem proklamierten US-Optimismus der Zeit. Außerdem stieß Melvilles Erzählstil, der jegliche Gattungsgrenzen sprengte, auf Irritation. Der nachfolgende Roman *Pierre oder im Kampf mit der Sphinx* (*Pierre, or the Ambiguities*, 1852), löste durch die verwirrend intensive, hochgradig religiöse Symbolik und die unverblümte Thematisierung problematischer Sexualität geradezu Schockreaktionen aus. Dies führte dazu, dass Melville wieder verschiedene berufliche Tätigkeiten aufnehmen musste (z. B. als Vortragsreisender und als Zollinspektor im Hafen von New York), mit seiner Prosa zum Zeitgeschmack zurückkehrte und sich in den letzten Jahren mit angemessenem Erfolg der Lyrik zuwandte.

Während *Moby Dick* ohne Zweifel als Melvilles Meisterwerk bezeichnet werden kann, sind seine frühen Reisebücher essentiell für die Entwicklung seines Stils, den er in seinem großen Seefahrtsroman zur Perfektion brachte. Nicht nur erforscht er hier bereits die Thematik der Begegnung mit anderen Kulturen, die ihm als Medium der Zivilisationskritik sowie als Quelle exotischer Symbolik diente, und experimentierte mit dem ur-alten Motiv der Seereise als Lebensreise, das das Kernthema seines Schaffens konstituiert; Melville übte sich in den Reise-büchern auch in der für ihn charakteristischen Verknüpfung von Erlebtem und Fiktivem. Des Weiteren kann die Episoden-form dieser Texte als eine Vorstufe der mosaikhaften Struktur von *Moby Dick* betrachtet werden, der vom Reisebericht über Forschungsergebnisse, dem Essay und der Predigt bis hin zum dramatischen Monolog alle Spielarten des Erzählens beinhaltet und so ein amerikanisches Epos konstituiert, das Abenteuer- und Bildungsroman, Drama, philosophische Reflexion und ly-rische Diktion in sich aufnimmt. Diese Sprengung der Gattungs-grenzen führt zu einer Offenheit des Romans, die neu für das 19. Jahrhundert war, und gleichzeitig das Hauptthema *Moby Dicks* formal umsetzt: Captain Ahab, der das zentrale Symbol des Romans, den Weißen Wal, auf die Inkarnation des Bösen reduziert, steht für die dogmatische, monomane Weltsicht des sich selbst absolut setzenden Individuums, das nichts als seine eigene Wahrheit kennt. Der Ich-Erzähler Ishmael dagegen stellt eine demokratisch-humanistische Alternative zu Ahab dar; auf seiner Initiationsreise auf der *Peqod*, Ahabs Walfänger, lernt er, andere Perspektiven in die eigene zu integrieren (als *pars pro toto* dafür steht seine Beziehung zu dem Südseeinsulaner Queequeg, des fatalistischen *noble sauvage*[1]). Ishmaels Offenheit äußerst sich auch in seiner Wahrnehmung des Weißen Wals; er sieht nicht nur das Dämonische in Moby Dick, sondern auch das Sublime und die Kraft der Natur, die der Wal verkörpert. Sein Wirklichkeitsbegriff – sowie der, den der Roman an sich proklamiert – ist weiter und offener als der des Captains und stellt somit die Antwort auf Ahabs selbstzerstörerische Jagd und promethische Auflehnung gegen Natur und Schicksal dar. Die-se verliert dennoch nichts von ihrem dämonischen Heroismus. Trotz allem steht die faszinierende Figur Ahabs, ein amerika-nischer Prometheus, im Mittelpunkt des Romans. Seine Jagd auf den Wal, der ihn verstümmelt hat, kann als archaisch-my-thischer Kampf des Menschen mit der übermachtigen elemen-

---

[1] Die Figur des *noble sauvage*, des ›edlen Wilden‹, kann auf eine lange Tradition zurückblicken, die im 18. Jahrhundert etabliert wurde, wo bereits – etwa von Voltaire (1694-1778) und Jean-Jacques Rousseau (1712–1778) – diese Gestalt zum Zwecke der Zivilisationskritik eingesetzt wurde.

taren Natur (und metonymisch gesprochen mit dem Schicksal an sich) gelesen werden, aber auch als Allegorie der expansionistischen, fortschrittsoptimistischen US-amerikanischen Geisteshaltung. Ahabs »ins Kosmische gesteigerte Individualität«[1] verbindet das Heroische mit dem Grotesken und fasziniert nicht zuletzt durch seine episch-poetische Sprache, die von einer ungeheuren bildhaften Dichte ist und auf William Shakespeare (1564–1616) als ihren Ahnherren zurückblicken kann; die Metamorphose Shakespeare'scher Diktion in eine distinktiv neue Sprache, die als amerikanisch bezeichnet werden kann, und ihre Vermischung mit Melvilles eigener rhetorischer Stärke macht einen weiteren Reiz von *Moby Dick* aus und ist eine Erklärung für seinen immensen Einfluss auf die amerikanische Literatur. Besonders hervorstechend jedoch ist Melvilles Kreation eines amerikanischen mythischen Helden, dessen Problematik ihm von Anfang an inhärent ist; so schreibt der US-Literaturkritiker Harold Bloom über Ahab: »He is the hero as American, our tragic Don Quixote.«[2]

Wichtigste Werke:

Typee. A Peep at Polynesian Life during a Four Months' Residence in a Valley of the Marquesas … (*Paipi. Ein Südsee-Erlebnis*, 1846)
Omoo. A Narrative of Adventures in the South Sees (*Omu. Wanderer in der Südsee*, 1847)
Mardi: and a Voyage Thither (1849)
White-Jacket; or, The World in a Man-of-War (*Weißjacke oder Die Welt auf einem Kriegsschiff*, 1850)
Moby-Dick; or, the Whale (*Moby Dick oder Der weiße Wal*, 1851)
Pierre, or the Ambiguities (*Pierre oder Im Kampf mit der Sphinx*, 1852)
Billy Budd, Sailor. An Inside Narrative (*Billy Budd. Vortoppmann auf der Indomitalbe*, 1924)

---

[1] Hubert Zapf. »Romantik und ›American Renaissance‹«. in: Hubert Zapf (Hg.): *Amerikanische Literaturgeschichte*. Stuttgart/Weimar: Metzler 2004. S. 85–153. hier: S. 137.
[2] »Er ist der Held als Amerikaner, unser tragischer Don Quixote.« (meine Übersetzung) aus: Bloom, Harold: *Genius. A Mosaic of one hundred exemplary creative minds*. New York: Warner Books 2002. S. 307.

WALT WHITMAN

(1819–1892)

Das Lied meiner selbst – Der Prophet der Demokratie und das universale Ich

Teilen sich Herman Melville (1819–1892) und Mark Twain (1835–1910) den Verdienst, mit *Moby Dick* (1851) bzw. *Huckleberry Finn* (*Adventures of Huckleberry Finn*, 1855) auf dem Gebiet des Romans das US-amerikanische Nationalepos verfasst zu haben, so erfüllt diese Funktion auf dem Gebiet der Lyrik das Lebenswerk Walt Whitmans: seine monumentale Gedichtsammlung *Grashalme* (*Leaves of Grass*, Endfassung 1881/82). Mit seinen Gedichten hat Whitman eine spezifisch US-amerikanische Lyrik begründet, die mit ihrem humanistisch-demokratischen und zugleich individualistischen Gestus das amerikanische Selbstverständis sowohl reflektierte als auch stark beeinflusste.

Der Begründer der US-amerikanischen lyrischen Tradition war ein wahrer Autodidakt. Walt Whitman wurde als Sohn eines Zimmermanns in West Hill auf Long Island geboren und war nach einer nur kurzen Schulzeit als Buchdrucker, Journalist und Lehrer tätig. Sein Wissen eignete er sich selbst an, und seine Lektüre der großen Klassiker war umfassend, aber unstrukturiert. Ab 1841 arbeitete Whitman als Redakteur von Zeitungen und Almanachen, wodurch er die Gelegenheit fand, erste Gedichte und Erzählungen aus seiner Feder drucken zu lassen, die allerdings allesamt noch von konventionellem Charakter waren. Am amerikanischen Nationalfeiertag des Jahres 1855 jedoch erschien die erste Auflage der *Grashalme*; sie umfasste 13 Gedichte, die radikal anders waren als Whitmans bisherige Schöpfungen – und als alles andere, was bis dato an Lyrik existierte. Sie enthielten im Kern bereits alle wesentlichen Merkmale, die auch die gesamten *Grashalme* auszeichnen würden, die in der Endausgabe an die hundert Seiten und fast vierhundert Gedichte umfassen sollten. Die *Grashalme* wuchsen geradezu organisch im Laufe des Lebens ihres Schöpfers. Trotz ihrer thematischen und stilistischen Vielfalt bilden sie ein geschlossenes Gesamtwerk.

Die *Author's Edition* der *Grashalme*, die jeden Band enthielt, den Whitman je veröffentlicht hatte, erschien 1881/82, spätere Ausgaben blieben unverändert.

Walt Whitman war jedoch nicht nur literarisch, sondern auch politisch und sozial tätig. Während des Amerikanischen Bürgerkrieges half er zwischen 1863 und 1865 bei der Pflege von Verwundeten beider Seiten in Washingtoner Lazaretten. Er erlebte den Krieg also aus nächster Nähe mit, eine Erfahrung, die er in dem Gedichtband *Trommelschläge* (*Drum Tabs*, 1865) verarbeitete. Es entstanden Kriegsgedichte, die in ihrem Realismus und Humanismus kaum je übertroffen worden sind. Zum Anlass der Ermordung von Präsident Abraham Lincoln (1809–1865) wiederum verfasste Whitman patriotisch-humanistische Elegien, die bis heute in den USA zur Allgemeinbildung zählen; die berühmtesten davon sind *When Lilacs in the Dooryard Bloom'd* und *O Captain! My Captain!*. Ab 1872 war Whitman als Beamter in Bundesministerien tätig, 1871 veröffentlichte er seinen kulturkritischen, programmatischen Essay *Demokratische Ausblicke* (*Democratic Vistas*), der bis heute als eine der bedeutendsten politischen Schriften der USA gilt. Whitman nennt darin als Aufgabe des Dichters die Artikulation und Definition der Demokratie – eine Aufgabe, der er sich selbst in seinen *Grashalmen* verschrieben hatte. Außerdem forderte er eine kulturelle Unabhängigkeitsbewegung, die zur Entstehung einer amerikanischen Nationalliteratur führen sollte, zu der er ja selbst entscheidend beitrug. Die zeitgenössische Reaktion auf Whitman war jedoch gemischt. Seinem Programm einer sowohl auf Individualismus als auch versöhnender Nächstenliebe aufbauenden Demokratie wurde anarchisches Potential zugesprochen und die *Grashalme* wurden von vielen als Stein des Anstoßes empfunden aufgrund der unverblümten Thematisierung von Sexualität, der Einbeziehung von Dialekt- und Vulgärausdrücken in die poetische Diktion und der radikal subjektiven Poetik, die hinter den Gedichten steht.

Whitman betitelte sich selbst als der Dichter der Demokratie, und in der Tat war sein Ziel die Aufhebung der Gegensätze, die Versöhnung zwischen Individuum und Gesellschaft. Seine Dichtung zeichnet sich aus durch eine Mischung zwischen absolutem Individualismus und universaler Pluralität. Die *Grashalme* werden in ihrer Vielfältigkeit zusammengehalten von der *persona* des prophetischen Sängers, ein lyrisches Ich, das sowohl individuell als auch universell ist. Der Widerspruch zwischen

Ich und Wir wird durch diese poetische *persona* Whitmans auf-
gelöst, und eine Art pluraler Einheit wird erschaffen. Das titel-
gebende Bild der Grashalme wird zum zentralen Symbol für
dieses poetische Selbst, das sowohl Eins als auch Viele ist, so
wie eine Fläche von Gras aus vielen einzelnen Halmen besteht.
Gleichzeitig verweist es auf die Natur als Quelle der Inspiration und Kreativität, die so in die Einheit aus Ich und Wir mit
einbezogen wird. Und nicht zuletzt ist das Bild des Grases ein
Zeichen für den demokratischen Geist, den das Ich beschwört.
Am eindrucksvollsten manifestiert sich diese *persona* Whitmans
im berühmten *Gesang von mir selbst* (*Song of Myself*, 1855). Über
die absolute Individualität überschreitet dieses Dichter-Ich die
Grenzen des Selbst, indem es empathisch unterschiedliche Personen und Schicksale in sich aufnimmt. Dies erreicht Whitman
in seinen Gedichten durch einen engen Rückbezug auf das
Erlebte und Faktische. Seine während seiner journalistischen
Tätigkeit gesammelten Erfahrungen halfen ihm dabei, die amerikanische Alltagsrealität in seine Gedichte zu integrieren, ein
Merkmal, das seit Whitman spezifisch (US-)amerikanisch ist
und etwa von den Imagisten Ezra Pound (1885–1972) und William Carlos Williams (1883–1963) in der ersten Hälfte des 20.
Jahrhunderts weitergeführt wurde. Doch die Demokratisierung
des lyrischen Textes schloss nicht nur die bahnbrechende Aufnahme von Alltagserfahrungen in das Feld lyrischer Sujets mit
ein, sondern die *jeglicher* Art von Erfahrung, und das bedeutet
die Integration der Körperlichkeit in all ihren Ausprägungen.
Whitman (re)aktivierte den Körper als Sujet der Dichtung, der
lange dem Geist und der Seele untergeordnet war – eine Reaktivierung, die sich zum Einen in einer erotischen Offenheit
manifestierte, die alle Spielarten von Hetero- und Homosexualität miteinschloss[1], und zum Anderen in einer affimierenden
Thematisierung von Leiden und Tod als Grundbestandteile der
menschlichen Existenz. Und nicht zuletzt bedeutet die Demokratisierung der Lyrik auch die Miteinbeziehung des lyrischen
Du, im Falle der *Grashalme* der von der Dichter-*persona* ange-
sprochene Leser, der durch die Dialogstruktur der Gedichte be-
drängt und in die Pflicht genommen wird, zusammen mit dem
Dichter den demokratischen Geist aufleben zu lassen

   Für diese seine Demokratisierung der Dichtung benötigte
Whitman eine neue lyrische Form. Was er in seinen Gedichten

---

[1] Whitman selbst war homosexuell.

zu sagen hatte, ließ sich mit traditionellen Reimschemen und Metren nicht mehr fassen. So führte Whitman in seinen *Grashalmen* eine radikale formale Neuerung ein: den *free verse*, den ›freien Vers‹. Es handelt sich um eine neue Art, Lyrik zu strukturieren, und zwar nicht mehr nach metrischen, sondern nach sprachlichen Sinneinheiten. Jede Zeile enthält einen vollständigen Satz oder zumindest Satzteil, nähert sich also der Prosa an und erlaubt einen freieren, individuelleren und natürlichfließenden Rhythmus. Der freie Vers ermöglicht eine viel größere Bandbreite an Variationen als traditionelle Formen und stellt somit das angemessene Medium für die wachsende lyrische Subjektivität dar. Durch die Etablierung des freien Verses wurde Whitman auch zu einem Wegbereiter der Moderne.

Wichtigste Werke:

Leaves of Grass (*Grashalme*, 1855–81/82)
darunter: *Drum Tabs* (*Trommelschläge*, 1865); *Passage to India* (*Durchfahrt nach Indien*, 1871)
Democratic Vistas (*Demokratische Ausblicke*, 1871)

EMILY DICKINSON

(1830–1886)

Destillation – Die Mikrokosmen einer Legende

Emily Dickinson, die zu ihren Lebzeiten als Poetin kaum beachtet wurde, gilt heute, zusammen mit Walt Whitman (1819–1892), als die Begründerin der US-amerikanischen Lyrik. Ihre dichten Texte, die jeder für sich einen privaten Mikrokosmos der Begegnungen des Ich mit sich selbst kreieren, ergänzen die von dem allumfassenden ›Ich-Poeten‹ Whitman initiierte, überbordende männliche Traditionslinie um eine weibliche Perspektive der Ungreifbarkeit. Zugleich ist Emily Dickinson selbst zu einer legendenumwobenen Kultfigur und, wie auch ihre Gedichte, zu einem mehrdeutigen kulturellen Symbol geworden.

Die Dichterin Emily Dickinson, so wie wir sie heute sehen, erscheint selbst einem hermetischen Gedicht voller Geheimnis und Traurigkeit, aber auch voller Kraft und Eigentümlichkeit entstiegen. Schon zu ihren Lebzeiten lieferte sie den Stoff für Legenden, diese ganz in Weiß gekleidete Frau, die sich vor der (männlichen?) Welt in das Refugium des väterlichen Gartens zurückzog – dieser Schwellenraum zwischen Haus und Natur, der in der Literatur des 19. Jahrhunderts so oft die Beschränkung, die Umgrenzung der weiblichen Freiheit symbolisiert und doch als in sich abgeschlossener Mikrokosmos fungiert, in dem alte und neue Gegenentwürfe zur (patriarchalen, in Traditionen erstarrten und vom Anbruch der Moderne paralysierten) Gesellschaft möglich sind. Emily Dickinson jedenfalls kreierte ihre sehr privaten Gegenentwürfe in ihrer zutiefst *eigenen* Poesie – ein Akt der Befreiung, der vielleicht nur auf den ersten Blick mit der Abgeschlossenheit ihres zurückgezogenen Lebens kontrastiert.

Emily Elizabeth Dickinson war die Tochter einer streng puritanischen Familie, die im heimatlichen Provinzstädtchen Amherst (Massachusetts) hohes Ansehen genoss; ihr Großvater war der Gründer des örtlichen Amherst College und sowohl Vater als auch Bruder dort Finanzverwalter. Beide waren Personen des öffentlichen Lebens in der kleinen Stadt. Die Töchter der Familie, Liviana und Emily, würden unverheiratet bleiben; eine wohl bewusste Absage an das von dem traditionalistischen Umfeld projizierte Frauenbild, in das sich zumindest die Dichterin nicht pressen lassen wollte. – So lautet jedenfalls eine Interpretation des bewussten Rückzugs Emily Dickinsons in die Abgeschlossenheit ihres Elternhauses[1], der gegen Ende ihres Lebens soweit ging, dass sie nur noch indirekt (etwa durch schriftliche Mitteilungen) mit Besuchern kommunizierte. Andere glauben an eine enttäuschte Liebe als Ursache für die freiwillige Isolation, die die Lyrikerin, umgeben von Büchern, Gedichten und Natur, sich als Lebensstil wählte. Es gibt unzählige Spekulationen darüber, welcher der renommierten *men of letters*, mit denen sie enge Korrespondenz pflegte und die sie sich selbst als Vater- und Mentorfiguren erkor, wohl ›mehr‹ gewesen sein mag für Emily Dickinson als eben das. Wieder andere verweisen auf die homoerotisch konnotierten Gedichte der Poetin und sehen in der Schwägerin Susan Gilbert das begehrte Gegenüber. Emily Dickinson selbst jedenfalls verweist in Gedichten und Briefen

[1] Im Laufe ihres Lebens verließ Emily Dickinson Amherst nur zweimal, einmal für ein Schuljahr am Mount Holyoke Female Seminary und ein zweites Mal für eine Reise nach Washington DC.

(die ausnahmslos in sich selbst als lyrische Texte begriffen werden können, während nicht wenige ihrer tatsächlichen Verse Briefform annehmen) auf einen zweimaligen großen Schmerz in ihrem Leben, der als existentielle Angst und einsames Sehnen ihre gesamte Poesie durchdringt. Doch es bleibt unklar, ob dieser umfassende Schmerz tatsächlich an einem konkreten Ereignis festzumachen ist oder grundlegendere Enttäuschungen meint, wie etwa die religiöse Desillusionierung der streng puritanisch erzogenen Lyrikerin, die noch vor Nietzsche von Gott schreibt »*the odd old man* is dead a year – der seltsame alte Mann ist tot seit einem Jahr«[1] und doch das Religiös-Metaphysische als prominenten Erfahrungsbereich ihrer Poesie beibehält. – Das Drama des Lebens der Emily Dickinson bleibt – allen Spekulationen und Theorien zum Trotz – wie die Dichterin selbst und, ja, sogar ihre Verse, ungreifbar. Es mag jedoch schlicht und ergreifend zusammenhängen mit dem Schicksal, ein freier, kreativer, ja, genialer (weiblicher) Geist in einem erstickenden Umfeld zu sein, dem es nichts anderes entgegenzusetzen gibt als eine autonome (weibliche) Poetik, die jedoch zwangsläufig – zumindest zu jener Zeit und an jenem Ort – nur in der Anonymität gedeihen kann[2]:

> *I'm Nobody! Who are you?*
> *Are you – Nobody – too?*
> *Then there's a pair of us!*
> *Don't tell! they'd advertise – you know!*
>
> *How dreary – to be – Somebody!*
> *How public – like a Frog –*
> *To tell one's name – the livelong June –*
> *To an admiring Bog!*[3]

---

[1] vergl. Volker Bischoff: »Dickinson, Emily [Elizabeth]«. in: Axel Ruckaberle (Hg.): *Metzler Lexikon der Weltliteratur.* Stuttgart/Weimar: Metzler 2006. Band 1. S. 370–71. hier: S. 371.

[2] Nur sieben oder acht Gedichte Dickinsons wurden – und das in geglätteter Form – zu ihren Lebzeiten publiziert, wegen ihrer Unkonventionalität als unqualitativ abgetan. Auch die ca. 1800 Gedichte aus ihrem Nachlass – als selbstgebundene Bücher, aber auch auf alten Briefumschlägen und Packpapier gefunden – wurden lange Zeit nur in ›überarbeiteter‹ Form dem an gängige Lyrikkonventionen gewöhnten Publikum präsentiert. Erst 1955 kam die erste kritische Gesamtedition der Gedichte Emily Dickinsons heraus.

[3] Dickinsons Gedichte werden hier im englischen Original wiedergegeben, da eine adäquate Übersetzung dieser einfachen, und doch dichten

Emily Dickinsons lyrisches Credo ist eine Poetik der Indirektheit. Obwohl das eigene Ich mit seinen zahllosen Facetten das Zentrum ihrer Gedichte bildet, wird jenes stets eher umkreist als berührt. Erinnerung, Reaktion und Wahrnehmung mehr als das Eigentliche sind das Thema von Dickinsons Gedichten, ihr Modus ist eine distanzierende Ironie und eine oft trügerische Leichtigkeit. So entstehen berückende Sprachrätsel, vor die der Leser ohne eindeutige Auflösung gestellt wird[1]; die typische, atemholende Verwendung des Gedankenstrichs durch Dickinson ist nur ein Beispiel für ihre schwer erklärbaren Sprachexperimente, die sie im Rahmen fester, traditioneller Formen treibt. Bedeutung entspringt hier aus der alltäglichen Erscheinung, aus welcher Dichtung im Dickinson'schen Sinne sowohl tiefe Erkenntnisse über Leben und Tod als auch das eigene, gefühlstiefe Ich herausdestilliert[2]. So kreiert Dickinson in ihren meistenteils kurzen Gedichten Mikrokosmen, in denen sich persönliches wie allgemein-menschliches Erleben kristallisiert und die ihren Ursprung nicht selten im scheinbar Trivialen finden, oft der das lyrische Ich umgebenden Natur entnommen. Eine Spinne, ein Kleeblatt, eine Biene (letzteres berühmterweise) – nichts ist so klein, als dass die Dichterin Dickinson nicht etwas daraus wachsen ließe:

> To make a prairie it takes a clover and a bee,
> one clover, and a bee,
> And reverie.
> The reverie alone will do,
> If bees are few.

Wichtige Werke:

ca. 1.800 unbetitelte Gedichte, in verschiedenen Gesamtausgaben erschienen, in deutsch-englischer Ausgabe zuletzt unter dem Titel *Gedichte*, übersetzt von Gunhild Kübler

---

Poesie ein heikles Unterfangen ist, bei dem leicht ihr so distinktiver Charakter verlorengeht.

[1] vergl. *Kindlers Neues Literatur Lexikon*. Chefredaktion Rudolf Radler. München: Kindler 1988/1998. Band 4. S. 658.

[2] vergl. Bischoff, S. 371.

Mark Twain (Samuel Langhorne Clemens)

(1835–1910)

Hauptsächlich die Wahrheit – Der amerikanische Odysseus und das Epos der Kindheit

Ernest Hemingway (1899–1961) nennt in *Die grünen Hügel Afrikas* (*The Green Hills of Africa*, 1935) Mark Twains Meisterstück *Huckleberry Finn* (*Adventures of Huckleberry Finn*, 1885) dasjenige Romanwerk, das den Ursprung der modernen US-amerikanischen Literatur bildet. Und tatsächlich handelt es sich bei diesem Roman um ein Schlüsselwerk der Weltliteratur. Mark Twain hat mit Tom Sawyer und Huck Finn nicht nur zwei der berühmtesten Gestalten der Abenteuer- und Jugendliteratur geschaffen, die sich, nicht zuletzt durch unzählige Verfilmungen, in das kulturelle Gedächtnis Amerikas und der Welt eingegraben haben; vielmehr schrieb er mit *Huckleberry Finn* eine moderne Odyssee, die neben den *Grashalmen* (*Leaves of Grass*, Endfassung 1881/82) von Walt Whitman (1819–1892) und *Moby Dick* (1851) von Hermann Melville (1819–1891) die Funktion des amerikanischen Nationalepos erfüllt.

Samuel Langhorne Clemens, der unter seinem Pseudonym Mark Twain weltberühmt wurde, ist nicht nur ein dezidiert US-amerikanischer Schriftsteller, sondern ein Autor des ›Westens‹, der sich in selbstbewusster Grenzermentalität als Quelle demokratischer Regeneration und nationaler Identität begriff, und zwar im Gegensatz zu der an der Kultur der Alten Welt orientierten Ostküste. Als Vertreter des ›primitiven‹ Westens wurde Mark Twain am Anfang seiner literarischen Karriere von den einflussreichen Kritikern des Ostens wenig ernst genommen und als humoristischer Unterhaltungsschriftsteller abgestempelt. Bald jedoch trat Mark Twain, der 1869 in die wohlhabende, konservative Gesellschaft des Ostens einheiratete, seinen landes- und weltweiten Siegeszug an, und noch heute gilt er mit seiner humorvollen Art, seiner Respektlosigkeit gegenüber der europäischen literarischen und kulturellen Tradition und seiner autodidaktischen, unabhängigen und authentischen Herangehensweise an die Kreation von Literatur als der Prototyp des US-amerikanischen Schriftstellers.

Samuel Langhorne Clemens wurde in Missouri geboren, an den Ufern des Mississippi, der eine so große motivliche Rolle in seinem Hauptwerk spielen sollte. In Hannibal verbrachte er sorglose Jugendjahre, die er wiederbelebte und in seinen großen Epen der Kindheit verewigte: *Tom Sawyers Abenteuer* (*The Adventures of Tom Sawyer*, 1876), *Huckleberry Finn* und das autobiographische Werk *Leben auf dem Mississippi* (*Life on the Mississippi*, 1883). In letzterem schildert Mark Twain auch seine Zeit als Flusslotse auf dem Mississippi[1], die kurz nach dem frühen Tod seines Vaters begann und bis zum Amerikanischen Bürgerkrieg dauerte. Nach einer kurzen Zeit als Goldgräber begann Mark Twain 1862 in Virginia City (Nevada) für die Zeitung *Daily Territorial Enterprise* zu schreiben – der Start seiner Karriere als Journalist, über die er zur Literatur fand. Diese journalistischen Wurzeln Mark Twains sind in seinem gesamten Werk spürbar, das sich am Konkreten, Fasslichen und Authentischen orientiert. 1865 erschien im *Sunday Express*, für den Mark Twain seit seinem Umzug nach San Francisco 1865 arbeitete, dessen erste Kurzgeschichte, *Der berühmte Springfrosch der Provinz Calaveras* (*The Celebrated Jumping Frog of Calaveras County*). 1867 kam ein Sammelband unter dem gleichen Titel heraus, mit siebenundzwanzig Humoresken, die im Stil des *tall tale* verfasst waren. Dieses ist eine traditionelle Erzählform des amerikanischen Westens, in der ein typischer kultureller Repräsentant der *frontier*-Gesellschaft in regionaler Mundart eine haarsträubende Geschichte in todernster Manier erzählt und dabei Fiktion und Wirklichkeit unentwirrbar miteinander verflicht. Mit dem *Berühmten Springfrosch* wurde Mark Twain zu einem der führenden Schriftsteller des Westens und erwarb sich den Ruf eines Meisters der humoristischen Gattung. Diesen seinen Ruhm baute er aus mit einer Reihe von Vortragsreisen, auf denen sein brillantes rhetorisches Talent zum Einsatz kam, und seinem Reisebuch *Die Arglosen im Ausland* (*The Innocents Abroad*, 1869), ein spöttisch-satirischer und dezidiert amerikanischer Blick auf Europa und die transatlantische kulturelle Konfrontation, der auf den Erfahrungen des Autors während einer Mittelmeerreise im Jahre 1867 beruht. *Die Arglosen im Ausland* machten Mark Twain zum bestbezahlten

---

[1] Das Pseudonym ›Mark Twain‹ stammt aus dem Flusslotsenjargon.

Schriftsteller seiner Zeit und erschlossen ihm – zusammen mit seiner Heirat – endgültig den Weg in die elitäre intellektuelle Gesellschaft des Ostens. Dem Genre des Reisebuches blieb Mark Twain sein ganzes Leben lang treu und nutzte es zur humoristischen Gesellschaftskritik, die im Laufe seiner Karriere jedoch immer bitterer und pessimistischer werden sollte.

Im Publikationsjahr der *Arglosen im Ausland* ließ sich Mark Twain in Connecticut nieder, wo er zwanzig Jahre blieb. Hier entstand sein großes Epos der Kindheit, das gleichzeitig ein Epos des Mississippi und ein Epos des jungen Amerika ist. Außerdem schrieb Mark Twain in dieser Zeit den 1881 veröffentlichten Roman *Der Prinz und der Bettelknabe* (*The Prince and the Pauper*), eine weitere weltberühmte Geschichte des Autors. In den letzten Jahren seines Lebens zwangen finanzielle Sorgen Mark Twain zu ausgedehnten Vortragsreisen und hastigem literarischen Schaffen. Auch zeichnete sich seine Haltung – insbesondere nach dem Tod seiner Frau und zweier Töchter – durch wachsenden Fortschrittspessimismus und Skeptizismus aus, der bereits in seinem ebenfalls weltbekannten satirischen Roman *Ein Yankee am Hofe König Artus'* (*A Connecticut Yankee in King Arthur's Court*, 1889) deutlich wird: Der zeitreisende Yankee, der in der feudalistischen Welt des Artus-Hofes zunächst als demokratischer Reformer wirkt, wandelt sich zum kalkulierenden Kapitalisten, und die Technik, die er mitbringt, wird von einem Instrument des Fortschritts zu einem der Zerstörung.

Nichtsdestotrotz ist Mark Twains Gesamtwerk geprägt von einem grundlegenden Humorismus, der allerdings eine scharfe Waffe der Zivilisationskritik ist, die der Satiriker gegen die seiner Meinung nach in kulturell überformten Illusionen befangene Gesellschaft und zur Reaktivierung des gesunden Menschenverstands einsetzte. In an den großen ›Kulturkritiker‹ Jean-Jacques Rousseau (1712–1778) erinnernder Manier setzt Mark Twain dem überbildeten Menschen der Zivilisation den sich durch seine Erfahrungen selbst bildenden Menschen entgegen, ein Programm des Wissenserwerbs, das er in *Leben auf dem Mississippi* am Beispiel seiner selbst entwirft. Die Darstellung des ›unverbildeten‹ Menschen mag auch eine der Motivationen gewesen sein für die Abfassung des Epos der Kindheit, bestehend aus den Romanen *Tom Sawyer* und *Huckleberry Finn*, die den Kern von Mark Twains Schaffen darstellen und seinen Weltruhm auch heute garantieren. *Tom Sawyer* entstand als Gegenentwurf zu den didaktisierenden Kinderbüchern der Zeit und ist gleichzeitig ein Loblied auf die Kindheit selbst. Der Tod durchzieht zwar als allgegenwärtige Kraft den Roman, doch die Abenteuerlust und Unbekümmertheit, die sich in Tom Sawyer manifestiert, trägt in pikaresker Manier den Sieg davon. Tom, der ewige Spiele- und Geschichtenerfinder, ist die Verkörperung der Kindheit, aber auch des selbstbewussten und erfolgreichen Amerikaners, der seinen Weg in der Gesellschaft macht, auch wenn er spielerisch gegen sie rebelliert[1]. Die *story* und Motive *Tom Sawyers* sind – nicht nur – in die amerikanische Alltagsmythologie eingegangen. Berühmt – und bezeichnend für den Charakter Toms, seiner Welt und seines Amerika – ist etwa die Zaunstreich-Episode, in der es Tom gelingt, die anderen Kinder dazu zu bringen, die ihm von Tante Polly als Strafe aufgetragene Arbeit zu erledigen und den Schlingel für dieses Privileg auch noch zu bezahlen.

Tom Sawyer ist das manifestierte Spiel, das Abenteuer, das nicht anders als im Sieg enden kann, und als diese Personifikation ist er auch in Mark Twains Meisterwerk *Huckleberry Finn* als von Huck bewunderte Autorität präsent. Doch wo Tom einen pikaresken Bildungsroman durchläuft, die Rebellion gegen die Gesellschaft lediglich spielt und sich am Ende problemlos in dieselbe einfügt, ist Huck der ewige Außenseiter; der Roman beginnt und endet mit seiner (wahrscheinlichen) Flucht aus der Gesellschaft. Die Floßfahrt auf dem Mississippi zusammen mit dem entlaufenen Sklaven Jim – eine radikale Freundschaft jenseits aller Rassenschranken – wird zur Gegenwelt der Landgesellschaft und deren absurdem wie brutalem Treiben. Diese Konfrontation des jungen Individualisten mit dem borniertem Konformismus der Erwachsenen ist mit *Huckleberry Finn* ein Leitmotiv der US-Literatur geworden. Deutlich unterscheidet sich der Ich-Erzähler Huck Finn von dem distanzierten Erzähler von *Tom Sawyer*. Er ist der personifizierte unverdorbene, unverbildete gesunde Menschenverstand, der, gerade weil er viele seiner Beobachtungen nicht richtig einordnen und nur verzerrt deuten kann, der Gesellschaft an den Ufern des Mississippi einen Spiegel vorhält. Eine radikale Neuerung stellt auch der Stil dar, in dem Huck erzählt, nämlich die Sprache eines zwölfjährigen, ungebildeten Kindes mit all ihren grammatikalischen Verdrehungen. Mark Twain machte so die Umgangssprache seiner

---

[1] Tom und Huck finden am Ende des Romans einen Goldschatz, der sie im zarten Kindheitsalter zu ›gemachten Männern‹ werden lässt.

Heimat, ja, das gesprochene Wort, literaturfähig, und seine Vorgehensweise, Huck essentielle Dinge in einfachsten Worten ausdrücken zu lassen, ist stilbildend für die nachfolgende Literatur der USA. Huck ist die amerikanische Stimme, und seine zeitlose Floßfahrt auf dem Mississippi ist eine amerikanische Odyssee. Wie der König von Ithaka windet sich Huck Finn durch die Erfindung wahrer Lügen durchs Leben, eine Eigenschaft, die er selbst in metanarrativer Reflexion auf den Autor seiner Geschichte überträgt: »*This book was made by Mr. Mark Twain, and he told the truth, mainly.* – Dieses Buch ist von Mr. Mark Twain gemacht worden, und er hat fast immer die Wahrheit gesagt.« Anders als Odysseus bleibt Huck jedoch stets unschuldig und unverdorben. Und noch etwas unterscheidet das amerikanische Kind vom homerischen Listenschmied: Huck Finn ist ein Odysseus, der nie nach Hause kommt.

Wichtigste Werke:

The Celebrated Jumping Frog of Calaveras County (*Der berühmte Springfrosch der Provinz Calaveras*, 1865)
The Innocents Abroad; or, The New Pilgrim's Progress: Being Some Account of the Steamship Quaker City's Pleasure Excursion to Europe and the Holy Land (*Die Arglosen im Ausland*, 1869)
Roughing It (*Durch Dick und Dünn*, 1872)
The Adventures of Tom Sawyer (*Tom Sawyers Abenteuer*, 1876)
The Prince and the Pauper. A Tale for Young People of All Ages (*Der Prinz und der Bettelknabe*, 1881)
Life on the Mississippi (*Leben auf dem Mississippi*, 1885)
Adventures of Huckleberry Finn (*Huckleberry Finn*, 1885)
A Connecticut Yankee in King Arthur's Court (*Ein Yankee am Hofe König Artus'*, 1889)
Personal Recollections of Joan of Arc (*Persönliche Erinnerungen an Jeanne d'Arc*, 1895/96)

JOAQUIM MARIA MACHADO DE ASSIS

(1839–1908)

Illusionslos – Die Ironie der Psyche

Erst in den letzten Jahrzehnten des 20. Jahrhunderts entdeckte die Welt nach und nach das Romanwerk von Joaquim Maria Machado de Assis, der in Brasilien als *der* literarische Klassiker des Landes gilt. Mit Romanen wie *Nachträgliche*

Memoiren des Bras Cubas (*Memórias póstumas de Brás Cubas*, 1880) – im Jahr 2003 in neuer deutscher Übersetzung auf den Markt gekommen – und *Dom Casmurro* (1900), der zu den besten Werken in portugiesischer Sprache überhaupt gehört, steht Machado de Assis auf einer Stufe mit den großen Erzählern des 19. Jahrhunderts wie Gustave Flaubert (1821–1880) und Lev Tolstoj (1828–1910). Am Rande der literarischen Moderne schreibend und seiner Zeit weit voraus, gehört der Brasilianer zu den wichtigsten Gestalten der Weltliteratur und wird allmählich auch als solche anerkannt.

Schon zu seinen Lebzeiten musste sich Joaquim Maria Machado de Assis Anerkennung als Literat mühsam erkämpfen – kein einfaches Unterfangen für einen Autodidakten von mulattischer Abstammung und ausgesprochen einfacher Herkunft im damaligen Kaiserreich Brasilien. Der in Rio de Janeiro[1] geborene Machado – wie der Schriftsteller in seinem Heimatland kurz genannt wird – war der Sohn eines afrobrasilianischen Anstreichers und einer von den Azoren stammenden Waschfrau. Wie er seine umfassende Bildung erhielt, ist ungewiss; manche Quellen erzählen, er hätte das meiste in der Küche der Mädchenschule aufgeschnappt, in der seine Stiefmutter als Tellerwäscherin tätig war[2], andere behaupten, ein ansässiger Priester hätte die hohe Intelligenz des jungen Joaquim erkannt und sich dessen Ausbildung angenommen. Sicher ist, dass Machado schon im Vorschulalter schreiben konnte und bald fließend Französisch und Englisch sprach (seine größten schriftstellerischen Vorbilder entstammen folgerichtig diesen Literaturen). Im Alter von 16 Jahren veröffentlichte er sein erstes Gedicht, noch bevor er eine Lehre als Drucker begann. Schon bald arbeitete er als Korrektor und Journalist. Seine freie Zeit widmete Machado voll und ganz seinen schriftstellerischen Ambitionen; er betätigte sich sowohl als Lyriker als auch später als Dramatiker, doch sollte er auf keinem dieser beiden Gebiete die Meisterschaft erreichen, die ihn als Erzähler auszeichnet und der brasilianischen Literaturgeschichte unauslöschlich seinen Stempel aufdrücken ließ. Zunächst jedoch machte sich Machado durchaus einen Namen als Verseschmied. Außerdem erzielte er beachtliche Erfolge

---

[1] Der Schriftsteller sollte diese seine Geburtsstadt kaum je verlassen.

[2] Machado verlor seine Mutter sowie seine einzige Schwester schon in jungen Jahren.

als Autor kurzer Erzählungen und von Romanen, die stark von
der brasilianischen Romantik beeinflusst waren (der damals
dominierenden Literaturströmung) und sich großer Popularität
erfreuten. Im Alter von 30 Jahren, als Machado die einer intellektuellen und angesehenen Familie entstammende Portugiesin
Carolina Augusta de Novais ehelichte, hatte er sich – besonders
mit seinen Liebesgeschichten um sonderbare Frauen und die sie
umgebenden Geheimnisse – als angesehener Literat etabliert. In
die Riege der großen Erzähler des 19. Jahrhunderts schrieb sich
Machado jedoch erst mit den 1880 erschienenen *Nachträglichen
Memoiren des Bras Cubas*, die sich radikal von seinem bisherigen
Werk unterschieden. Die Abwendung von der Romantik und
die Etablierung von Machados ganz eigenem Erzählstil geschah
in der zweiten Hälfte der 1870er Jahre. Der Schriftsteller hatte
inzwischen einen Posten als Ministerialbeamter inne und konnte sich, mit dieser Sicherheit im Rücken, intensiver seinen literarischen Experimenten widmen. Entscheidend jedoch, so heißt
es, sei eine lange Krankheit Machados gewesen, die eine noch
längere Genesung nach sich zog – eine Zeit, die der Schriftsteller
nutzte, um auf der Suche nach einer ihm gemäßen Ausdrucksform mit scharfem Auge und wachem Geist die englische, französische und deutsche Literatur zu durchforsten. Gleichzeitig
verliehen ihm Krankheit und Konvaleszenz jene tiefe Einsicht in
die menschliche Psyche, die seine späteren Romane so einmalig
macht[1]. Mit den von 1880 an entstandenen Romanen erschrieb
sich Joaquim Maria Machado de Assis den Rang nicht nur eines,
sondern *des* Klassikers der brasilianischen Literatur. Im Laufe
der Jahre wurde der einfache Mulatte zur wichtigsten Figur im
kulturellen Leben des Kaiserreiches und später der jungen Republik. Im Jahr 1896 zählte er zu den Begründern der Academia
Brasileira de Letras und wurde zu deren erstem Präsidenten.

Machados Werke nach der ›Wende‹ werden in der Regel als
›realistisch‹ bezeichnet, um sie von seinen romantischen Anfängen abzusetzen. Tatsächlich stehen diese Texte jedoch eher in
der Tradition der ›Anti-Romane‹ von Laurence Sterne (1713–
1778) und Denis Diderot (1713–1784)[2]. Wo nämlich der realis-

---

[1] Allerdings war Krankheit keine neue Erfahrung für Machado, der
an Epilepsie litt.

[2] Diderots *Jacques, der Fatalist, und sein Herr (Jacques le fataliste et son
maître*, entstanden 1773–1775) besteht aus dem Gesprächen des Dieners
Jacques mit seinem Herrn ohne relevanten *plot*, wobei das eigentliche An-
gekündigte – die Liebesabenteuer Jacques' – nie erzählt wird; Ähnliches

tische Roman so wenig Aufmerksamkeit wie möglich auf das
Erzählen selbst lenkt – das heißt, der Erzähler fungiert als neu-
traler Beobachter oder gar Reflektor, ohne sich selbst zu manifestieren, und der Schwerpunkt liegt auf der Beschreibung von
Milieu und Charakter –, tun Machados Texte, wie die Sternes
und Diderots, das genaue Gegenteil. Die narrativen Stimmen,
durch die sich Machados Romane manifestieren, sind alles andere als neutral oder auch nur zuverlässig. Folgerichtig ist auch
die Ich-Erzählung für den Stil des Brasilianers der adäquateste
Modus, wenn sich auch Machado alles andere als ›gewöhnliche‹
Ich-Erzählperspektiven wählt; die *Nachträglichen Memoiren* beispielsweise werden von jenseits des Grabes erzählt.

Machados Texte sind voller Abschweifungen, Rückblenden,
philosophischer und poetologischer Reflexionen und ähnlicher
Digressionen – wiederum Techniken, die die Aufmerksamkeit
des Lesers auf den Akt des Erzählens selbst lenken, wenn sie
selbiges nicht gar direkt thematisieren. Ein Beispiel sind die
Überlegungen des Erzählers von *Quincas Bobra* (1891) – eine Art
Fortsetzung der *Nachträglichen Memoiren* und Machados dritter
großer Roman – bezüglich des Titels des Textes. Dieser kann
entweder den verrückten Philosophen Quincas Bobra oder den
Hund, der seinen Namen trägt, bezeichnen, verweist letzten
Endes aber wohl auf die humanitäre und humanistische Philosophie Quincas Bobras, jenes letzte »unzerstörbare Pinzip«[1]:

> *Wahrscheinlich fragst du mich jetzt, ob [der Hund] oder sein verstorbener*
> *Namensvetter dem Buch den Titel gegeben hat und warum eher der eine*
> *als der andere – eine von Fragen, die uns allzu weit führen würden, träch-*
> *tige Frage!*

Angesichts der digressiven Struktur der großen Erzählwerke
Machados ist eine derartige Feststellung – dass jene (große,
große) Frage uns zu weit führen würde – getränkt von jener
existentiellen Ironie, die den brasilianischen Klassiker vor allem
anderen auszeichnet. Diese Machado'sche Ironie ist mal von
tiefgründiger Schwere, mal von humoristischer Leichtigkeit

---

gilt für das fiktionale Meisterwerk des französischen Aufklärers, *Rameaus*
Neffe (*Le neveu de Rameau*, entstanden 1762–1774). Laurence Sterne wiederum verfasste mit *Tristam Shandy* (1759–1767) den vielleicht ersten
›Anti-Roman‹ der Literaturgeschichte, der als (fiktive) Autobiographie
›posiert‹, tatsächlich jedoch eine einzige große Digression konstituiert.
[1] vergl. *Kindlers Neues Literatur Lexikon*. Chefredaktion Rudolf Radler.
München: Kindler 1988/1998. Band 1. S. 803.

(und nicht selten beides zu gleicher Zeit). Sie ist sowohl Aus-
drucksmittel von als auch Gegengewicht zu dem fundamentalen Pessimismus, der das Werk des großen Erzählers durchdringt. Diese Geisteshaltung Machados wird nicht selten als
Ausdruck des damaligen brasilianischen Zeitgeists gesehen,
der sich angesichts der ausbleibenden Veränderungen im Zuge
der Erlangung der Unabhängigkeit im Jahr 1822 breitmachte,[1]
und Machado, so stark der Einfluss europäischer Literatur auf
sein Werk gewesen sein mag, schreibt ohne Zweifel als Brasilianer. Dennoch ist der Pessimismus dieses außergewöhnlichen
Romanciers noch tiefgreifender als der bloße Ausdruck einer
nationalen Gestimmtheit; er definiert das gesamte Weltbild, das
Machados Texte vermitteln. Des Weiteren manifestiert sich der
Machado'sche Pessimismus in der psychischen Disposition und
dem Schicksal der einzelnen Charaktere in all ihrer Kleinheit
und Alltäglichkeit. Und darin, dass er das Erfahren des Jedermann in den Mittelpunkt stellt und dessen tagtägliches Leben,
lässt sich Machado eben doch wieder in der Tradition des realistischen Romans verorten – nur dass er dessen Verfahren auf regelrecht proto-modernistische Weise durch sein selbstreflexives
Erzählverfahren offenlegt.

Die Handlung ist allerhöchstens zweitrangig in den ›realistischen Romanen‹ von Joaquim Maria Machado de Assis. Sein
Schwerpunkt liegt vielmehr auf der psychologischen Verfasst-
heit der Erzählerfiguren und – durch die Wahrnehmung derselben gefiltert – der übrigen Charaktere. Machados Texte – die
späteren Romane wie seine meisterhaften Novellen und Kurzgeschichten – werden so zu tiefgehenden und einsichtsvollen
Studien der menschlichen Psyche, die viele Einsichten der sich
erst entwickelnden neuen Wissenschaften Psychologie und Psychoanalyse vorwegnehmen. Geprägt sind diese ›Studien‹ von
einer unsentimentalen ›Illusionslosigkeit‹, die Machado sich
selbst bezüglich des menschlichen Charakters zusprach[2] und
die den brasilianischen Klassiker zu einem der scharfsichtigsten
Beobachter – und Erzähler – menschlichen Verhaltens machte,
die die Weltliteratur je gesehen hat.

---

[1] vergl. Carla Gago: »Assis, Joaquim Maria Machado de«. in: Axel
Ruckaberle (Hg.): *Metzler Lexikon der Weltliteratur*. Stuttgart/Weimar:
Metzler 2006. Band 1. S. 80–81. hier: S. 81.
[2] vergl. Kindlers. Band 1. S. 802.

Wichtige Werke:

Memórias póstumas de Brás Cubas (*Nachträgliche Memoiren des Bras Cubas*, 1880)
Quincas Bobra (*Quincas Bobra*, 1891)
Dom Casmurro (*Dom Casmurro*, 1900)

HENRY JAMES

(1843–1916)

Bewusstseinskunst – Die Begegnung von Amerika und Europa

Viele sehen in Henry James den ausgefeiltesten Prosastilisten, den die englische Sprache je gesehen hat. Er gilt als der Meister des psychologischen Romans und vollzog auf diesem Gebiet im Laufe seiner schriftstellerischen Karriere die Entwicklung vom Realismus zur Moderne. James' Meisterwerke *Die Gesandten* (*The Ambassadors*, 1903) und vor allem das *Bildnis einer Dame* (*The Portrait of a Lady*, 1881) sind weltberühmt, und Isabel Archer, die fragliche porträtierte Lady, ist unter die ganz großen Frauengestalten der Literaturgeschichte zu rechnen.

Ein Jahr vor seinem Tod wurde der in New York geborene Henry James zum britischen Staatsbürger, ansässig war er in London und Südengland schon von 1876 an. Somit kann er als erster *expatriot* bezeichnet werden, als erster jener US-amerikanischen Literaten, die Europa zu ihrer Wahlheimat erkoren[1]. Von Kindheit an, so kann man sagen, wurde James zum Kosmopoliten erzogen. Sein Vater, Henry James Sr., war ein wohlhabender und exzentrischer Schriftsteller und Philosoph, der seinen fünf Kindern eine wahrhaft humanistische Ausbildung zu gewährleisten entschlossen war. Er wechselte mit seiner Familie zwischen den USA und Europa hin und her und ließ seine Sprösslinge von Privatlehrern ausbilden – in Kunst und Literatur, Musik und Fremdsprachen – eine Erziehung, die nicht nur mit Henry James Jr. einen der großen Literaten des 19. und beginnenden 20. Jahr-

---

[1] Im engeren Sinne meint der Begriff *expatriot* die Gruppen modernistischer US-amerikanischer Schriftsteller in Paris um Gertrude Stein (1874–1946) und Ezra Pound (1885–1972) bzw. in London um letzteren und T. S. Eliot (1888–1965).

hunderts hervorbrachte, sondern mit dessen jüngerem Bruder William (1842–1910) auch einen der bedeutendsten Philosophen und Psychologen der Vereinig-ten Staaten. Dieser sagte einmal über seinen älteren Bruder, er kenne kein anderes Vaterland als die Familie James. Trotzdem blieb Henry James Zeit seines Lebens »ein genuin amerikanischer Schriftsteller«, wie es Winfried Fluck formuliert[1]. Im Zentrum seines Werkes steht die Konfrontation dessen, was James selbst als »*the American state of Innocence* – den amerikanischen Zustand der Unschuld« bezeichnete, mit dem, was man in Anlehnung an den großen englischen Poeten-Propheten William Blake (1757–1827) die ›*Experience*‹, d. i. ›Erfahrung‹, Europas nennen könnte[2]. James' Amerikaner kommen in die Alte Welt und treffen auf eine jahrtausendeschwere Zivilisation, deren komplexe soziale und kulturelle Mechanismen sie nicht zu durchschauen in der Lage sind und angesichts derer sie sich behaupten müssen – was ihnen gelingt oder nicht. Diese ›Kinder der Neuen Welt‹ sind alles, was Europa nicht ist: naiv, moralisch, restriktiviert, begeisterungsfähig, voller Lebensenergie und Neugier und in jeder Hinsicht ›einfacher‹ als die vielschichtige Alte Welt, die Wissen, Dekadenz (nicht ausschließlich negativ zu verstehen), emotionale Freiheit und eine Art kultureller Abgebrühtheit in sich vereint. Die Literarisierung dieser Konfrontation zweier polarer Welten ist das ureigene Thema von Henry James, das er Fluck zufolge als Instrumentarium nutzt, um »das spezifische zivilisatorische Potenzial der amerikanischen Gesellschaft zu bestimmen«[3] – ein Potenzial, das, so machen James' Romane deutlich, sich nur entfalten kann, wenn sich die Amerikaner auf das Alte, repräsentiert durch Europa, einlassen, für dieses so fundamental Andere offen sind und es auf die ein oder andere Weise in ihr Selbst integrieren. Denn die Konfrontation und Interaktion von Amerika und Europa kann auch allgemeiner als die des Neuen mit dem Alten verstanden

---

[1] Winfried Fluck: »James, Henry«. in: Axel Ruckaberle (Hg.): *Metzler Lexikon der Weltliteratur*. Stuttgart/Weimar: Metzler 2006. Band 2. S. 198–200. hier: S. 198.

[2] Für William Blake, den Verfasser der (*Songs of Innocence and Experience, 1789-94) Lieder der Unschuld, Lieder der Erfahrung*, bilden ›Unschuld‹ und ›Erfahrung‹ zwei komplementäre Zustände des menschlichen Erlebens; jeder Zustand für sich allein genommen liefert nur eine begrenzte Wahrnehmung sowohl der äußeren Wirklichkeit als auch der menschlichen Seele.

[3] Fluck, S. 198.

werden, des Jetzt mit der Tradition, des Individuums mit der Gesellschaft. So ›international‹ James' Romane auch sein mögen[1],
sie zeichnen stets, von James' einzigartigem Erzählstil getragen,
die Entwicklung eines individuellen Bewusstseins zu Reife und
Selbstständigkeit nach – eine Selbstfindung, die sich nicht selten paradoxerweise in einer Art Selbstaufgabe äußert, welche
zu interpretieren dem Leser obliegt. So kehrt Isabel Archer, die
im *Bildnis einer Dame* nach Unabhängigkeit strebt, am Ende in
ihre erstickende Ehe zurück, und der Mitt-Fünfziger Lambert
Strether aus *Die Gesandten* fährt heim ins puritanische Amerika, nach nicht nur einer Befreiungserfahrung im ›Sündenbabel‹
Europa der Selbstverwirklichung (scheinbar?) entsagend.

James entwickelte die ihm eigene Erzählweise, die eine Brücke zwischen Realismus und Moderne schlägt, im Laufe seiner
schriftstellerischen Karriere zur Perfektion. Zusammen mit seiner stilistischen Meisterschaft, die sich in immer ausgefeilteren
Sprachkunstwerken manifestiert, macht seine narrative Eigenart die Lektüre eines Werkes von Henry James zu einem Abenteuer ganz besonderer Art, das den Leser in das Bewusstsein
der Charaktere führt. Dies gelingt James durch eine ihm eigene
Mischung von auktorialer und personaler Erzählung: Er behält
zwar den quasi-allwissenden Erzähler der englischen realistischen Tradition bei, der sich als eine starke Präsenz innerhalb
des Textes manifestiert[2], doch gleichzeitig werden die Gescheh-
nisse durch das Bewusstsein *einer* Figur gefiltert – etwa dem Ar-
chers, Strethers oder, wohl am anrührendsten, der heranwachsenden *Maisie* (*What Maisie Knew*, 1897)[3] –, so dass der Leser
die Wahrnehmungs-, Denk- und Gefühlsvorgänge dieser einen
Person auf neuartige direkte Weise miterlebt. Es kommt folglich
zu einem Spannungsverhältnis zwischen zwei narrativen Stim-

---

[1] Gemeinhin werden James' Geschichten der Amerika-Europa-Inter-
aktion als ›internationale Romane‹ bezeichnet, so dass ihm die Etablierung eines eigenen Genres zugestanden wird.

[2] Dies gilt weniger für z. B. die französisch- und deutschsprachige
realistische Tradition.

[3] *Maisie* erzählt die Geschichte eines Mädchens, dessen Eltern sich
haben scheiden lassen, und die sich deshalb als Halb-Ausgestoßene in einer einengenden Gesellschaft zurechtfinden muss, welche ihrerseits dem
scharfen, entlarvenden Blick des Kindes und der Jugendlichen ausgeliefert ist. James erzählt das Geschehen ganz aus der Sicht Maisies, deren
Perspektive zusammen mit dem heranwachsenden Mädchen zunehmend
reifer wird – und sich von der Figur des auktorialen Erzählers Schritt für
Schritt emanzipiert.

men: dem Reflektor, d. i. dem erlebenden und wahrnehmenden Bewusstsein, und dem auktorialen Erzähler, der als Mittlerfigur fungieren will, dessen Allwissenheit durch die Präsenz des Reflektors jedoch zunehmend in Zweifel gezogen wird. James' Gesamtwerk dokumentiert, so könnte man sagen, die Emanzipation der Charaktere von der Autorität des auktorialen Erzählers – eine Entwicklung, die das Streben der Protagonisten nach Selbstverwirklichung spiegelt. Dass beide Emanzipationsbewegungen letzten Endes unvollständig bleiben, ist auf der formalen Ebene symptomatisch für James' Stellung zwischen Realismus und Moderne und auf der inhaltlichen Beweis seines scharfen sozial- und individualpsychologischen Realismus.

Nicht nur als Erzähler nahm Henry James eine – gerade im angelsächsischen Sprachraum – wichtige Mittlerrolle zwischen Realismus und Moderne ein, sondern auch als Literaturkritiker, als der er sein Leben lang tätig war[1]. Seine poetologischen Überlegungen, hauptsächlich mit dem Motiv der Reflexion und Erklärung seines eigenen schriftstellerischen Schaffens entstanden, beeinflussten die nachfolgenden Theorien der Gattung Roman nachhaltig. Sein wohl bedeutendster – wenn auch beileibe nicht einziger wichtiger – Aufsatz ist *The Art of Fiction* (*Die Kunst des Romans*, 1888), oft das ›Manifest des fiktionalen Realismus‹ genannt. Hier propagiert James das Potential des Romans als adäquater Reflektor der ›Realität‹ (das der Gattung aufgrund ihres ›romantischen‹ Ursprungs immer noch abgesprochen wurde) und verlangt einen Stil, der der Komplexität der (modernen) Wirklichkeit angemessen ist. Kunst, und gerade die Schriftstellerei, war für James, wenn nicht einziges, so doch wichtigstes Mittel der Wirklichkeitsverarbeitung und -bewältigung und, wie Fluck es ausdrückt, Instrument »der Ausbildung einer Fähigkeit zur selbstständigen Erfahrungsverarbeitung«[2] – eine Aufgabe, vor die sich ultimativ auch die Charaktere in James' Romanen gestellt sehen. Angesichts dieser enormen Bedeutung, die James der Kunst zuspricht, ist es wenig verwunderlich, dass er ihr sein gesamtes Leben widmete. Sein Gesamtwerk umfasst neben seinen zahlreichen literaturtheoretischen Arbeiten unter anderem 22 Romane, 114 kürzere Erzählungen und 16 Dramen. Letztere

---

[1] James' erste Veröffentlichung im Alter von 21 Jahren war kein fiktionales Werk, sondern ein literaturkritischer Essay, der im *North America Review* erschien.

[2] Fluck, S. 198 und S. 200.

entstanden hauptsächlich in der Zeit von 1890 bis 1895 – fünf Jahre, die der geborene Erzähler James seiner neuen Obsession, der Bühne, widmete und die zu der großen Enttäuschung seines Lebens führten; James brach seine ohnehin wenig erfolgreiche Karriere als Bühnenautor ab, als sein Stück *Guy Domville* (1895) bei der Premiere in London ausgebuht wurde. Nach dieser bitteren Erfahrung kehrte James zum Roman zurück und verfasste innerhalb kürzester Zeit seine drei großen Spätwerke *Die Flügel der Taube* (*The Wings of the Dove*, 1902), *Die Gesandten* und *Die Goldene Schale* (*The Golden Bowl*, 1904), die das 20. Jahrhundert mit einem literarischen Feuerwerk einläuteten.

Wichtige Werke:

The American (*Der Amerikaner*, 1877)
Daisy Miller. A Study (*Daisy Miller*, 1879)
The Protrait of a Lady (*Bildnis einer Dame*, 1880/81)
The Bostonians (*Die Damen aus Boston*, 1885/86)
What Maisie Knew (*Maisie*, 1897)
The Turn of the Screw (*Die Drehung der Schraube*, 1898)
The Wings of the Dove (*Die Flügel der Taube*, 1902)
The Ambassadors (*Die Gesandten*, 1903)
The Beast in the Jungle (*Das Raubtier im Dschungel*, 1903)
The Golden Bowl (*Die goldene Schale*, 1904)

RABĪNDRANĀTH TAGORE (RABĪNDRANĀTH THĀKUR)

(1861–1941)

Liedopfer – Die spirituelle Ikone

Der bengalische Inder Rabīndranāth Tagore wurde 1913 der erste asiatische Nobelpreisträger überhaupt und schnell international zu einer kulturellen Ikone stilisiert. Man sah in dem würdevollen, charismatischen Aristokraten, Philosophen und Poeten eine spirituelle Führerfigur und das Symbol einer Verbindung von Hinduismus und Christentum – eine Rolle, die ihm allerdings eher aufgrund seiner eigenen integrativen, auf Synthese bedachten Religiosität und mystischen Poesie im wahrsten Sinne des Wortes *zufiel* als dass er sie selbst anstrebte.

Rabīndranāth Tagore gehört zweifelsohne zu den bekanntesten Literaturnobelpreisträgern, und doch ist seine Poesie an sich, ganz zu schweigen von seinen Dramen und Romanen, nur wenigen tatsächlich vertraut. Außerhalb seiner Heimat wird Tagore eher als kulturelle Ikone verehrt, als Symbol der Anerkennung der Dritten-Welt-Literatur in ihrer Eigenständigkeit durch den Westen und als Schlüsselfigur der indischen Kultur im Umbruch vom 19. auf das 20. Jahrhundert. Dies jedoch fasst Tagores Rolle, gerade in seiner Heimat Bengalen, nur unvollkommen. Nicht nur war er in einer entscheidenden Phase der indischen Geschichte stets politisch, philosophisch und poetisch präsent, sondern es ist sein Verdienst, das moderne Bengālī von einer reinen Kommunikationssprache in eine Literatursprache verwandelt zu haben, die zu den mannigfaltigsten und ausdrucksstärksten des vielsprachigen Indiens gehört. Tagore hat die bengalische Kultur unwiderruflich geprägt: Seine über 2.000 Lieder, zu denen er die Musik selbst komponierte, sind inzwischen zu bengalischem Volksgut geworden.

Das Leben Rabīndranāth Tagores, dessen ursprünglicher Familiennahme Thākur lautet, war von Anfang an aufs Engste verknüpft mit der Poesie, und so sollte es bis zum Ende bleiben; es gibt nur wenige Literaten – oder andere Kunstschaffende –, bei denen Leben und Kunst eine derart unauflösliche, und dabei harmonische, Einheit eingehen wie im Falle Tagores. Der Sohn einer wohlhabenden Aristokratenfamilie wurde in einem kultivierten Umfeld groß, in dem er von klein auf mit bedeutenden bengalischen Künstlern und Gelehrten in Kontakt kam und das ihm eine erstklassige Ausbildung garantieren konnte (von den finanziellen Mitteln ganz zu schweigen). So wuchs Tagore sozusagen in die Poesie hinein. Als er im Alter von 17 Jahren nach England aufbrach mit der Absicht, dort Jura zu studieren, hatte er bereits einige Erzählungen und Dramen und seinen ersten Lyrikband veröffentlicht. Aus dem geplanten Rechtsstudium wurde ein Studium der Literatur in London, das Tagore zwar nicht abschloss, aber von dem er eine ausgesprochene Liebe zur englischen Dichtung zurückbehielt – gerade auch zu der Poesie der Romantiker wie etwa Percy Bysshe Shelley (1792–1822), der einen entscheidende Einfluss auf Tagore darstellen sollte. Das romantische Streben nach Synthese in der Dichtung durchdringt das gesamte poetische Schaffen des Bengalen. Des Weiteren brachte Tagore eine Begeisterung für westliche Musik mit nach Indien zurück, die sich in seinen musikalischen Dramen

und Gedichten niederschlagen und mit der Musik seiner Heimat eine einzigartige Verbindung eingehen sollte.

Nach der Rückkehr nach Bengalen und seiner Heirat 1883
nahm Tagore sein produktives poetisches Schaffen wieder auf;
mit 25 hatte er eine Reihe von Tanz- und Prosadramen verfasst,
war Herausgeber mehrerer literaturkritischer Zeitschriften und
hatte sich als geschätzter Lyriker etabliert. Von 1887 bis 1897
folgten dann die sogenannten Shileida-Jahre: Tagore verwaltete
in dieser Zeit das dortige Familiengut, was ihm einen tiefen Einblick in das Leben der bengalischen Bauern ermöglichte und seine Liebe zu der Landschaft seiner Heimat intensivierte; beides
wurde zu den bevorzugten Sujets der Lyrik jener Phase, die der
Dichter selbst als seine produktivste betrachtete. Schon in dieser
Zeit beschäftige sich Tagore jedoch auch mit politischen Tages-
themen, die Eingang in seine Dramen fanden, und propagierte
die Etablierung von Bengālī als eine Amtssprache; er betrachtete
diesen bis dahin nur als Umgangssprache gebrauchten Dialekt
als ein wertvolles Medium nationalen Selbstausdrucks. – Dies
ist nur ein Beispiel für Tagores kulturellen Nationalismus, den
er der Übermacht des imperialen Großbritanniens entgegenzusetzen suchte, ohne dessen Kultur als solche abzulehnen. Das
politische Engagement des bengalischen Literaten fand seinen
Höhepunkt 1905 in Zuge der *Bengal Partition Order*, die vorsah,
Bengalen in einen westlichen hinduistischen und einen östlichen muslimischen Teil aufzuspalten, und eine Protestbewe-
gung hervorrief, welche Tagore mit patriotischen Liedern unterstützte. Zwar zog der Dichter und Philosoph sich bald aus
Enttäuschung von der aktiven politischen Bewegung zurück,
doch gab er sein politisches Engagement nicht auf, das genauso
untrennbarer Teil seines Lebens war wie seine poetische Tätigkeit; noch 1919 legte er aus Protest gegen das Massaker von Amritsar[1] den Titel ›Sir‹ ab, der ihm vier Jahre zuvor vom britischen
Königshaus verliehen worden war.

Im Jahr 1901 eröffnete sich Rabīndranāth Tagore sein drittes
großes Wirkungsfeld: die Pädagogik. Er gründete eine Schule in

---

[1] In Amritsar, der Heiligen Stadt der Sikh, feuerten am 13.4.1919 britische Soldaten auf Befehl ihres kommandierenden Generals in eine de-
monstrierende Menge und töteten fast 400 Personen. Um die 1500 Menschen wurden schwer verletzt. Das Massaker von Amritsar wurde zum
Symbol der britischen Unterdrückung und leistete unter anderem der
von Mahatma Gandhi (1869–1948) geführten nationalen Friedensbewe-
gung Vorschub.

Śāntinketan, in der er sein eigenes pädagogisches Konzept zu verwirklichen suchte, das sowohl auf traditionellen, aber lange vergessenen Methoden der Wissensvermittlung als auch auf innovativen Einsichten auf dem Gebiet der Pädagogik basierte. 1921 wurde die Schule zur Viśva-Bhāratī-Universität erweitert, die zu einem Ort internationaler kultureller und künstlerischer Begegnung wurde und seit 1951 staatliche Universität ist. Zur Finanzierung dieses großen pädagogischen Projektes nutzte Tagore hauptsächlich das mit dem Nobelpreis verbundene Preisgeld. Dessen Verleihung an den Inder als ersten Asiaten im Jahr 1913 kam zwar als Überraschung, war aber auch das Ergebnis der strategischen Klugheit von Tagores europäischen Bewunderern: Als der große Poet selbst eine englische Nachdichtung einer Reihe von Versen aus seinem berühmtesten Band, *Gītāñjali* (*Liedopfer*, 1910)[1], verfasste, taten der junge englische Maler William Rothenstein (1872-1945), mit dem Tagore eine enge Künstlerfreundschaft verband, und der große irische mystische Dichter W. B. Yeats (1865–1939), der in dem Inder einen Seelenverwandten erkannte, ihr Möglichstes, um Tagores Werk rechtzeitig zur Nobelpreisvergabe im Westen bekannt zu machen. Nach der Verleihung des Nobelpreises wurde Tagore zu einer international verehrten Gestalt – die 1920er Jahre sahen, gerade auch in Deutschland, einen regelrechten Tagore-Kult – und zu einem Kosmopoliten; er unternahm Vortragsreisen, die ihn um die ganze Welt führten, und erweiterte gleichzeitig den Raum seiner Poesie, indem er das neu Erfahrene formal wie inhaltlich in sein Schreiben integrierte. Allerdings konzentrierte sich Tagore in den letzten Jahren seines Lebens auf pädagogische, philosophische und religiöse Belange. Im Alter von fast 70 Jahren begann Tagore, sich der Malerei zuzuwenden, und schuf bis zu seinem Tod über 2.000 Gemälde. Rabīndranāth Tagore war, so kann man sagen, der universell gebildete Renaissance-Mensch des 20. Jahrhunderts.

Tagores Werk ist voluminös. Es umfasst symbolistische Tanzdramen, psychologisch-realistische Romane und Lyrik in einer beeindruckenden Bandbreite von Stilen. Am bekanntesten jedoch ist der Bengali für die liedhaft einfachen Gedichte des

---

[1] Das Werk ist vor allem unter seinem indischen Namen bekannt, unter dem auch die englische Nachdichtung erschien, deren deutsche Übersetzung 1914 als *Hohe Lieder* herauskam – wobei die Kraft der ursprünglichen Verse Tagores durch die mehrfache Übersetzung natürlich stark gelitten hat.

Gītāñjali, die mit kunstvoll schlichter Metaphorik das Zwiege-spräch des Künstlers mit dem Göttlichen poetisieren und die erotisch-persönliche Spiritualität des indischen Vishnuismus integrieren. Dieser zelebriert die Beziehung zum Göttlichen als Liebesverhältnis[1] und sucht in der Natur nach der geistigen Vereinigung mit dem Göttlichen. Die Übersetzung kann die einfache Kraft und poetische Intensität der bengalischen Verse Tagores nur schwer wiedergeben; so lassen viele der bisherigen Versuche einer Übersetzung leider zu wünschen übrig – ein Grund dafür, warum Tagores tatsächliches Werk außerhalb In-diens hinter der Gestalt seines Verfassers derart zurücktritt –, während andere zumindest eine Annäherung an Tagores groß-artige Lyrik erreichen:

> *Licht und Schatten spielen Fang-mich*
> *heute in den Ähren.*
> *Durch den blauen Himmel schweben*
> *weiße Wolkenfähren.*
> *[…]*
> *Hellauf lachend o, Flutwasser wehen*
> *Schaumgebirge heut im Wind.*
> *Heute werd ich müßig Flöte pfeifen.*
> *Meine Zeit vergeht geschwind.*

Wichtige Werke:

Sonār tari (1893)
Cokher bāli (*Sandkörnchen im Auge,* 1901)
Gorā (*Gora,* 1905)
Gītāñjali (*Liedopfer,* 1910)
Rājā (*Der König der dunklen Kammer,* 1910)
Dākghar (*Das Postamt,* 1912)
Balākā (1916)
Ghare bāire (*Das Heim und die Welt,* 1916)

---

[1] Tagore adressiert im *Gītāñjali* das Göttliche entweder als geliebte Frau oder als »Herr« oder »König«.

E(MILY) PAULINE JOHNSON (TEKAHIONWAKE)

(1862–1913)

Feuerstein und Feder – Kanadas erste (indigene) Stimme

E. Pauline Johnson, Tochter eines Mohwak-Häuptlings und einer Engländerin, war Produkt und Exponent einer Zeit, in der sich eine spezifisch kanadische kulturelle Identität zu formen begann. Wie ihre Person verband auch ihr Werk europäisches und indianisches Erbe, was sie, zusammen mit der überwältigenden Popularität der ›Entertainerin‹, nicht nur zur ersten indigenen, sondern zur ersten authentisch kanadischen Stimme machte, die weithin gehört wurde. Viele ihrer Balladen, wie etwa der berühmte *Song my Paddle Sings* (›Der Gesang meines Ruders‹, 1895), sind zu noch heute beliebten kanadischen Volksliedern geworden.

»Mein Ziel, meine Freude und mein Stolz ist es, den Ruhm meines eigenen Volkes zu besingen«, sagte E. Pauline Johnson einmal, und tatsächlich enthält diese Aussage den Kern ihres Wirkens – und wohl auch ihrer selbst. ›Mein eigenes Volk‹, das waren zunächst die *First Nations*, die indianischen Ureinwohner Kanadas, deren kulturelles Erbe die Halbindianerin der Welt zum ersten Mal auf ›authentizistische‹ Weise präsentierte – ›authentizistisch‹ deshalb, da sowohl ihre Gedichte als auch die *persona*, die sich Johnson für ihre legendären Dichterlesungen oder vielmehr -performances in indianischer Tracht aus ihren ›echten‹ indianischen Wurzeln kreierte, bewusst überformte Kunstprodukte waren. Das soll nicht heißen, das Pauline Johnson – die den Beinamen Tekahionwake annahm, jenen Namen, den ihr Urgroßvater bis zu seiner Taufe trug – nicht mit Leib und Seele ihrem indianischen Erbe verbunden war, das sie in ihren Gedichten besingt und mit ihren *Legends of Vancouver* (›Legenden aus Vancouver‹, 1911) schwarz auf weiß in das kulturelle Gedächtnis Kanadas einschrieb. Vielmehr war die *persona* Tekahionwake ein Mittel, Kanada und der Welt die Kultur der *First Nations* zu eröffnen und gleichzeitig eine Bewusstheit für die Situation der Ureinwohner Nordamerikas zu schaffen

(Johnson setzte sich aktiv für die Bürgerrechte der Indianer ein). Gleichzeitig lieferte ›Tekahionwake‹ Johnson die Möglichkeit – wie es Wolfgang Klooß in der Metzler'schen *Kanadischen Literaturgeschichte* formuliert – »ihrer ethnisch wie kulturell multiplen Persönlichkeit gezielt Ausdruck« zu verleihen[1]. Denn ›mein eigenes Volk‹, das ist für Pauline Johnson auch das Dominion Kanada und in Erweiterung das Vereinte Königreich unter dem Union Jack. So sind ihre Lieder von einer gewissen inneren Spannung geprägt zwischen der rühmenden indianischen Klage ob des Verlusts des eigenen Landes – und Menschen –, der ungebrochenen Loyalität gegenüber jenen, an die jenes Land und jene Menschen verloren wurden, und der Suche nach einer neuen, ureigen kanadischen Identität – eine Identität, die Pauline Johnson mit dem Medium des Ruhmgesangs in simplem Natur-Pathos zu konstruieren trachtet. Ihr Werk gilt als »nationale Pioniertat«[2], mit der Tekahionwake nicht nur der indigenen Literatur Kanadas den Weg zur Anerkennung ebnete und entscheidend zur Hellhörigkeit der Welt bezüglich des Schicksals der amerikanischen Ureinwohner beitrug, sondern maßgeblich zum Kulturgut dieser alten, neuen Nation beisteuerte.

Emily Pauline Johnson war die Tochter eines Mohawk-Häuptlings und einer englischen Quäkertochter. Trotz der unkonventionellen Mischehe gehörten die Johnsons zu den angesehensten intellektuellen Familien des Dominion Kanada. Pauline war also für eine Vermittlerrolle zwischen den Kulturen geradezu prädestiniert – und dafür, die *First Nations* auf eine Art und Weise poetisch zu rühmen, die von den ›europäischen Kanadiern‹ nicht nur akzeptiert, sondern begeistert angenommen wurde. Ihre formlose Erziehung – Johnson konnte aufgrund ihrer angeschlagenen Gesundheit keine öffentliche Schule besuchen – brachte sie sowohl mit der Tradition der englischen viktorianischen Dichter in Kontakt als auch – vor allem über John Smoke Johnson, ihren Großvater väterlicherseits – mit den Legenden der Mohawk und anderer *First Nations*. Bereits in den 1880ern etablierte sich die Halbindianerin mit in Zeitschriften veröffentlichten Gedichten als spezifisch kanadische Dichterin und reihte sich somit in die Riege derjenigen jungen Autoren ein, die

---

[1] vergl. Konrad Groß, Wolfgang Klooß und Reingard Nischik (Hg.): *Kanadische Literaturgeschichte.* Stuttgart/Weimar: Metzler 2005. S. 92.

[2] *Kindlers Neues Literatur Lexikon.* Chefredaktion Rudolf Radler. München: Kindler 1988/1998. Band 8. S. 806.

gerade zu dieser Zeit bemüht waren, eine originäre nationale Literatur zu kreieren (etwa wurde sie in W. D. Lighthalls Anthologie *Songs from the Great Dominion*[1] von 1889 aufgenommen). Zur populärsten und vielleicht auch einflussreichsten unter all diesen Autoren wurde E. Pauline Johnson jedoch erst, als sie ein Medium fand, das in gewisser Weise die orale Tradition ihrer *First-Nation*-Ahnen fortsetzte: die Bühne des *travelling entertainment*, der ›fahrenden Entertainer‹, die um die Jahrhundertwende in Kanada ihr ›Goldenes Zeitalter‹ erlebten. Im Jahr 1892, mit der berühmt gewordenen Rezitation ihres Gedichtes *A Cry from an Indian Wife* (›Klageruf einer indianischen Frau‹) begann Johnsons Karriere als Performerin, und Tekahionwake wurde geboren. Im traditionellen Gewand einer Häuptlingstochter, verwandelte Pauline Johnson ihre Dichterlesungen in Bühnenauftritte, die sicher auch der Tradition indianischer Geschichtenerzählens verpflichtet waren: Text, Vortrag und Dichterin bildeten zusammen das Gesamtkunstwerk. Diesem Umstand ist der oft theatralische Stil von Johnsons Lyrik geschuldet, die bis heute am besten als Vortrag oder als Gesang funktioniert. Bis 1910 bereiste Pauline Johnson als ›Performance-Künstlerin‹ Kanada, die USA und Großbritannien und verbreitete so die indianische wie die kanadische Kultur. Als ihre angeschlagene Gesundheit sie zwang, ihr Leben als ›Fahrende Dichterin‹ aufzugeben, ließ Johnson sich in Vancouver nieder, wo sie für die *Daily Province* eine Reihe von Geschichten schrieb, die auf indianischen Legenden beruhten. Diese sollten schließlich die bedeutende Sammlung der *Legends of Vancouver* bilden. 1912, ein Jahr vor Johnsons Tod, erschien unter dem Titel *Flint and Feather* (›Feuerstein und Feder‹) fast das gesamte lyrische Werk Tekahionwakes im Druck. Als die Dichterin im März 1913 starb, wurde ihre Asche im Stanley Park in Vancouver beigesetzt.

Wichtige Werke:

Legends of Vancouver (1911)
Flint and Feather (1912)

---

[1] ›Lieder aus dem Great Dominion‹, d. i. Kanada

Rubén Darío (Félix Rubén García Sarmiento)

(1867–1916)

Blau – Die Harmonie des Kapriziösen

Der Nicaraguaner Rubén Darío wird bis heute als Erneuerer der spanischen Dichtkunst gefeiert. Als Begründer und Zentralfigur des *modernismo*, der ersten eigenständigen literarischen Bewegung Lateinamerikas, stellte er das bis dahin einseitige Verhältnis literarischer Beeinflussung zwischen der Alten und der Neuen Welt entscheidend auf den Kopf: Darío war der erste lateinamerikanische Verseschmied, dessen Schaffen verändernd auf die Literatur Europas zurückwirkte.

Für Rubén Darío war Kunst »eine Harmonie des Kapriziösen« – eine andere Regel ließ er nicht gelten in seiner Dichtung. Mit seiner auf Klang und Rhythmik – anstatt Metrum und Reimschema – ausgerichteten Poesie sprengte er die überlebte Regelverhaftetheit der spanischsprachigen Lyrik des 19. Jahrhunderts. So trug er nicht nur dazu bei, dass sich die lateinamerikanische Dichtkunst von der europäischen emanzipierte – bis zu diesem Zeitpunkt in der Literaturgeschichte hatten die ›Kolonien‹ die literarischen Entwicklungen der Alten Welt lediglich übernommen –, sondern initiierte eine moderne spanische Lyrik – Neuerungen, die auch auf der iberischen Halbinsel begierig aufgegriffen und adaptiert wurden.

Rubén Dário wurde als Félix Rubén García Sarmiento im nicaraguanischen Metapa geboren, das heute zu Ehren des großen Dichters des *modernismo* Ciudad Darío heißt. Da seine Eltern sich kurz nach seiner Geburt trennten, wuchs Félix Rubén im Haushalt seines Patenonkels Colonel Félix Ramírez auf. Schon in jungen Jahren zeigte sich das poetische Talent des Sprachgenies; im Jahr 1879 veröffentlichte der junge Dichter bereits seine ersten Verse unter dem Pseudonym Rubén Darío, dem Namen eines seiner Vorfahren, den er wegen dessen gefälliger Klangmelodie wählte. Bald war Darío als *niño poeta*, als ›Dichterkind‹, weithin bekannt. Nichtsdestotrotz wurde ihm von der nicaraguanischen Regierung ein Stipendium für ein Studium in Europa

verwehrt – wegen der liberalen Inhalte der Verse des ›Dichter-
kinds‹, das man nicht auch noch dem ›schädlichen‹ Einfluss des
als dekadent angesehenen Europa aussetzen wollte. Also brach
der junge Poet statt dessen gen El Salvador auf[1], wo er in Francisco Gavidia (1863-1955) einen Mentor fand. Dieser machte
das ›Dichterkind‹ mit der französischen Lyrik vertraut, die so
großen Einfluss auf Daríos eigenes Schaffen haben sollte. Die
Reise nach El Salvador war der Beginn des unsteten Wanderle-
bens des Nicaraguaners, das ihn als Korrespondent der in Buenos Aires ansässigen Zeitung *La Nación* nach Argentinien führte
und im diplomatischen Dienst Kolumbiens durch die Welt; seine ›Wanderjahre‹ führten Darío unter anderem nach Chile, Costa Rica, Spanien, Paris, Italien und Deutschland. Diese Reisen
trugen natürlich nicht unwesentlich zur Verbreitung von Daríos
literarischem Einfluss bei. In Mittel- und Südamerika stand er
diversen literarischen Gruppierungen in verschiedenen Ländern zeitweise vor. In Europa wiederum holte Darío sich einer-
seits Anregungen vor allem von den französischen Symbolisten,
andererseits wurde seine eigene, neuartige Dichtung begeistert
aufgenommen. Doch das Leben des Nicaraguaners bestand nicht
nur aus intellektuellem Weltbürgertum, befruchtendem literarischen Dialog und stetig wachsendem Dichterruhm. Schon der
frühe Tod seiner ersten Frau, Rafaela Contreras[2], im Jahr 1893
stürzte Darío in eine tiefe Krise und trieb ihn in die Arme des
Alkohols – und in die Rosario Murillos, seiner zweiten Ehefrau,
mit der den Dichter eine lebenslange Hassliebe verband. Daríos
unzählige Reisen in späteren Jahren waren nicht nur bedingt
durch seine Sehnsucht nach dem intellektuellen Klima Europas
und nach dem Leben der Künstlerbohème in Paris und Spanien
– das an und für sich nicht frei von Exzessen und Skandalen
war –, sondern auch von seiner Zerrissenheit zwischen Rosario,
von der er eigentlich getrennt lebte, und der Spanierin Francis-
ca Sánchez, die dem Dichter drei Kinder geboren hatte. Im Jahr
1914 schließlich kehrte der ewige Wanderer Rubén Darío tod-
krank in seine nicaraguanische Heimat zurück.

Schon der Lyrikband *Azul* (›Blau‹, 1888), von Darío 21-jäh-
rig auf eigene Kosten veröffentlicht, löste in der spanischspra-

---

[1] Andere Quellen berichten, Darío sei in Wirklichkeit von besorgten
Freunden und Verwandten nach El Salvador geschickt worden, um zu
verhindern, dass der junge, leidenschaftliche Dichter sich im Alter von 15
Jahren bereits verheiratete.

[2] Die Ehe wurde 1890 geschlossen.

chigen Welt eine Sensation aus. Von den französischen Symbolisten – selbst Sprachrevolutionäre – inspiriert, gelang es Darío,
mit seiner Betonung der Sprachmelodik die damals starre spanische Syntax aufzubrechen und den Dichtern eine ganz neue
Klangfülle zu erschließen. Gleichzeitig öffnete er die Sprache
dem Irrealen, den Träumen, dem Unendlichen, auf das die Farbe Blau verweist, die leitmotivisch den ganzen Band durchzieht.
– Dies alles ist eine Mischung aus romantischen und vor allem
symbolistischen Prinzipien; doch Darío gelang es bereits in
diesem frühen Werk, diesen an sich schon revolutionären dichterischen Impulsen etwas Eigenes hinzuzufügen und so ganz
Neues entstehen zu lassen, so dass *Azul* heute als erstes Werk
des *modernismo* gilt. Diese Bewegung begründete Darío theoretisch und praktisch mit der literaturkritischen Studie *Los raros*
(›Die Außenseiter‹, 1893–1896) und dem Gedichtband *Prosas
profanas* (›Profane Prosa‹, 1896). Den Begriff *modernismo* leitete
der Nicaraguaner von der Forderung des symbolistischen Rebellen Arthur Rimbaud (1854–1891) ab: »*Il faut être absolument
moderne* – Man muss ganz und gar modern sein.«[1] Das Credo
der neuen literarischen Bewegung war die absolute Freiheit der
Kunst – von poetologischen Regeln, von einem von Religion,
Gesellschaft oder sonstigen Institutionen aufoktroyierten äußeren Zweck, von den von der Welt gesteckten Grenzen. Mit den
Prosas profanas hatte Darío dann diese Freiheit auch endgültig erreicht, indem er sich von dem großen Vorbild der französischen
Symbolisten emanzipierte und eigene Wege beschritt. In dieser
Gedichtsammlung griff der Nicaraguaner auf aus dem Mittelalter stammende, spanische und portugiesische Sakraldichtung
zurück (die sogenannte Prosendichtung), adaptierte sie jedoch
für seine ›profanen‹, oder besser gesagt: ästhetizistischen Zwecke: Es ist die Poesie, die (in einem säkularisierten Sinne) im Profanen des Sakrale enthüllt, also eine höhere Wirklichkeit, die in
nichts anderem besteht als dem Schönen selbst. Radikaler noch
als die inhaltlichen sind allerdings die formalen Neuerungen
in den *Prosas profanas*: Darío schuf hier endgültig eine neues,
freies spanisches Versmaß, das dem *modernismo*-Credo der Freiheit angemessen war. Dieses manifestiert sich in der ›profanen
Prosa‹ als kapriziöses, erotisches Spiel. Ein reiferes Produkt des
modernismo wiederum stellen die *Cantos de vida y esperanza* (›Ge-

---

[1] vergl. *Kindlers Neues Literatur Lexikon*. Chefredaktion Rudolf Radler.
München: Kindler 1988/1998. Band 4. S. 431.

sänge von Leben und Hoffnung‹, 1905) dar, in denen Darío von
der reinen *l'art-pour-l'art*, die er bis dahin propagierte, abrück-
te. Die Poesie ist weiterhin das Absolute für den Begründer des
modernismo, doch nun behandelt der Nicaraguaner die existenziellen Themen von Leben und Tod, stellt sich als prophetischer
Dichter in den Dienst des lateinamerikanischen Volkes und
mobilisiert das spanische kulturelle Erbe als Bollwerk gegen
den sich verbreitenden anglosächsisch-amerikanischen (kulturellen) Imperialismus. – All diese Elemente, die sich in Daríos
verschiedenen Werken manifestieren, sind wichtig für den his-
pano-amerikanischen *modernismo*, eine Bewegung, die zwar
noch nicht aus dem Boden Lateinamerikas selbst erwuchs – das
heißt: das originäre kulturelle Erbe mit heranzog –, aber doch
zum ersten Mal in der Literaturgeschichte des Kontinents nicht
einfach die europäischen Impulse aufgriff, sondern kreativ verwandelte in etwas Neues, das seinerseits die Literatur der Alten
Welt nachhaltig beeinflusste.

Wichtige Werke:

Azul (1888)
Los raros (1893–96)
Prosas profanas (1896)
Cantos de vida y esperanza (1905)
El canto errante (1907)
Es exisiert eine deutsche Auswahl-Übersetzung von Rubén Daríos
    Lyrik unter dem Titel *Gedichte*.

NATSUME SŌSEKI (NATSUME KINNOSUKE)
(1867–1916)

Hartnäckig – Am Rande des Abgrunds

**Natsume Sōseki wird bisweilen der Charles Dickens Ja-
pans genannt, und diese Bezeichnung ist alles andere als un-
berechtigt: Wie Dickens (1812–1870), der große Porträtist des
viktorianischen England, wurde Natsume Sōseki mit seinen
zahlreichen, stilistisch sehr unterschiedlichen Romanen zum
Chronisten seiner Epoche. Er bannte das zwischen Tradition
und (westlicher) Moderne zerrissene Japan der Meiji-Zeit
(1868–1912) auf Papier und wurde so zu einem der bedeu-**

tendsten japanischen Romanciers überhaupt. Gleichzeitig
verfasste Sōseki Zeit seines Lebens, fast wie nebenbei, meisterhafte Gedichte im klassischen chinesischen Stil und in der
japanischen *haiku*-Tradition[1].

Natsume Sōseki war nicht nur zusammen mit Mori Ōgai
(1862–1922) die Zentralfigur der frühen japanischen Moderne,
sondern auch ein wichtiger literarischer Theoretiker, Förderer
junger schriftstellerischer Talente und im Allgemeinen eine pro-
minente intellektuelle Präsenz, deren Einfluss bis in das Japan
der Gegenwart zu spüren ist. Doch das Leben dieser so bedeut-
samen literarischen Persönlichkeit begann mit einem Gefühl
des Unerwünscht-Seins: Der zukünftige Schriftsteller wurde
als Natsume Kinnosuke als achtes Kind eines Ortsvorstehers
(*nanushi*) in Edo, dem heutigen Tōkyō, geboren. Aufgrund des
fortgeschrittenen Alters der Eltern, das damals als ›unziemlich‹
empfunden wurde, wurde der kleine Kinnosuke von einem
früheren Hausangestellten der Eltern adoptiert, kam jedoch
nach der Scheidung seiner Adoptiveltern im Alter von neun
Jahren wieder zurück in sein Elternhaus. Er erfuhr jedoch erst
spät von der eigentlichen Blutsverwandtschaft. Die Spannung,
Zerrissenheit und Desillusionierung, die Sōsekis Werk bei all
seiner Vielfältigkeit als Grundton unterliegt, wird manchmal
zurückgeführt auf diese frühen Erfahrungen der Unzugehörig-
keit bzw. doppelten Zugehörigkeit in einem Land, in dem die
Familie über allem steht/stand, kann aber im Endeffekt nicht
auf einen derart einfachen Nenner gebracht werden. Ein mindestens ebenso wichtiger Faktor für die Entwicklung Sōsekis
literarischer Eigenart, die so akkurat die Atmosphäre im Japan
seiner Zeit fassen sollte, war die Situation des Landes während
der Kindheit und Jugend, ja, im Grunde während der gesamt-
en Lebenszeit des Schriftstellers: Nicht nur herrschte in Japan
wirtschaftlicher Aufruhr, sondern die Meiji-Periode war die Zeit
der Konfrontation mit und der Öffnung zum Westen hin, die
das bis dahin sehr traditionalistische Japan in eine landeswei-
te Identitätskrise stürzte. Am Rande der Moderne stehend, war

---

[1] Die Tradition des *haiku* wurde von Japans größtem Dichter Matsuo
Bashō (1644–1694) begründet. Beim *haiku* handelt es sich um ein dreizei-
liges Siebzehnsilbengedicht (zu 5, 7, 5 Silben), das in dieser kondensierten
Form und mit scharfen Blick auf das Kleine und das Detail eine Erkenntnis des großen Gesamtzusammenhangs anstoßen, anregen oder auch nur
erahnbar machen will.

Japan bestrebt, sich am Westen zu orientieren und sich das neu zugängliche Wissen anzueignen – eine Entwicklung, die sowohl Hoffnung als auch starke Bedenken erregte. Diese Grundsituation ist es, die Natsume Sōseki in seinem Werk immer wieder auf immer andere Art und Weise verarbeitet; denn für ihn ist die vielbeschworene Entfremdung der Moderne nichts anderes als die Zerrissenheit jedes Einzelnen zwischen Moderne und Tradition.

Schon früh begann sich der zukünftige Schriftsteller für Literatur zu interessieren, zunächst, während seiner Zeit auf der Mittelschule in Tōkyō, für die klassische chinesische Dichtung – eine Begeisterung, die Natsume Sōseki sein Leben lang beibehalten sollte und die sich in seinen im alten chinesischen Stil verfassten Versen poetisch manifestiert. Diese schrieb der Literat, wie er selbst meinte, als ›Erholung‹ von seinem intensiven Romanschaffen; sie stellen jedoch auch eine poetische Kristallisation seines Strebens nach *sokuten kyoshi* dar, danach »mit dem Himmel eins zu werden und sich vom Ich zu befreien«[1], wie dieses letzte, wenige Tage vor seinem Tod verfasste Gedicht:

> *Der wahre Weg ist ohne Spur – einsam, und schwer zu finden*
> *Ich möchte, Leere im Herzen, frei in der Zeit herumschweifen*
> *Das blaue Wasser, die blauen Berge sind ohne Ich*
> *Nichts zwischen Himmel und Erde hat ein Selbst*
> *Unbestimmte abendliche Farben – der Mond steigt aus dem Gras*
> *Durcheinander die Stimmen des Herbstes.*[2]

Ein weiterer wichtiger Schritt auf dem Weg Natsume Kinnosukes hin zum großen modernen Schriftsteller Sōseki, auf dem er gegen den Widerstand der eigenen Familie zu kämpfen hatte, war die Begegnung mit dem Freund und Mentor Masaoka Shiki im Alter von 19 Jahren. Von ihm wurde der junge Dichter in die Kunst des *haiku* eingeführt, eine Gattung, in der er es ebenfalls zur Meisterschaft bringen sollte. Von dieser Zeit an benutzte der junge Literat den Künstler(vor)namen Sōseki, welcher auf das chinesische Wort für ›hartnäckig‹ zurückgeht. Des Weiteren begann er, sich für die englische Sprache und Literatur zu interessieren, die er dann auch von 1890 bis 1893 an der Universität von Tōkyō studierte. Nach einem vierjährigen Aufenthalt

---

[1] vergl. *Kindlers Neues Literatur Lexikon*. Chefredaktion Rudolf Radler. München: Kindler 1988/1998. Band 12. S. 250.

[2] Übersetzung von Ch. Langemann

als Englischdozent in der Provinz wurde er von der japanischen Regierung nach London geschickt, ähnlich vieler anderer junger Japaner, die in den Westen gesandt wurden, um sich die angeblich überlegene Kultur anzueignen – eine Erfahrung, die dem stolzen Sōseki, der sich in London mit einem mageren Stipendium in einem Klima der Fremdenfeindlichkeit durchschlagen musste, zutiefst verhasst war. Nach seiner Rückkehr lehrte Sōseki zunächst Anglistik an der prestigeträchtigen Universität Tōkyō. Doch nachdem 1905 und 1906 seine drei ers-ten Bücher – die beiden satirischen, zeit- und kulturkritischen Texte *Ich, der Kater* (*Wgahai wa neko de aru*, 1905) und *Ein reiner Tor* (*Botchan*, 1905) und der Künstlerroman *Das Graskissen-Buch* (*Kusamakura*, 1906) – als Fortsetzungsromane erschienen und zu ungeheuren Erfolgen geworden waren, ließ er sich von der großen Tageszeitung *Asahi shinbun* als hauseigener Zeitungsromancier anstellen. Nun konnte Sōseki sich voll und ganz dem Schriftstellertum hingeben und verfasste in einem immensen Arbeitstempo weitere Romane, die alle in Fortsetzung erschienen. Hier wagte er immer neue Stilexperimente, die stark von der westlichen, gerade der englischsprachigen, Literatur beeinflusst sind, aber doch ihre spezifisch japanische Stimme suchen und finden[1]. Schon von 1910 an jedoch verschlechterte sich der Gesundheitszustand des produktiven Schriftstellers, der im Jahr 1916 an einer Blutung infolge eines Magengeschwürs verstarb.

Während es sich bei Sōsekis beiden Erstlingsromanen, die zu den meistgelesenen Büchern des 20. Jahrhunderts zählen, noch um ›äußere‹ Satiren der japanischen Gesellschaft im Umbruch handelt, verinnerlichen sich seine späteren Romane immer mehr, werden psychologischer, aber auch melancholischer – eine Entwicklung, die in den beiden Meisterstücken *Kokoro. Das Herz* (*Kokoro,* 1914) und dem unvollendet gebliebenen *Licht und Schatten* (*Meian*, 1916) gipfelt. Es handelt sich bei diesen beiden Romanen um scharfsichtige, wehmütige Studien der intellektuellen Krise der Meiji-Zeit und der den Einzelnen zerreißenden Spannung zwischen Individuum und Gesellschaft, zwischen Alt und Neu, aber auch zwischen Gelassenheit und Ekstase. Letz-

---

[1] Gerade die unhinterfragte Übernahme westlicher Vorbilder kritisiert Sōseki in seinen satirischen Romanen immer wieder, etwa in *Ich, der Kater*, der sehr skeptisch die Transformation der japanischen Gesellschaft von einer feudalen in eine moderne Gesellschaft beobachtet und kommentiert.

teres ist das Thema des *Graskissen-Buchs*[1], in dem ein Künstler das Lebensgefühl des *hininiō* anstrebt: die ›nicht-menschliche Empfindung‹, die Leidenschaftslosigkeit. Doch sein Kunstwerk kann der Protagonist des *Graskissen-Buchs* schließlich nur schaffen, als er im Gesicht der zu Porträtierenden *aware* erblickt: das ›Herzzerreißen der Dinge‹[2]. Diese Spannung zwischen *hininiō* und *aware* durchzieht Sōsekis gesamtes Werk und ist letztendlich Quelle seiner großen poetischen Kraft.

Wichtige Werke:

Wagahei wa neko de aru (*Ich, der Kater*, 1905)
Botchan (*Ein reiner Tor*, 1906)
Kusamakura (*Das Graskissen-Buch*, 1906)
Kokoro (*Kokoro. Das Herz*, 1914)
Meian (*Licht und Schatten*, 1916)

GERTRUDE STEIN

(1874–1946)

Eine Rose – Die Mutter der Moderne

Gertrude Stein war eine Kultfigur der Avantgarde. Ihr Pariser Salon war eines, wenn nicht *das* intellektuelle Zentrum seiner Zeit, und ›die Mutter der Moderne‹ unterstützte als Mäzenin viele der großen zeitgenössischen Künstler und Literaten in ihren Anfängen. Stein selbst gelang es mit ihrer Prosa, vor allem aber mit ihrer Poesie, die Eigenarten abstrakter Malerei in Sprache zu transferieren, womit sie wesentlich zu der Befreiung der Sprache in der Moderne beitrug.

Eine Exzentrikerin wurde Gertrude Stein von vielen genannt, »diese kleine, korpulente Amerikanerin, die in Paris lebte, Kunst und Menschen sammelte und in mancher Hinsicht das Schreiben revolutionierte«, wie Gabriele von Arnim schreibt[3]. Und sicher war die Mäzenin und Dichterin aus Pennsylvania alles

---

[1] *Kusamakura*, das ›Kopfkissen aus Gras‹, ist ein japanischer Topos (gebräuchliches Bild) für auf der Reise oder auf der Suche sein.
[2] vergl. Kindlers, Band 12, S. 249.
[3] vergl. www.dradio.de

andere als umgänglich, doch vielleicht gelang es ihr gerade deshalb, für so viele junge Künstler, die sich zu den bedeutendsten Geistern der Moderne entwickeln sollten, ein fruchtbares Umfeld zu kreieren. Gertrude, das jüngste – und allen Berichten nach entsprechend verwöhnte – Kind einer jüdischen, deutschamerikanischen Familie, gelangte nach Paris im Jahr 1913, und zwar in Begleitung ihres Bruders Leo, mit dem sie eine enge Beziehung verband. Schon 1893 waren die Geschwister zusammen in Cambridge im Bundesstaat Massachusetts auf die Universität gegangen; Gertrude studierte zunächst am Radcliff College Psychologie bei dem berühmten Philosophen William James (1842–1910), später Medizin an der Johns Hopkins Medical School. Das Medizinstudium brach sie bald aus Langeweile (und vielleicht auch Ekel – Gertrude Stein war eine radikale Ästhetin) ab, war aber eine Zeitlang in einer Entbindungsanstalt tätig. Die Heimat ihres Geistes und ihrer Seele – und später auch ihres Herzens – fand Gertrude Stein in Paris, der kulturellen Metropole der Zeit. Das Haus von Leo und Gertrude in der Rue de Fleurys wurde schnell zu einem an der intellektuellen Kultur des 18. und 19. Jahrhunderts orientierten Salon, die Geschwister zu wichtigen Mäzenen aufstrebender Künstler; an Leo Stein verkaufte Pablo Picasso (1881–1973), den bald eine enge Freundschaft mit Gertrude verbinden sollte, sein allererstes Werk. Auch eines der frühesten Bilder von Henri Matisse (1869–1954) fand seinen Weg in den Besitz der Steins, genau wie Werke von Paul Cézanne (1839–1906), Claude Monet (1840–1926) und Paul Gauguin (1848–1903). Und, wie Gabriele von Arnim richtig formuliert, sammelte Gertrude Stein nicht nur Kunstwerke, sondern auch deren Schöpfer. In ihrem Salon trafen sich Picasso und Matisse, Künstler und Dichter inspirierten sich gegenseitig. Nach dem Ersten Weltkrieg wiederum versammelte sich die Gruppe der sogenannten *expatriots* um Gertrude Stein: US-amerikanische Dichter, die das intellektuell stimulierende Klima von Paris dem der Heimat vorzogen, darunter Ezra Pound (1885–1972), F. Scott Fitzgerald (1896–1940), Thornton Wilder (1897–1975) und Ernest Hemingway (1899–1986). Mittlerweile lebte die Dichterin und Salondame nicht mehr mit ihrem Bruder, sondern mit ihrer lebenslangen Gefährtin Alice B. Toklas (1877–1967), Steins große Liebe und, so würde man heute sagen, ihre Managerin. Literarische Verewigung hat die Mexikanerin in der *Autobiographie von Alice B. Toklas* (*The Autobiography of Alice B. Toklas*, 1933) gefunden, die tatsächlich die Autobiographie von Gertrude Stein ist, aber aus der Perspektive von Alice B. Toklas erzählt wird. Durch diesen Kunstgriff gelingt der Dichterin zum Einen eine originelle Manifestation des der Gattung der Autobiographie *per definitionem* inhärenten Spannungsverhältnisses zwischen Identität (eine Person) und Nicht-Identität (Distanz durch Zeit und Versprachlichung) des erlebenden mit dem erzählenden Ich. Zum Anderen schafft Gertrude Stein hier einen Textraum der Verrätselung und gegenseitigen Spiegelung, der die Grenzen zwischen Autobiographie, Biographie und Roman bis zur Unkenntlichkeit miteinander verschwimmen lässt. Und natürlich gibt die Adaption einer Fremdperspektive Gertrude Stein auch schlichtweg die Möglichkeit, sich selbst zu einer Kultfigur der Moderne zu stilisieren – die sie war und auch wieder nicht. Leben und Fiktion verschmelzen in der *Autobiographie von Alice B. Toklas*, die bis zum heutigen Tag Steins meistgelesenes Werk ist und – aller modernistisch-selbstreflexiven Erzählkunst zum Trotz – ein ausgesprochen kurzweiliges und amüsantes Porträt der großen Männer der Moderne, als sie alle irgendwie (zumindest aus der Perspektive Steins) noch ›kleine Jungs‹ waren. Die *Autobiographie* ist sowohl kulturgeschichtliches Dokument als auch ästhetisches Manifest als auch die Geschichte eines, wenn nicht sogar zweier außergewöhnlicher weiblicher Geister (das Ausmaß der Mitautorschaft von Alice B. Toklas ist ungeklärt), die einen intellektuellen Mittelpunkt von Paris konstituierten. Selbst während der Besetzung Frankreichs zur Zeit des Zweiten Weltkriegs blieben Stein und Toklas trotz ihrer jüdischen Herkunft in Paris – und unbehelligt. Beide sind auf dem Friedhof Père Lachaise beigesetzt.

»A rose is a rose is a rose – Eine Rose ist eine Rose ist eine Rose«, lautet der berühmteste Vers aus der Feder Gertrude Steins, der nicht nur von ihr selbst immer wieder aufgegriffen worden ist, sondern sich, unzählige Male zitiert und variiert, wie ein roter Faden durch die Literatur des 20. Jahrhunderts zieht[1]. Der ›Rosenvers‹ ist typisch für Steins von Wiederholungen geprägten Stil, für den folgende Passage aus ihrem bedeutendsten Prosawerk, *The Making of Americans* (1925), ein weiteres Beispiel ist:

Jeder der einer wird der alt genug ist wird dann ein Toter. Sicher werden Alte zu Toten. Sicher wird jeder der nicht zum Toten wird bevor er alt genug ist alt genug zum Toten zu werden ....

---

[1] Der berühmte ›Rosenvers‹ stammt aus den Gedicht *Sacred Emily* (›Geheiligte Emily‹) von 1913.

Die ständige Wiederholung eines bestimmten Wortes bringt dieses Wort in Fokus, während es gleichzeitig dem Kontext der Konvention enthoben wird. Das heißt, ein Wort, das unentwegt wiederholt wird, beginnt, die Bedeutung zu verlieren, die wir – als Leser und als Schreibende – automatisch mit ihm assoziieren. Somit wird uns das Wort ›entfremdet‹, aber gleichzeitig von seiner kulturellen Vorbedeutetheit befreit; es zieht seine Aufmerksamkeit auf sich selbst, und nicht auf das Objekt, das es konventionellerweise bezeichnet. Dadurch wird der Leser entweder in die Lage versetzt, sich ganz bewusst auf das zu besinnen, was das Wort meint – Gertrude Stein soll über ihren ›Rosenvers‹ gesagt haben: »Ich denke, dass in dieser Zeile die Rose zum ersten Mal seit hundert Jahren englischer Dichtung wieder rot ist.«; oder das Wort kann mit neuen, frischen Bedeutungen besetzt werden. Beides bedeutet eine Befreiung der Sprache aus erstarrten Konventionen, zu der Gertrude Stein mit ihrer Poesie jenseits grammatikalischer Grenzen (sie war die erste moderne englischsprachige Dichterin, die auf Kommata verzichtete, und so ihren Versen und Prosasätzen eine ganz neue Vieldeutigkeit verlieh) entscheidend beigetragen hat; Gabriele von Arnim spricht Stein zu, »in mancher Hinsicht das Schreiben revolutioniert« zu haben: »Weil sie nicht interessiert war an Worten, sondern an Sätzen, nicht an Emotionen, sondern an Informationen, weil sie blank schrieb, mäandernd, in Wiederholungen, assoziativ und abrupt. Weil sie das Komma fast verbannte aus ihren Texten, damit es ihren Rhythmus nicht störte. Ein unverkennbarer Stil ...« – ein Stil, mit dem es Gertrude Stein gelang, die hochgradige Abstraktion, die sie an der modernen Malerei, wie etwa dem Kubismus, so bewunderte, in die Poesie zu übersetzen und somit zu einer wichtigen Figur in der Geschichte der modernen Dichtkunst zu werden.

Wichtige Werke:

Tender Button: objects, food, rooms (*Zarte Knöpfe*, 1914)
Geography and Plays (*Steinstücken*, 1922)
The Making of Americans. Being a History of a Family's Progress (*The Making of Americans. Geschichte vom Werdegang einer Familie*, 1925)
The Autobiography of Alice B. Toklas (*Autobiographie von Alice B. Toklas*, 1933)

Muhammad Iqbal

(1877–1938)

Geheimnisse des Ich – Der religiöse Enthusiast

Der Poet, Philosoph, Theologe und Politiker Muhammad Iqbal gilt heute als Nationaldichter Pakistans. Er ist eine der wichtigsten Figuren der jüngeren islamischen Geistesgeschichte. In seinen Schriften, von denen *Die Geheimnisse des Ich* (*Asrār-e hudi*, 1915), die *Botschaft des Ostens* (*Payām-e mašreq*, 1923) und das von Iqbal selbst zu seinem *opus magnum* erklärte *Buch der Ewigkeit* (*Ğāwid-nāme*, 1932) die bedeutendsten sind, propagiert er einen islamischen Internationalismus und eine Philosophie der Liebe und der Tat, wobei er östliches, islamisches und europäisches Gedankengut und Dichtungswerk zu einer bestrickenden Verbindung zusammenführt.

Sir Muhammad Iqbal, der im Jahr 1922 zum Ritter geschlagen wurde, wurde in Sialkot im heutigen Pakistan, damals noch Indien, geboren, also im islamischen Nordwesten des indischen Subkontinents. Er studierte in Lāhor (heute ebenfalls Pakistan) Philosophie und lehrte einige Jahre als Dozent an der dortigen Universität. Zu dieser Zeit entstanden bereits die ersten Gedichte in seiner Muttersprache Urdū, zu deren berühmtestem Dichter Muhammad Iqbal im Laufe seines Lebens mit so großartigen Texten wie *Gabriels Schwinge* (*Bāl-i Ğibrīl*, 1934) – bis heute das lyrische Meisterwerk der Urdū-Literatur – aufsteigen sollte. Im Jahr 1905 brach Iqbal dann gen Europa auf. Er studierte Jura und Philosophie in Cambridge und München, wo er mit einer Dissertation unter dem Titel *Die Entwicklung der Metaphysik in Persien* (*The Development of Metaphysics in Persia*, 1907) zum Dr. phil. promovierte. Aus Europa brachte Iqbal philosophisches und literarisches Gedankengut mit in die Heimat, das einen tiefen Einfluss auf sein Denken und Schreiben haben sollte, aber auch ein starkes Sendungsbewusstsein; Muhammad Iqbal war von da an bestrebt, mit all seiner Geistes- wie Tatkraft zu Erneuerung und Emanzipation der islamischen Welt beizutragen. Der von 1908 an als Rechtsanwalt in Lāhor tätige Universalgelehrte engagierte sich für die Etablierung einer internationalen muslimischen Gemeinschaft jenseits der Grenzen von Rasse, Nationalität und Herkunft und trat aktiv für die Bildung eines unabhängigen islamischen Staates im Nordwesen Indiens ein (auch wenn er gleichzeitig ein friedliches Zusammenleben zwischen Hindus und Moslems in Indien propagierte). Zwar erlebte Iqbal die Gründung dieses Pakistan im Jahr 1947 nicht mehr mit, gilt aber heute als ›geistiger Vater‹ des Landes.

Muhammad Iqbal nutzte seine poetische Kraft, wie er sie in seinen Urdū-Gedichten bewiesen hatte, um – nun auf Persisch schreibend, um ein internationales muslimisches Publikum zu erreichen – seinen theologischen und philosophischen Überlegungen Gestalt zu geben. Dieses sein Gedankengut betrachtete er als Grundlage für eine Emanzipation der muslimischen Welt; es war, wie seine Dichtung selbst, eine Verbindung von wiederbelebten, alten islamischen und modernen europäischen Ideen. Iqbals (Religions)Philosophie – die er im Gestus eines (poetischen) Propheten ›verkündet‹ – verrät sowohl den Einfluss Henri Bergsons (1859–1941), Friedrich Nietzsches (1844–1900) und Johann Wolfgang Goethes (1749–1832) als auch den des Korans und des Sufismus (islamische Mystik)[1]. Es handelt sich um eine Philosophie der Tat und des Individuums, die sich zum ersten Mal in *Die Geheimnisse des Ich* poetisch manifestiert; nur das Streben nach Vervollkommnung des eigenen Ich (*hudi,* d. i. Individualität, Persönlichkeit) in Form eines *tätigen* Lebens durch jeden Einzelnen kann Iqbals Ansicht nach letztendlich zu einer geeinten, idealen muslimischen Gemeinschaft führen. Dieser Ansatz wird in der *Botschaft des Ostens* ergänzt durch eine Philosophie der Liebe: Die Kraft der Liebe (ʿišq) ist der einzige Weg zur Erkenntnis der Wahrheit. So werden Ich, Tat und Liebe zu den Säulen der Iqbal'schen Philosophie und damit auch zu den immer wiederkehrenden Themen seiner Dichtung[2].

Ein weiteres wichtiges Thema in Iqbals Werken ist die produktive Auseinandersetzung mit der philosophischen wie literarischen Tradition der abendländischen Moderne. Diese findet, sozusagen, sowohl auf inhaltlicher wie formaler Ebene seiner

---

[1] Iqbal lehnte den sufistischen Mystizismus zunächst in *Die Geheimnisse des Ich* wegen der diesem inhärenten Passivität ab, kehrte jedoch mit seiner Philosophie der Liebe, wie er sie in der *Botschaft des Ostens* propagierte, zu dieser alten persisch-islamischen Tradition zurück.

[2] vergl. *Kindlers Neues Literatur Lexikon*. Chefredaktion Rudolf Radler. München: Kindler 1988/1998. Band 8. S. 433–36.

Texte statt. So konstituiert die Gedichtsammlung *Botschaft des Ostens* eine bewusste morgenländische Antwort auf den *West-östlichen Divan* (1819/27) des von Iqbal hochverehrten Goethe. Sie enthält nicht nur eine kritische Auseinandersetzung mit dem westlichen Denken (Marx, Lenin, Locke, Bergson, Kant, Schopenhauer, Nietzsche, Comte, Byron, Tolstoj, Browning, Einstein, Hegel) aus islamischer Perspektive[1], sondern auch Adaptionen deutscher Gedichte, etwa von Heinrich Heine (1797-1856) und wiederum dem in Iqbals Werk allgegenwärtigen Goethe. Eine noch engere Symbiose gehen Abendland und Morgenland in Iqbals selbsterklärtem Meisterwerk, dem *Buch der Ewigkeit*, ein. Inspiriert von der Himmelfahrt des Propheten Mohammed im Koran, Goethes *Faust*, John Miltons (1608–1674) *Verlorenem Paradies* (*Paradise Lost*, 1667/47) und vor allem der *Göttlichen Komödie* (*La Divina Commedia*, 1307–1321) Dante Alighieris (1265–1321), erzählt das *Buch der Ewigkeit* in Versform die Reise des Dichters durch die himmlischen Sphären. Dem lyrischen Ich begegnen sowohl Größen der islamischen wie der abendländischen Geistesgeschichte als auch Figuren aus Mythologie, Religion und Literatur, von denen die wohl beeindruckendste die Gestalt des Iblis ist, des Teufels, der, stolzer Rebell, der er ist, der Trennung als schöpferische Kraft den Vorzug vor der Vereinigung (d. i. dem Göttlichen Prinzip) gibt und den mangelnden Widerstand der Menschen gegen seine Versuchung beklagt. So schafft Iqbal mit dem *Buch der Ewigkeit* ein Panorama seiner umfassenden Philosophie – die Reflexionen über die Natur der Zeit und das Wesen Gottes genauso einschließt wie über die Weltreligionen und –politik. Wie Dantes großes Renaissancewerk erfährt das *Buch der Ewigkeit* im Erleben der Göttlichen Gegenwart seinen Höhepunkt – und in der Erkenntnis der Einheit von Denken und Tat.

Das Œuvre Muhammad Iqbals, das sowohl von zentralen Werken der europäischen Literatur inspiriert ist als auch klassische Formen der persischen Poesie wiederaufgreift, versucht eine Vereinigung westlichen und östlichen Gedankenguts in der Suche nach einer neuen und zugleich ursprünglichen islamischen Identität. Im selben Atemzug thematisiert der religiöse

---

[1] Die Auseinandersetzung mit dem okzidentalischen Kulturgut ist als Antwort auf die Goethes mit dem orientalischen konzipiert. Im Vergleich der beiden Traditionen wird von Iqbal allerdings letztendlich stets der islamischen der Vorzug gegeben.

Enthusiast den zu Zeiten unauflösbar erscheinenden Gegensatz zwischen den beiden Traditionen und Kulturen, ja, macht diesen in seiner für westliche Leser trotz allem teilweise schwer zugänglichen Gedankenwelt sogar manifest.

Wichtige Werke:

Homāla (*Himalaja*, 1899)
Asār-e hudi (*Die Geheimnisse des Ich*, 1915)
Payām-e mašreq (*Botschaft des Ostens*, 1923)
Zabur-e' ağam (*Persischer Psalter*, 1927)
Ğawid-nāme (*Buch der Ewigkeit*, 1932)
Bāl-i Ğibrīl (*Gabriels Schwinge*, 1934)

LU XUN (ZHOU SHUREN)

(1881–1936)

Morgenblüte am Abend – Die chinesische Moderne am Scheideweg

Mit Lu Xuns Kurzgeschichte *Das Tagebuch eines Verrückten* (*Kuangren riji*) von 1918 begann in China eine neue literarische Epoche. Zusammen mit seinem Meisterwerk *Die Wahre Geschichte des Ah Qeh* (*A Q zhengzhuan*, 1923) machte diese Erzählung Lu Xun zum international bekannten Vater der chinesischen Moderne und zum meistbeachteten Literaten, den das Reich der Mitte im 20. Jahrhundert hervorgebracht hat. Doch auch Lu Xuns scharfzüngige Essays (*zawen*) und seine bildlich stark verschlüsselte Lyrik sind von großer Bedeutung und veranschaulichen sowohl die Stellung des Neuen China zwischen Tradition und Moderne als auch ihres Schöpfers zwischen Rebellion und Resignation.

Lu Xun wurde unter dem Namen Zhou Shuren in eine Zeit des Umbruchs hineingeboren. In seine frühen Jahre fiel das Ende der Quing-Dynastie (1644–1910/11); das Reich der Mitte stand an der Schwelle zu einer neuen Zeit, war jedoch in den erstarrten Denk- und Handlungsmustern einer jahrtausendealten Gesellschaft gefangen. Der Weg in die Zukunft war mehr als ungewiss, insbesondere da China in dieser Zeit unter der Dominanz ausländischer Mächte, wie etwa Japan, zu leiden hatte, was die junge Generation um Lu Xun entscheidend prägte. Auch in literarischer Hinsicht war China auf der Suche nach einem neuen Weg, da die uralten traditionellen Formen ungeeignet schienen, die Lebenserfahrungen einer neuen, ungewissen Zeit zu fassen. Im Zuge der Bewegung des vierten Mai (die wichtigste Bewegung unter den Intellektuellen Chinas von 1915 bis 1925) kam es von 1916 an zu einer regelrechten Literaturrevolution[1], angestoßen durch die programmatischen Schriften von Hu Shi (1891–1962), aber auch durch Lu Xuns *Tagebuch eines Verrückten*. Letzteres war die erste moderne und umgangssprachliche Kurzgeschichte in der chinesischen Literatur; erst ein Jahr nach deren Erscheinen 1918 erreichte die 4.-Mai-Bewegung die offizielle Etablierung der Umgangssprache als Literatursprache. Es ist keine Übertreibung, zu behaupten, dass *Das Tagebuch eines Verrückten* die bis dahin an uralten traditionellen Mustern ausgerichtete chinesische Erzählkunst revolutionierte.

Lu Xun wendete sich der Literatur zunächst aus patriotischen, gesellschaftsrevolutionären Gründen zu. Während seines Medizinstudiums in Japan, das sich der Sohn einer verarmten landadligen Familie mit Hilfe eines Regierungsstipendiums finanzieren konnte und das an ein Studium des Marine-, Eisenbahn- und Bergbauwesens anschloss, musste sich Lu Xun, wie viele der anderen chinesischen Studenten in Japan, mit dem Blick der dominierenden Nation auf sein Volk auseinandersetzen. Dies löste eine Art Erweckungserlebnis bei ihm aus: Die Erkenntnis der selbstzerstörerischen Denk- und Handlungsmuster der verkrusteten chinesischen Gesellschaft, wie er sie später in seinem Meisterwerk *Die Wahre Geschichte des Ah Queh* so eindrucksvoll darstellen würde, führte dazu, dass sich Lu Xun die Mission setzte, das Bewusstsein des chinesischen Volkes durch Literatur zu verändern und zu diesem Zweck eine eigene literarische Bewegung ins Leben zu rufen. Letzteres Vorhaben scheiterte – zumindest in der Art, wie der junge Lu Xun es sich in den Kopf gesetzt hatte. Die Mission des rebellischen Schriftstellers jedoch änderte sich nicht.

Nach seiner Rückkehr nach China im Jahr 1909 war Lu Xun zunächst als Lehrer und als Beamter im Erziehungsministeri-

---

[1] Die neue Literatur legte, wie Helwig Schmidt-Glintzer anmerkt, ihren Schwerpunkt auf »die eigene Persönlichkeit und eine gewisse Innerlichkeit«, so dass diese Generation von Schriftstellern von europäischer Perspektive her als ›romantisch‹ bezeichnet werden kann (in: *Geschichte der chinesischen Literatur*. München u. a.: Scherz 1990. S. 521).

um tätig. Nebenbei betrieb er intensive Studien buddhistischer Schriften sowie der alten chinesischen und der europäischen Literatur; von letzterer fertigte er zahlreiche Übersetzungen an. Außerdem verfasste Lu Xun einsichtige Essays und literaturwissenschaftliche Studien. Erst 1918 machte ihn *Das Tagebuch eines Verrückten* zu einem bekannten Literaten. Bei dieser, für die chinesische Literatur so elementar wichtigen, Kurzgeschichte handelt es sich um die Aufzeichnungen eines Paranoiden, der sich von Kannibalen umgeben sieht, und so auf verrücktklarsichtige Art und Weise die Destruktivität der alten Gesellschaftsordnung offenlegt:

> Erst heute wird mir klar, dass diese Welt, in der ich etwa die Hälfte einer Lebensspanne zugebracht habe, mehr als viertausend Jahre lang eine Menschenfresserwelt war. Zur Zeit des Todes meiner Schwester betreute mein Bruder die Angelegenheiten der Familie. Es ist keineswegs ausgeschlossen, dass er ihr Fleisch in die Speisen mengte [...]. Wie kann ein Mensch wie ich, nach viertausend Jahren Menschenfresserei – obwohl ich davon bis jetzt nichts wusste –, jemals hoffen, wirklichen Menschen zu begegnen? Vielleicht gibt es Kinder, die noch kein Menschenfleisch gegessen haben. Rettet, rettet die Kinder ...

Lu Xuns Erzählungen dienen Helwig Schmidt-Glintzer zufolge »der Austreibung der Dämonen der Vergangenheit, unter denen der Autor selbst leidet«[1]. Doch wo der verrückte Tagebuchschreiber aufbegehrt, verharren die restlichen Protagonisten Lu Xuns in der oft selbstverschuldeten Opferrolle, ohne sich dessen bewusst zu sein. Paradigmatisch dafür ist Lu Xuns Jedermann A Q bzw. Ah Queh, der, ohne Namen, ohne Familie und ohne Heim, das China personifiziert, das an der Schwelle zwischen Kaiserreich und Republik steht. Schmidt-Glintzer schreibt: »Der Tagelöhner A Q, Gegenstand des Spotts und der Verachtung, fügt sich stets in sein Schicksal und hat dabei doch immer die denkbar beste Meinung von sich selbst. In seiner wirklichkeitsfremden Selbstüberschätzung blickt er, der Ärmste der Armen, auf alle Einwohner seines Dorfes hinab. Auch in der tiefsten Demütigung fühlt sich A Q als Sieger.«[2] Für eine derartige (nationale) Verblendung bürgerte sich in China schnell der Begriff AQ-ismus ein.

---

[1] Helwig Schmidt-Glintzer, S. 523.
[2] Helwig Schmidt-Glintzer, S. 524.

Nicht nur durch seine Erzählungen, sondern auch durch seine scharfen Essays – eine Gattung, die in China als *zawen* bezeichnet wird und als deren Meister Lu Xun gilt – bezog der revolutionäre Autor politisch Stellung – ein nicht ungefährliches Unterfangen, das ihn nach dem Massaker an demonstrierenden Studenten im März 1926 von Peking nach Shanghai ›flüchten‹ ließ. Zugleich behielt Lu Xun stets seine politische Distanz bei und ließ sich trotz seiner linken bzw. kommunistischen Sympathien von keiner Partei vereinnahmen. Dies änderte allerdings nichts daran, dass der große moderne Autor nach seinem frühen Tod an Tuberkulose unter Mao Zedong (1893–1976) zur Verkörperung des Literaten als Revolutionär stilisiert, seine *zawen* politisch instrumentalisiert und sein erzählerisches wie lyrisches Werk einseitig optimistisch und revolutionär gedeutet wurde. Dabei sind gerade Lu Xuns Gedichte im klassischen Stil von einem skeptischen, ja, resignativen Grundton durchzogen; ihre alte Form kontrastiert effektvoll mit dem neuen Inhalt, und sie stellen somit ein spannungsreiches Medium für den Ausdruck der modernen Zeiterfahrung dar. Lu Xuns in *Wilde Gräser* (*Yecao*, 1927) gesammelte, hermetisch verschlüsselte Prosagedichte wiederum stoßen in das Reich von Traum und Erinnerung vor und lassen keinen konkreten realistischen Zugang mehr zu. Der Wirkungsmacht des radikal neuen Realismus seiner Erzählungen, die doch die Dämonen der Vergangenheit austreiben sollten, stand Lu Xun letzten Endes skeptisch gegenüber. Und aller – übrigens traditionell chinesischen – Hoffnung auf die Veränderbarkeit des Menschen zum Trotz fürchtete der ›Dichterrevolutionär‹, so Susanne Weigelin-Schwiedrzik, die Menschen »mit seiner Melancholie anzustecken, würden sie sich der Auswegslosigkeit ihrer Situation erst einmal bewusst«[1].

Wichtige Werke:

Kuangren riji (*Das Tagebuch eines Verrückten*, 1918)
A Q zhengzhuan (*Die Wahre Geschichte des Ah Queh*, 123)
Nahan (*Aufruf zum Kampf*, 1923)
Panghuang (1926)
Yecao (*Wilde Gräser*, 1927)
Zhaohua xi shi (*Morgenblüte – abends gepflückt*, 1928)
Ji waiji (*Gesammeltes Ungesammeltes*, 1935)
Gushi xibian (1936)

---

[1] Susanne Weigelin-Schwiedrzik. »Lu Xun (eigtl. Zhou Shuren)«. in: Axel Ruckaberle (Hg.): *Metzler Lexikon der Weltliteratur*. Stuttgart/Weimar: Metzler 2006. Band 2. S. 362–64. hier: S. 363.

KHALIL GIBRAN (ǦIBRĀN HALĪL ǦIBRĀN)
(1883–1931)

Gebrochene Flügel – Der Prophet und der Narr

Die frühe Prosa des Libanesen Gibran Khalil Gibran wirkte stilbildend für die sich zum Anfang des 20. Jahrhunderts zaghaft entwickelnde moderne arabische Literatur. Im Westen wiederum ist Gibran vor allem für seinen auf Englisch verfassten Roman *Der Prophet* (*The Prophet*, 1923) bekannt, der heute noch das meistaufgelegte Werk aus der Feder eines Arabers ist und der seinem Schöpfer den Ruf eines ›orientalischen Weisen‹ einbrachte – eine *persona*, die Gibran bewusst nach außen projizierte und vielleicht in seinem Innern mehr als alles andere sein wollte.

Von der Zeit

Mein Haus sagte zu mir:
»Verlass mich nicht, denn hier wohnt deine Vergangenheit.«
Und die Straße sagte zu mir:
»Komm und folge mir, denn ich bin deine Zukunft.«
Und ich sagte zu beiden, zu meinem Haus und zu der Straße:
»Ich habe weder Vergangenheit, noch habe ich Zukunft.
Wenn ich hier bleibe, ist ein Gehen in meinem Verweilen;
und wenn ich gehe, ist ein Verweilen in meinem Gang.
Nur Liebe und Tod ändern die Dinge.«

Wie im Falle dieses Gedichts ist auch die Essenz des – lyrischen wie narrativen – Gesamtwerks Khalil Gibrans ein schmerzlicher Zustand des Dazwischen, des Weder-hier-noch-Dort, des Weder-jetzt-noch-Dann, der fundamentalen Trennung zwischen Ich und Welt und zwischen Welt und Gott. Zugleich verraten Gibrans Texte die Sehnsucht nach der sowie den zaghaften Glauben an die Vereinigung all dieser Dualismen in einem aufhebenden Anderen: Gott, Liebe, Tod und – vielleicht – Poesie. Gibrans Leben wiederum war nicht nur von diesen existenziellen, sondern auch von ganz konkreten Erfahrungen des ›Dazwischen‹ geprägt: zwischen seinem libanesischen Ursprungsland und seiner

Wahlheimat, den USA, zwischen dem Arabischen und dem Englischen, zwischen der Schriftstellerei und der Malerei – und nicht zuletzt zwischen dem gefeierten ›orientalischen Star‹, dem nach mystischer Einheit suchenden Dichter und dem an der Grundspannung seines Lebens leidenden und vermutlich letztendlich zerbrechenden Menschen.

Ǧibrān Halīl Ǧibrān, der unter der amerikanisierten Form seines Namens, Khalil Gibran, berühmt wurde, wurde als Sohn einer christlich-maronitischen Familie im Libanon geboren. Das Leben in dem kleinen, ärmlichen Dorf Bšarri war hart, was Khalils Mutter im Jahr 1895 schließlich dazu veranlasste, mit ihren Kindern in die USA auszuwandern und sich in Boston niederzulassen. Bereits zwei Jahre später jedoch kehrte Khalil Gibran mit Hilfe eines Stipendiums in den Libanon zurück, um dort Arabische Sprache und Literatur zu studieren; die Bostoner Lehrer des zukünftigen Dichters und Schriftstellers waren der Ansicht, die Talente ihres außerordentlich begabten Schülers so am besten fördern zu können. Zunächst jedoch wandte dieser sein Interesse der Malerei zu und verkaufte schon als 16-jähriger, inzwischen wieder nach Boston zurückgekehrt, erste Illustrationen und Zeichnungen. Khalil Gibran hatte in dem exzentrischen Fotografen und Publizisten Fred Holland Day (1864–1933) einen Mentor gefunden, der seinen Protégé in die Bostoner Künstlerkreise und ›High Society‹ einführte. Diese wiederum waren von dem »schönen syrischen Knaben mit den langen schwarzen Haaren und dem traurigen Blick« (Holland Day) höchst angetan; so begann schon früh Gibrans Leben als exotischer ›Star‹ der Gesellschaft, eine Maske, die er selbst kultivierte und die ihn schließlich zu überwältigen drohte. Zunächst jedoch, nachdem er einige Studienjahre zwischen Boston, Paris und dem Libanon hin- und herpendelnd verbracht hatte, musste Khalil Gibran schwere Schicksalsschläge verkraften: Innerhalb von nur zwei Jahren starben seine jüngste Schwester und sein Halbbruder an Tuberkulose und seine Mutter an Krebs. Es ist nicht schwer, sich vorzustellen, dass dieser Verlust fast seiner gesamten Familie den jungen Künstler durch seine Malerei wie seine Schriftstellerei begleitete, auch wenn Gibran dieses Ereignis nie direkt thematisierte.

In der westlichen Welt machte Khalil Gibran zunächst durch seine von William Blake (1757–1827) und Auguste Rodin (1840–1917) beeinflusste Malerei von sich reden. Im arabischen Sprachraum wurde er mit seinen frühen Erzählungen wie *Ara 'is al murudji* (›Wiesenbräute‹, 1906) und *Gebrochene Flügel* (*al-Aǧniha al-mutakassira*, 1912) schlagartig zum meistgelesenen Autor in dieser Sprache. Was der Gibran-Experte Andreas Pflitsch die »ungekünstelte Einfachheit« des Libanesen nennt[1], wurde bald zum Stilmuster der sich gerade entwickelnden modernen arabischen Prosa. Gibrans Texte zeichnen sich durch eine lyrisch-musikalische Sprache voller überraschender Bildlichkeit aus, die sich von der erstarrten klassischen Regelhaftigkeit durch ihre berückende Schlichtheit unterschied. Eine weitere Neuerung, die über das Werk Gibrans ihren Weg in die arabische Literatur fand, war eine sozialkritische Bewusstheit, wie sie vor allem die frühen Texte des Libanesen charakterisiert; hier thematisiert Gibran die Unmenschlichkeit starrer, überkommener gesellschaftlicher Zwänge, die von vielen jungen Arabern seiner Generation empfunden wurde. Als Synekdoche der Tödlichkeit der erstickenden sozialen Konventionen dient Gibran dabei das Scheitern der Liebe zweier Menschen an der Verhaftetheit in überkommenen Normen – sowohl der anderer als auch ihrer eigenen[2].

Im Jahr 1923 dann gelang Gibran mit dem auf Englisch verfassten Werk *Der Prophet* auch in der westlichen Welt der Durchbruch als Schriftsteller. Damit begonnen, in der Sprache seiner Wahlheimat zu schreiben, hatte der Libanese, der sich 1912 in New York angesiedelt hatte, mit der Parabelsammlung *Der Narr* (*The Madman*, 1918). Hierbei handelt es sich um ein Buch voller Lebensweisheiten in Form der Geschichte eines Narren, der nach einem langen Schlaf all seine Masken verloren hat und nun ohne dieselben leben muss – eine Gestalt, die auf fast beklemmende Art und Weise auf ihren Schöpfer selbst verweist, viel eher im Grunde als die Hauptfigur von *Der Prophet*, mit der Khalil Gibran populärerweise so gern gleichgesetzt wurde und bis heute wird. ›Der Prophet‹ ist der Weise Almustafa, der beim Verlassen der fiktiven Stadt Orphalese deren Einwohnern 24 Predigten hält, bevor er an Bord seines Schiffes steigt – über die Liebe, über Kin-

---

[1] Andreas Pflitsch. »Gibran, Khalil«. in: Al-Maaly, Khalid / Naggar, Mona (Hgs.). *Lexikon arabischer Autoren des 19. und 20. Jahrhunderts*. Heidelberg: Palmyra 2004. S. 95–98. hier: S. 97.

[2] Beim literarischen Stilmittel der Synekdoche steht ein Teil für das Ganze; das heißt in diesem Fall: Dadurch, dass Gibran das Scheitern einer Liebe an der Gesellschaft porträtiert, verweist er auf die Tödlichkeit dieser Gesellschaft für jede Art von Menschlichkeit, von der die Liebe ein entscheidender Teil ist.

der, über den Tod, kurz: über Gott und die Welt. Es war diese Gestalt Almustafas, die Khalil Gibran den Ruf eines ›Weisen aus dem Orient‹ einbrachte, hinter dem der Autor selbst fast zu verschwinden drohte. Er konnte mit seine späteren, mystizistisch inspirierten Werken nicht mehr an den Erfolg des *Propheten* anknüpfen und verlor sich im Alkohol. Khalil Gibran starb im Alter von 48 Jahren an Leberzirrhose und wurde auf eigenen Wunsch in einem ehemaligen Kloster nahe seines Geburtsorts beigesetzt. Heutzutage wird der ›literarische Wert‹ seiner Werke nicht selten in Zweifel gezogen und sein selbstkultiviertes Image des ›orientalischen Weisen‹ kritisch beäugt. Doch Gibrans Einfluss auf die arabische Literatur ist und bleibt unleugbar, und seine Werke enthalten trotz allem die schlichte Weisheit eines Suchenden, der sein Ziel zumindest erahnt.

Wichtige Werke:

Ara 'is al murudji (1906)
al-Arwāh al-mutamarrida (*Rebellische Geister*, 1908)
al-Aǧniha al-mutakassira (*Gebrochene Flügel*, 1912)
The Madman (*Der Narr*, 1918)
The Prophet (*Der Prophet*, 1923)
Jesus, the Son of Man (*Jesus Menschensohn*, 1928)

EZRA POUND

(1885–1972)

Make it new! – Der Erneuerer und seine Masken

Ezra Pound war neben T. S. Eliot (1888–1965), mit dem ihn eine enge kollegiale Freundschaft verband, der einflussreichste US-amerikanische Lyriker des 20. Jahrhunderts. Er war eine Zentralfigur der modernistischen Bewegung, nicht nur als Dichter, sondern auch als Förderer von anderen Literaten und Künstlern. Pounds Lebenswerk, das epische Langgedicht *Cantos* (1915–1959), gehört zu den großen Schöpfungen der Weltliteratur. Noch heute jedoch wird der Ruf dieses meisterhaften Poeten überschattet von seinen politischen wie persönlichen Verirrungen im Gefolge Benito Mussolinis (1883–1945).

Ezra Pound – Lyriker, Übersetzer, Verleger, Literaturtheoretiker und Ästhet – wurde in Idaho geboren und wuchs in Pennsylvania auf, verbrachte jedoch – wie so viele seiner US-amerikanischen literarischen Zeitgenossen – den Großteil seines Lebens in Europa. Schon während seiner Studienzeit an der University of Pennsylvania schloss er Freundschaft mit zwei seiner zukünftigen Dichterkollegen, William Carlos Williams (1883–1963) und die als H. D. bekannte Hilda Doolittle (1886–1961)[1]. Beide würden sich später der von Pound initiierten literarischen Bewegung des Imagismus anschließen und diese in denen ihnen eigenen Ausprägungen fortführen, um ihrerseits ausgesprochen wichtige Beiträge zur US-amerikanischen Lyriklandschaft zu leisten. Nach kurzer universitärer Lehrtätigkeit brach Pound 1908 auf gen Europa. Zuerst führte ihn sein Weg nach Venedig, dann nach London, wo er bis 1920 lebte und mit der Anthologie *Des Imagistes* (1914) zum Initiator des Imagismus wurde. Außerdem setzte er als Gründer und Herausgeber der revolutionären Literaturzeitschrift *Blast* wichtige Akzente, und war somit einer der bedeutenden Impulsgeber der modernistischen Bewegung. Mit seinem scharfen Blick für Genie und Größe trat Pound als Förderer jener jungen Literaten auf, die nur kurze Zeit später zu den großen Geistern der literarischen Moderne zu rechnen sein würden, wie etwa Williams, James Joyce (1882–1941) und T. S. Eliot (1888–1965), dessen epochales Poem *Das wüste Land* (*The Waste Land*, 1922) von Pound verlegt wurde[2]. In der Tat war Pounds Funktion als Mentor und Impulsgeber zu jener Zeit für die Avantgarde-Literatur von größerer Wichtigkeit als seine eigenen poetischen Produktionen. Nicht zu unterschätzen ist auch die Bedeutung von Pounds reger Übersetzungstätigkeit, zum Einen aus dem Angelsächsischen, zum Anderen aus dem Chinesischen und Japanischen. Es waren zu einem Großteil jene Übersetzungen Pounds – die wohl eher als ›Nachdichtungen‹ zu beschreiben sind –, die dem Westen den Reichtum der chinesischen und japanischen Literatur erschlossen, und gerade seine Adaptionen der Form und Poetologie des *haiku* für seine eigenen (imagistischen) Gedichte wirkte wie eine Infusion frischen Blutes für die westliche Dichtkunst.

---

[1] Pound und Doolittle waren für einige Zeit verlobt.

[2] Ezra Pound war an der Endfassung dieses bedeutendsten lyrischen Texts der Moderne maßgeblich beteiligt.

Auch nach seiner Übersiedlung nach Paris – wo er engen Kontakt zu dem Kreis der *expatriots* um Gertrude Stein (1874–1946) pflegte – und nach Italien im Jahr 1924 betätigte sich Pound weiterhin als Literatenförderer. Zugleich machte er sich als Dichter aus eigenem Recht bemerkbar. Aufsehen erregten etwa die Gedichtfolge *Hugh Selwyn Mauberley* (1920), Pounds literarischer Abschied von wie Abrechnung mit England und der eigenen Jugend, vor allem jedoch die stetig anwachsenden *Cantos*, Pounds gigantisches Lebenswerk, das in vielfältigen Einzelbänden über einen Zeitraum von über 40 Jahren veröffentlicht wurde. Diese neuen Werke waren – unter anderem – Resultat eines entscheidenden Bruchs in Pounds Leben: Der Erste Weltkrieg – besonders der Tod seines Freundes, des jungen Bildhauers Henri Gaudier-Brzeska, an der Front – stellte eine traumatische Erfahrung für den Literaten dar, die ihn auf künstlerischer Ebene aus seinem vergeistigten Individualismus riss und nach einer poetischen Überbrückung der Trennung zwischen Subjekt und Objekt suchen ließ, ihn aber auf politischer Ebene in obsessive Beschäftigung mit wirtschaftswissenschaftlichen und politischen Theorien und eine antidemokratische Haltung verfallen ließ. Letzteres motivierte Pounds bedingungslose Unterstützung der Politik Mussolinis, die inzwischen oft als Selbstverblendung bezeichnet wird und während des Zweiten Weltkriegs sogar in öffentlicher anti-amerikanischer (Radio)Propaganda von Seiten Pounds gipfelte. Diese stellte zwar hauptsächlich die Rolle des Künstlers in der Gesellschaft in den Mittelpunkt anstatt tatsächlich politische Inhalte, führten aber dennoch zu einer Anklage wegen Hochverrats in den USA und in Anschluss daran zur Einweisung Pounds in eine psychiatrische Klinik in Washington DC. Erst 1958 wurde der Dichter, zum Großteil dank des unermüdlichen Einsatzes von Eliot, Williams und anderer renommierter US-Literaten, wieder entlassen. Die letzten Jahre seines Lebens verbrachte Pound in völliger Zurückgezogenheit in der italienischen Stadt Merano.

»Make it new!«, lautete Ezra Pounds Ruf nach Erneuerung, den er sich als poetologisches Credo über sein eigenes Schaffen und über die von ihm (mit)initiierten literarischen Bewegungen schrieb. Er verlangte damit aber nicht etwa eine radikale Ablösung von jeglicher Tradition, sondern vielmehr eine prozesshafte, offene Metamorphose des Alten in etwas Frisches, noch nicht Dagewesenes und immer Überraschendes. Und diesem Credo blieb Pound selbst treu, sei es in seinen kurzen imagistisch-vortizistischen Gedichten, sei es in seiner ›lebenslangen‹ Gedichtserie *Cantos*. Als eine Quelle der Erneuerung erkannte Pound die fernöstliche Dichtung, insbesondere die japanische Tradition des *haiku* mit ihrer immensen Dichte bei gleichzeitiger Schlichtheit der Bilder. Sie inspirierte ihn zu seiner imagistischen Poetik, die weg vom überladenen und sozusagen ›überbedeutenden‹ Symbol führen wollte hin zum ›Ding‹ selbst bzw. zum *image* (›Bild‹). Pound definierte das *image* als »etwas, das einen intellektuellen und emotionalen Komplex innerhalb eines momentanen Zeitausschnitts darstellt«. Es ist somit die sprachliche Ausgestaltung der augenblickshaften Emotionen und Reflexionen des Dichters bei Wahrnehmung des Dings, d. i. des Gegenstands des Gedichts; dieses wird zum Zentrum des lyrischen Textes. Letztendlich stellt das *image* also eine (versuchte und momentane) Verschmelzung von Subjekt und Objekt dar. Zum archetypischen imagistischen Gedicht wurde Pounds Zweizeiler *In a Station of the Metro*:

> *The apparation of these faces in the crowd;*
> *Petals on a wet, black bough.*[1]

Der Imagismus, den Pound später in den Vortizismus (von *vortex*, d. i. Wirbel, Strudel) überführte, um die Dynamik zwischen den disparaten Bildern auf engem textuellen Raum hervorzuheben, bestimmte allerdings nur einen Bruchteil des Schaffens des großen Dichters (die Bewegung des Imagismus, 1910 initiiert, dauerte insgesamt kaum zehn Jahre an). Die *Cantos* dagegen – Pound selbst plante schon 1908 einen »großen vierzigjährigen Epos« – decken fast das gesamte Lebenswerk des Poeten ab und konstituieren somit im wahrsten Sinne des Wortes ein ›Langgedicht‹. Zusammengehalten wird das gigantische lyrische Konglomerat von drei fast durchgehenden Kompositionsprinzipien: das Prinzip des Ideogramms, d. i. die am Imagismus orientierte, dynamische Überlagerung disparater Bildbereiche; das Prinzip der Metamorphose, d. i. die immer neuen Transformationen des ewig Gleichen in einem fundamental offenen und prozesshaften Schöpfungsakt; und das Prinzip der *persona*, d. i. der Maske[2]. Letzteres erlaubt dem lyrischen Ich,

---

[1] Die Erscheinung dieser Gesichter in der Menge/Blütenblätter an einem nassen, schwarzen Zweig. (Übersetzung der Autorin)

[2] Der Begriff *persona* stammt aus dem antiken attischen Theater und bezeichnet die Maske, die die Schauspieler trugen.

indem es die unterschiedlichsten Persönlichkeiten aus Mythos, Literatur und Kulturgeschichte sozusagen als Maske anlegt[1], einen Schwebezustand zwischen Selbst und Anderem einzunehmen und zu einer fundamental offenen Form zu werden, die nicht nur die Prozesshaftigkeit von Literatur und Geschichte, sondern jeglichen Seins reflektiert.

Wichtige Werke:

Personae (Masken, 1909)
The Cantos (Cantos, 1915–59)
Hugh Selwyn Mauberley (Contacts and Life) (*Hugh Selwyn Mauberley*
    (Kontake und Leben), 1920)

SAMUEL JOSEF AGNON (SCHMUEL JOSEF HALEVI CZACZKES)

(1888–1970)

Die große Verhaltenheit – Der Zionist und das Schtetl

Samuel Josef Agnon ist eine Zentralgestalt der modernen hebräischen Literatur und wurde im Jahr 1966 zum ersten Nobelpreisträger, der in dieser Sprache schrieb. Nicht selten wird er in eine Reihe gestellt mit den großen europäischen Schriftstellern der literarischen Moderne wie Thomas Mann (1875–1955), James Joyce (1882–1941), Marcel Proust (1871–1922) und Franz Kafka (1883–1924). Er selbst jedoch verortete sich lieber in der jahrtausendealten jüdischen spirituellen Tradition. Sicher ist, dass er eine ganz eigene moderne hebräische Literatur geschaffen hat, die er als Instrumentarium nutzte, um sowohl das schwindende osteuropäische Schtetl als auch das alt-neue Palästina in seinen Romanen manifest werden zu lassen.

Samuel, oder Schmuel, Josef Agnon wurde als Schmuel Josef Halevi Czaczkes im Schtetl[2] von Buczacz in Galizien, damals

---

[1] Eine besonders große Rolle spielen für Pound etwa die mythischen Figuren Odysseus, Orpheus und die eleusischen Göttinnen Kore, Persephone und Demeter.

[2] ›Schtetl‹ ist die jiddische Bezeichnung für Kleinstädte in Osteuropa, v. a. Galizien, die von jüdisch-chassidischen Bewohnern geprägt sind; der Chassidismus wiederum ist eine Form des osteuropäischen Judentums.

Österreich-Ungarn, geboren. Er besuchte keine Schule, sondern wurde von seinem Vater, dem Vater seiner Mutter und dem ansässigen Rebbe (Rabbi der Chassidim) in den Traditionen der Torah und des Talmud unterrichtet. Er genoss eine traditionelle jüdische Erziehung. Schmuels Mutter wiederum brachte ihn mit ›weltlicher‹ Literatur in Berührung und lehrte ihm die deutsche Sprache, während im Haushalt Jiddisch gesprochen wurde. Schon bald begann der junge Schmuel sowohl auf Jiddisch als auch auf Hebräisch zu dichten. Nach eigenen Angaben verfasste er als Fünfjähriger aus Sehnsucht nach seinem abwesenden Vater das erste seiner ›Lieder‹, die, wie Agnon in seiner Rede bei der Verleihung des Nobelpreises in der ihm eigenen verhaltenen Art beklagte, alle verloren seien: Im Ersten Weltkrieg verbrannten die Gedichte[1] zusammen mit seinem Vaterhaus, und diejenigen, die sie zu singen pflegten, fielen diesem Krieg oder den Feuern der Konzentrationslager zum Opfer. Doch gilt auch für seine Prosa, was Agnon, ebenfalls in dieser Rede, über seine Berufung zum hebräischen Schriftsteller sagte: »Wegen der historischen Katastrophe der Zerstörung Jerusalems durch den römischen Kaiser Titus und des jüdischen Exils wurde ich in Buczacz geboren und konnte nicht im Tempel singen. Deshalb habe ich mein Lied in geschriebenes Wort verwandelt.« Dieses Zitat enthält in schlichter Art und Weise alles, was für Agnons Werk wichtig ist: seinen Spiritualismus und Mystizismus, seinen Zionismus, die Hoffnung auf das Gelobte Land und die Diasporaerfahrung, die Bindung an die jüdische Tradition und die Prägung durch das Schtetl.

1907 verließ der junge Schmuel Buczacz und emigrierte nach Palästina. Ein Jahr später publizierte er in der Zeitschrift *ha-Omer* (›Palästina‹) sein erstes Prosawerk, die Kurzgeschichte *Die Verlassenen* (*ha-Agunot*). Er veröffentlichte diesen Text unter dem dem Originaltitel ähnelnden Pseudonym Agnon, das später zum offiziellen Familiennamen des Schriftstellers werden würde. Die allegorische Liebesgeschichte, die Agnons Ruhm begründen sollte, ist typisch für die Frühphase des jüdischen Autors: voller Nostalgie, sanfter Liebe und Traurigkeit. Des Weiteren sind *Die Verlassenen* von einem zurückhaltenden Humor charakterisiert,

---

Er betont die Liebe Gottes in der Beziehung zu Seinem Volk und strebt ein voll und ganz auf das Religiöse ausgerichtetes Leben an. Betont wird das Konzept der Umkehr, aber auch die simple Lebensfreude.

[1] Allerdings wurden, seit der junge Dichter 15 Jahre alt war, regelmäßig Gedichte in jüdischen Zeitschriften veröffentlicht.

der, genau wie die immer reichhaltigen und vielschichtigen Bezüge auf die jüdische religiöse Literatur sowie auf alte Volksle-
genden, dem Œuvre Agnons über seine verschiedenen Inkarna-
tionen hinweg bleiben sollte – von der nostalgischen Frühphase
über die von Depression und Verzweiflung geprägte Zeit zwischen den Weltkriegen hin zu der alptraumhaften, kafkaesken,
und doch letzten Endes hoffnungsvollen Literatur der letzten 20
Jahre dieses großen modernistischen Romanciers.

Im Jahr 1912 kehrte Agnon nochmals nach Europa zurück,
und zwar nach Berlin, wo er in dem Kreis der dortigen Zionis-
ten ein fruchtbares und befruchtendes Klima vorfand. Elf Jahre
lang verbrachte Agnon in Deutschland in produktiver literarischer Tätigkeit. Mit Leidenschaft sammelte er alte hebräische
Schriften und Bücher, die er zu Tausenden in seinem Haus in
Bad Homburg anhäufte. Ein Brand im Jahr 1924 jedoch zerstör-
te einen Großteil dieser unschätzbar wertvollen Sammlung[1].
Agnon nahm dieses Ereignis als Zeichen Gottes dafür, dass er
schon zu viel Zeit in der Diaspora verbracht habe, und kehrte
endgültig nach Jerusalem zurück. Dort führte er sowohl ein traditionelles spirituelles als auch ein poetisch fruchtbares Leben.

Die verschiedenen Lebensphasen Samuel Josef Agnons schla-
gen sich in den vielgesichtigen Werken des großen Romanciers
nieder. Sein umfangreiches Œuvre zeichnet sich durch eine ungewöhnliche Bandbreite aus. Zusammengehalten wird es durch
seinen verhaltenen Stil, der auf den ersten Blick bar jeglicher
Emotionen erscheint, aber bei näherem Hinsehen eine ungeheuere Tiefe offenlegt. Besonders prägnant ist diese ›große Verhaltenheit‹ im Falle von *Nur wie ein Gast zur Nacht* (*Oreach nata
lalun*, 1939), demjenigen Werk Agnons, das seinem eigenen Leben wohl am nächsten kommt. Es handelt sich um die Geschichte eines namenlosen Erzählers, der seine verfallende galizische
Heimatstadt besucht – der Roman basiert wohl auf einem Aufenthalt Agnons in seinem Geburtsort Buczacz –, aus Versehen
den Schlüssels des alten Lehrhauses mit zurück nach Palästina
nimmt und diesen bis zum Ende der Diaspora aufzubewahren
gedenkt (in dem Wissen, dass sein Tod vor diesem Ende kommen mag). So wird *Nur wie ein Gast zur Nacht* zu einer Allegorie

---

[1] Agnon gab jedoch seine Sammlertätigkeit nicht auf, wie die vielen
wertvollen Sammelbände volkstümlicher chassidischer Geschichten und
rabbinischer Überlieferungen zeigen, die der Nobelpreisträger heraus-
gegeben hat. Besonderes zu erwähnen sind dabei die *Tage der Ehrfurcht*
(*Yamim nara'im*, 1938).

von Agnons eigener Rolle als Bewahrer der vergehenden Kultur des Schtetl in seiner Literatur – und kann im Nachhinein, mit seiner gedämpften Untergangsstimmung, fast als eine Vorhersage des Holocaust und der endgültigen Vernichtung der osteuropäischen jüdischen Gemeinschaften gelesen werden. Dieses Werk gehört zusammen mit der *Bräutigamssuche* (*Hachnassat kalla*, 1929/30) und *Gestern, vorgestern* (*T'mol schilschom*, 1945) zu den Meilensteinen der hebräischen, ja, allgemein der modernistischen Literatur. Letztere Romane – obwohl zu unterschiedlichen Schaffensperioden Agnons gehörend – bilden eine lose zusammenhängende Geschichte und repräsentieren zusammen die zwei großen Anliegen des spiritualistischen Schriftstellers: Die *Bräutigamssuche* von Reb Judel bietet, in eine volkstümlich-märchenhafte Geschichte verpackt[1], ein unvergleichliches Bild des chassidisch-galizischen Alltags und eine liebevolle Zeichnung typischer Vertreter der Kultur des Schtetl; *Gestern, vorgestern* wiederum, das gemeinhin als Meisterwerk Agnons bezeichnet wird, spielt in Palästina und stellt den Enkel von Reb Judel in den Mittelpunkt, der hin und her gerissen ist zwischen der alten und der neuen Heimat, zwischen der ihm so wichtigen Tradition und der Hoffnung auf etwas ganz Neues. Die harmonische Mischung sucht der junge Mann in Palästina vergebens. *Gestern, vorgestern* findet sein surrealistisch-alptraumhaftes Ende, als der Protagonist von dem tollwütigen Hund Balak – eine Schlüsselfigur der Geschichte, die streckenweise aus der Perspektive des Tieres erzählt wird – gebissen wird und stirbt. So kafkaesk und grotesk der Roman streckenweise ist, verliert Agnon doch auch hier nicht seinen zurückhaltenden Humor und – des alptraumhaften Endes zum Trotz – ebenso wenig den Schimmer von Hoffnung auf eine heilsvolle Zukunft.

Wichtige Werke:

ha-Agunot (*Die Verlassenen*, 1909)
We-haja he-akow le-mischor (*Und das Krumme wird gerade*, 1912)
Hachnassat kalla (*Die Bräutigamssuche*, 1929/30)
Yamim nara'im (*Tage der Ehrfurcht*, 1938)
Oreach nata lalun (*Nur wie ein Gast zur Nacht*, 1939)
T'mol schilschom (*Gestern, vorgestern*, 1945)

---

[1] Der weltfremde, auf Gott hingewandte, arme Chassid Reb Judel bricht auf Drängen seiner Frau auf, um endlich einen Bräutigam für die bereits 20-jährige älteste Tochter zu finden und kommt schließlich aufgrund einer Folge von komödienhaften Missverständnissen, Irrungen und Zufällen mit einem reichen jungen Mann für sein Kind zurück.

T(HOMAS) S(TEARNS) ELIOT

(1888–1965)

Wüstes Land – Die Inkarnation der Moderne

T. S. Eliots epochales Poem *Das Wüste Land* (*The Waste Land*, 1922) ist das wohl bedeutendste epische Gedicht des 20. Jahrhunderts. Kaum ein anderes Werk hat die fundamentale Krise der Moderne und deren (potentielle) Lösung so eindrucksvoll auf dem Papier manifest werden lassen[1]. Wie James Joyce (1882–1941) und Marcel Proust (1871–1922) auf dem Gebiet des Romans und Samuel Beckett (1906–1989) auf dem des Dramas, verkörpert Eliot auf dem der Lyrik die literarische Moderne.

> *This is the way the world ends*
> *This is the way the world ends*
> *This is the way the world ends*
> *Not with a bang but a whimper.*[2]

So endet berühmterweise T. S. Eliots Gedicht *The Hollow Men* (›Die hohlen/leeren Menschen‹, 1925), in dem er die aus dem – in seiner ursprüngliche Fassung viel zu langen und unhandlichen – *Wüsten Land* herausgenommenen Fragmente zu einem eigenen Text verarbeitet[3]. Diese Verse scheinen auf den ersten Blick Eliots literarisches Schaffen bis zu diesem Zeitpunkt, seine scharfsichtigen, analytischen Allegorien der Moderne, im Kern zu fassen. Der Titel seines Hauptwerkes ist bezeichnend: Eliot lässt den Geist seiner Zeit manifest werden in der

---

[1] Nur dem epochalen Langgedicht *Sonnenstein* (*Piedra de Sol*, 1957) des großen mexikanischen Lyrikers Octavio Paz (1914–1998), das allerdings das *Wüste Land* in seinem Bekanntheitsgrad und seiner Wirkungsmacht nicht erreicht, gelingt auf dem Gebiet der Versdichtung eine ähnlich monumentale Manifestation modernen Welt- und Zeitempfindens.

[2] So endet die Welt / So endet die Welt / So endet die Welt / Nicht mit einem Knall sondern einem Wimmern. (meine Übersetzung)

[3] Die essenzielle Kürzung des epochalen *Wüsten Landes* geschah auf Anregung und in Zusammenarbeit mit Eliots engem dichterischen Freund Ezra Pound (1885–1972).

Wüstenei der Großstadt – grotesk gezeichnet und doch in der Realität verwurzelt. Die große Desillusionierung und Orientierungslosigkeit nach dem Ersten Weltkrieg fand im *Wüsten Land* ihren ersten konkreten literarischen Ausdruck, gleichsam als literarischer Höhepunkt der Sprach- und Sinnkrise, die in der Literatur Europas und der Welt seit Jahrzehnten ihre Signaturen hinterließ. Doch, wie für jedes ›Produkt‹ der literarischen Moderne, gilt auch und gerade für Eliots epochales Poem: Die bewusste poetische Verarbeitung der Krise trägt bereits deren Lösung in sich. Aus der Affirmation der ultimativen Sinnlosigkeit spricht gleichzeitig die Sehnsucht nach neuer Sinngebung, aus deren Poetisierung allein sich schon neuer, selbst-bewusster Sinn konstituiert – und so endet *Das Wüste Land* auch nicht, wie *The Hollow Men*, in einem Wimmern, sondern mit einem Friedenssegen in Sanskrit.

Thomas Stearns Eliot wurde in St. Louis geboren, seine Wurzeln liegen jedoch in New England, woher seine Familie ursprünglich stammte. Beide Örtlichkeiten, Missouri wie Massachusetts, prägten den Dichter zutiefst. So trafen sich die entgegengesetzten Welten des US-amerikanischen Südens und New Englands in seiner Person, genauso wie er später die Vereinigten Staaten und Großbritannien, Amerika und Europa, in sich vereinen sollte: Im Jahr 1927 nahm Eliot, der von 1915 an in London lebte, die britische Staatsbürgerschaft an, ohne jedoch seinem amerikanischen Erbe in irgendeiner Hinsicht zu entsagen, sodass sowohl die USA als auch das Vereinte Königreich in dem großen Modernisten einen ihrer bedeutendsten Dichter sehen.

Schon früh erwies sich Eliot als Kosmopolit; so studierte der junge Dichter in Harvard, an der Sorbonne, in Marburg und in Oxford bei den großen Koriphäen seiner Zeit, beschäftigte sich mit Dante, Leibniz, der englischen philosophischen Tradition (seine Dissertation schrieb Eliot in Harvard über den Idealisten F. H. Bradley) und mit dem Buddhismus (in dieser Zeit erlernte Eliot das Sanskrit, das in seiner Poesie eine derart wichtige Rolle einnehmen sollte). Nachdem er sich nach dem Ausbruch des Ersten Weltkriegs in London niedergelassen hatte, fand Eliot schnell Zugang zu den intellektuellen und künstlerischen Kreisen der britischen Metropole. Er schloss sich mit seinem (Noch-)Landsmann und Dichterkollegen Ezra Pound zusammen, der Eliots ungeheures literarisches Talent schnell erkannte und ihm sowohl als Dichter wie auch als Dichtungstheoretiker Plattformen schuf[1]; in beiden Kapazitäten sollte Eliot den großen literarischen Freund letztendlich an Bedeutung noch übertreffen. Spätestens mit Pounds Aufbruch nach Paris 1920 und der Gründung der Literaturzeitschrift *Criterion* durch Eliot zwei Jahre später übernahm der Amerikaner neben der genialen Schriftstellerin und Literaturkritikerin Virginia Woolf (1882–1941) die intellektuelle Führungsrolle in London[2], das als Gegenkraft zum modernistischen Zentrum Paris fungierte. Er wurde bald zu einem der einflussreichsten Dichtungstheoretiker seiner Zeit und sollte es sein Leben lang bleiben; Elitos poetologische Überlegungen prägten Form und Verständnis von moderner Literatur nachhaltig. Er etablierte unter anderem eine Poetik der Depersonalisierung, die bestrebt war, gerade auf dem Feld der Lyrik die Aufmerksamkeit weg zu lenken von der Persönlichkeit des Dichters, dem überbordenden Genie der Romantik, und hin auf den Prozess des Schreibens sowie auf den poetischen Text selbst und die literarischen Traditionen, in denen dieser verankert ist[3]. Depersonalisierung verlangte Eliot jedoch nicht nur vom Literaturkritiker, sondern auch, auf noch viel fundamentalere Weise, vom Dichter selbst: »Der Fortschritt eines Dichter bedeutet, andauernd sich selbst zu opfern, seine eigene Persönlichkeit auszulöschen«, schreibt Eliot in seinem frühen dichtungstheoretischen Aufsatz *Tradition and the Individual Talent* (›Tradition und individuelles Talent‹, 1919). – Nirgendwo setzt der große Modernist diese seine Poetik der Depersonalisierung konsequenter um als in seinem *Wüsten Land*, das im Jahr 1922 – wie der amerikanische ›Dichterweise‹ William Carlos Williams (1883–1963) später einmal sagte – wie eine literarische Atombombe einschlug. In diesem fünfteiligen Langgedicht, in dem Eliot wie nebenbei auch sein ›Lieblingsstilmittel‹ der Paradoxie mit fast noch nie dagewesener Meisterschaft einzusetzen

---

[1] Pound zeichnete verantwortlich sowohl für die Veröffentlichung von Eliots erstem Gedicht *J. Alfred Prufrocks Liebesgesang* (*The Love Song of J. Alfred Prufrock*, 1915), das sofort die Aufmerksamkeit der literarischen Welt auf sich zog mit seiner Verschmelzung von epischer Form und alltäglichem Inhalt, als auch des *Wüsten Landes*.

[2] 1925 wurde Eliot außerdem Mitarbeiter, später Direktor, des einflussreichen Verlagshauses Faber and Gwyn bzw. Faber and Faber.

[3] Diese Prinzipien bestimmen bis heute auf die ein oder andere Weise die literaturwissenschaftliche Praxis und Theorie.

weiß[1], tritt das lyrische Ich bis zur beinahen Selbst-Anihilati-
on hinter die durch ein dichtes Gewebe von Zitaten evozierte
literarische Tradition zurück. Was James Joyce im selben Jahr
mit seinem *Ulysses* auf dem Gebiet des Romans vollbrachte, erreichte Eliot mit dem *Wüsten Land* in der (epischen) Lyrik: ein
Panoptikum der westlichen Kulturgeschichte zu schaffen (wobei Eliot mit seiner Einbeziehung buddhistischer Ideen und
Sanskrit-Dichtung diesen kulturellen Rahmen sogar sprengt)
und gleichzeitig eine Kristallisation des Zeitgeists der Moderne
zu erreichen. Eliot kreiert eine Melange verschiedenster Mythologien im modernen Kleid, deren zentrale Figur die des blinden
Seher Tiresias aus der griechischen Antike ist, der im *Wüsten
Land* in sowohl männlicher als auch weiblicher Gestalt auftritt.
So geling Eliot das paradoxe Unterfangen, gleichzeitig die erstickende Last der Tradition zur literarischen Klage gerinnen zu
lassen und mit seinem Poem einen kulturellen Gedächtnisspeicher ganz eigener Art zu schaffen, also als Bewahrer eines vielgestaltigen kulturellen Erbes zu fungieren.

Das Wüste Land ist sowohl Chronik des Sinnverlustes als
auch (Re)Konstruktion von Sinn, nicht nur durch den alleinigen
Akt des lyrischen Erzählens, sondern auch durch die Leitideen
der Umkehr und der Erlösung durch den lebenspendenden
Tod, die das Poem aller Desolatheit zum Trotz durchziehen.
In Eliots späteren Texten – spätestens mit seiner Annahme der
britischen Staatsbürgerschaft und dem Übertritt zur Anglika-
nischen Kirche im Jahr 1927 – werden diese Leitideen deutlicher
und drängender. Das hervorstechende Werk aus dieser spiritu-
ell geprägten Schaffensphase Eliots sind die *Vier Quartette* (*Four
Quartets*, 1935–42, im Zusammenhang erschienen 1943), die der
Dichter selbst – und mit ihm nicht wenige Kritiker – als sein eigentliches Meisterwerk betrachtete. Sein und Zeit, Bewusstsein
und Raum[2] sind die Hauptthemen dieses Gedichtzyklus, der
starke religiöse Über- und Untertöne aufweist. Kunst und Religion, Schönheit und Wahrheit vereinen sich in diesen Versen
Eliots in fast klassisch-romantischer Manier (und das, obwohl
Eliot als leidenschaftlicher Kritiker Johann Wolfgang Goethes
[1749–1832] bekannt war), während die *Vier Quartette* gleichzei-

---

[1] Gerade die Kontrastierung der scheinbaren Gegensätze von Leben
und Tod und ähnlich fundamentaler Polaritäten, die keine sind, gelingt
Eliot mit beeindruckender dichterischer Eleganz.

[2] Die Titel der vier Quartette benennen jeweils einen für Eliot wichtigen geographischen Raum.

tig ein noch dichteres Bedeutungsnetz aus intertextuellen und kulturellen Verweisen knüpfen als *Das Wüste Land*. Sie stellen somit wahrlich den Höhepunkt von Eliots dichterischer Meisterschaft dar. Da verwundert es wenig, dass dem amerikanischen Briten oder britischen Amerikaner, der auch eine Reihe bedeutender Dramen verfasste, 1948 der Literaturnobelpreis verliehen wurde »für seine bemerkenswerte Leistung als Bahnbrecher in der heutigen Poesie«.[1]

Wichtige Werke:

The Love Song of J. Alfred Prufrock (J. Alfred Prufrocks Liebesgesang, 1915)
The Waste Land (Das Wüste Land, 1922)
Sweeney Agonistes. Fragments of an Aristophanic Melodrama (Sweeney Agonistes, 1926/27)
Ash-Wednesday (Aschermittwoch, 1927–30)
The Use of Poetry and the Use of Criticism (Die Rolle der Dichtung und die Rolle der Kritik, 1932/33)
Four Quartets (Vier Quartette, 1935–42/43)
Murder in the Cathedral (Mord im Dom, 1935)
Old Possum's Book of Practical Cats (Old Possums Katzenbuch, 1939)

Gabriela Mistral (Lucila Godoy y Alcayaga)

(1889–1957)

Vom Tod und vom Leben – Die Lehrerin

›*La divina Gabriela* – Die göttliche Gabriela‹ wird Gabriela Mistral in ihrer chilenischen Heimat genannt, die Schwedische Akademie bezeichnete sie bei der Nobelpreisverleihung im Jahr 1945 als »geistige Königin Lateinamerikas«. Und doch fassen derartige Betitelungen nur ansatzweise das Ansehen, das die Lehrerin und Dichterin in Lateinamerika bis heute genießt. Mit ihrer schlichten und gefühlsstarken Lyrik, den zutiefst persönlichen wie universell-humanistischen Versen,

---

[1] Das bekannteste poetische Gedankengut T. S. Eliots entstammt allerdings seiner Gedichtsammlung *Old Possums Katzenbuch (Old Possum's Book of Practical Cats,* 1939), die die Vorlage zu Andrew Lloyd Webbers (*1948) Muscial *Cats* (1982) bildete.

wurde Gabriela Mistral zu einem ›hellen Licht‹ für den amerikanischen Kontinent[1].

Gabriela Mistral – die als erster lateinamerikanischer Autor überhaupt den Nobelpreis für Literatur erhielt – stellte den grundlegendsten humanistischen Wert in den Mittelpunkt ihres lyrischen wie pädagogischen Schaffens: eine von einer umfassenden Liebe getragene Sorge für andere. »Eine Streiterin für die Verlassenen« nennt Dana Gerhardt die vielverehrte Chilenin[2] – ein Engagement, das aus der Erfahrung persönlicher Tragödien erwuchs, die das Leben der großen Dichterin wie ein roter Faden durchziehen und in den Augen Mistrals die Konfrontation mit dem Tod zu *der* menschlichen Grunderfahrung werden ließen:

Ich habe die Lust auf das Nichts gewonnen,
die Lust des Niemals-Zurück,
den Wunsch, mit der Erde zu bleiben
Hand in Hand und stumm, wie sie stumm.

Doch tatsächlich zog Mistral aus ihren Todesbegegnungen nicht die Konsequenz des Verstummens; im Gegenteil kristallisierte sich ihr persönliches Leid in bewegenden Gedichten, die dem Tod und bitterer Liebe Stimme verleihen und zugleich beider Aufhebung in mütterlich-sorgender Liebe und nährender Natur versuchen. In einem Gedicht über ihre Mutter manifestiert sich dieses poetische Konzept Mistrals, das zugleich ein Lebenskonzept ist:

Winzig klein war meine Mutter
Wie der Pfefferminzstrauch, das Gras.
Kaum warf sie Schatten auf die Dinge, kaum.
Die Erde liebte sie,
Weil sie ihr leicht war,
Weil sie ihr zulächelte
Im Glück wie im Leid.

---

[1] vergl. Dana Gerhardt: »Gabriela Mistral«. in: Frank N. Magill (Hg.): *The Nobel Prize Winners*. Literature. Pasadena, California/Englewood Cliffs, New Jersey: Salem Press 1987. Band 1. S. 487–96. hier: S. 495.
[2] Gerhardt, S. 490.

Gabriela Mistral (Lucila Godoy y Alcayaga)

Lucila Godoy y Alcayaga, die unter dem Pseudonym Gabriela Mistral[1] berühmt werden sollte, wurde im abgelegenen Elqui-Tal im Norden Chiles als Tochter eines indianischen fahrenden Sängers und einer baskisch-stämmigen Lehrerin geboren. Die junge Lucila vereinte in sich die Talente und Neigungen beider Eltern: Im Alter von 16 Jahren begann sie Artikel und Gedichte für regionale Zeitungen zu schreiben und an einer Volksschule zu unterrichten, obwohl sie selbst ohne Abschluss aufgrund von ›heidnischer Ideen‹[2] der Schule verwiesen worden war und sich die entsprechende Qualifikation – mit Hilfe ihrer Mutter – selbst aneignen musste. Bereits 1910 jedoch erhielt die eigensinnige Pädagogin nachträglich ein offizielles Zertifikat, das es ihr erlaubte, auch in höheren Schulen zu unterrichten. Die poetische Karriere als Gabriela Mistral begann im Jahr 1915 und wurde ausgelöst durch die erste große Tragödie im Leben der jungen Frau, als sich ihr Geliebter, der Eisenbahnarbeiter Romelio Ureta, wegen unbeglichener Schulden den ›Ehrentod‹ gab. Die große, bittere Trauer der jungen Dichterin manifestierte sich in den drei *Sonetten des Todes* (*Sonetos de la muerte*), für die Mistral 1914 im landesweiten Lyrikwettbewerb die Goldmedallie erhielt und die ihren literarischen Ruhm begründeten. Schmerzhafte Liebe und bittere Todesbegegnung sollten noch über Jahre die Lyrik Mistrals charakterisieren; sie dominieren auch ihren ersten Gedichtband *Desolación* (›Trostlosigkeit‹), der auf Drängen des Literaturdozenten Federico de Onís und dessen Studenten zusammengestellt wurde, die an der Columbia University in New York einzelne Gedichte Mistrals behandelt hatten. *Desolación* ist Mistrals Buch der verratenen Liebe, ein emotionaler Aufschrei, für dessen Bitterkeit sie selbst in dem Gedicht *Voto* (›Schwur‹) ihren Gott um Verzeihung bittet. Doch es enthält in sich auch schon die poetische wie tätige Überwindung der *desolación*; den Begriffen von *dolor* (›Schmerz‹) und *muerte* (›Tod‹) stehen *vida* (›Leben‹) und *naturaleza* (›Natur‹) entgegen, und die

---

[1] Im Allgemeinen wird der Künstlername der Chilenin auf ihre beiden großen Vorbilder, die beiden italienischen Literaten Frédéric Mistral (1830–1914) und Gabriele d'Annunzio (1883–1938), zurückgeführt oder aber metaphorisch-metaphysisch erklärt: So soll ›Gabriela‹ den Erzengel und Gottesboten Gabriel evozieren, während ›Mistral‹ auf einen starken mediterranen Wind und somit auf die Liebe der Dichterin zur Natur verweist.

[2] Die Dichterin war eine überzeugte Katholikin, jedoch auch eine eigensinnige, die unbeirrbar an ihrem eigenen Gottesverständnis festhielt.

herb enttäuschte, schmerzhafte leidenschaftliche Liebe wird mit der sorgenden Liebe der Mutter und des Lehrenden kontrastiert, die als eine *imitatio christi* zu verstehen ist[1]. So kam es im weiteren Leben und Werk der Chilenin wie selbstverständlich zur Verschmelzung der beiden *personae*, der Lehrerin Lucila Godoy y Alcayaga und der Dichterin Gabriela Mistral. Während sie von 1922 an auf Einladung des dortigen Kultusministeriums in wichtiger Funktion bei der Schulreform in Mexiko mitwirkte, arbeitete die künftige Nobelpreisträgerin an ihrer neuen, ganz anderen Gedichtsammlung *Ternura* (›Zärtlichkeit‹, 1924). Diese ist voller Kindergeschichten, didaktischer Gedichte und Wiegenlieder – Gesänge, die heute noch in ganz Lateinamerika gesungen werden. Ohnehin war Gabriela Mistrals ›Amerikanismus‹ – in nicht wenigen ihrer Gedichte besingt sie die Größe eines ideellen Amerikas – ein im wahrsten Sinne des Wortes grenzen-loser. Im Laufe ihres Lebens weitete sich, so könnte man sagen, die ihr inhärente Fürsorglichkeit auf die Welt aus; im Jahr 1932 trat Gabriela Mistral in den diplomatischen Dienst ein und war Delegierte Chiles beim Völkerbund, dann Generalkonsulin in Neapel, Madrid, Lissabon, Rapallo, Nizza und Los Angeles. Den Erlös ihres 1938 erschienen Gedichtbandes *Tala* (›Holzschlag‹) stellte sie für die Unterstützung baskischer Kinder zu Verfügung, die im Spanischen Bürgerkrieg, der die ›natürliche Humanistin‹ zutiefst entsetzte, zu Waisen geworden waren. Gleichzeitig ist *Tala* erneut Ausdruck (und Überwindung) einer persönlichen Krise der Dichterin, ausgelöst durch den Tod ihrer Mutter, dem wohl wichtigsten Menschen im Leben der lehrenden Poetin. Auch Gabriela Mistrals letzter Gedichtband, die 1954 erschienene *Lagar* (›Weinpresse‹), entspringt einer persönlichen Tragödie: 1943 beging der von der Dichterin adoptierte Neffe Selbstmord aus Liebeskummer, ein Jahr zuvor hatte das mit der Chilenin eng befreundete Ehepaar Stefan und Lotte Zweig 1942 den Freitod gewählt. Die Bitterkeit kehrte mit diesen Ereignissen in Mistrals Gedichte zurück, doch auf eine andere, sublimierte Weise; das Bild der *lagar*, der Weinpresse, verweist auf Mistrals verfeinertes poetisches Selbstverständnis: Wie die Weinpresse den Saft aus den Trauben entwringt das Leid der Poetin ihre Gedichte. 1957 starb die inzwischen in den USA lebende, hochverehrte Chilenin an Bauchspeicheldrüsenkrebs. Sie hat der Welt tief bewegende Gedichte im Stil ihrer »kom-

---

[1] vergl. Gehardt, S. 493.

plizierten Schlichtheit« (Mistral) hinterlassen. Auf Deutsch sind Verse Gabriela Mistrals in verschiedenen Sammlungen erschienen, darunter *Spürst du meine Zärtlichkeit?* (1960) und *Motive des Töpfertons* (1989).

Wichtige Werke:

Desolación (1922)
Ternura (1924)
Tala (1938)
Lagar (1954)

Oswald de Andrade (José Oswald de Sousa Andrade)

(1890–1954)

Anthropophagen – Erkennen des Eigenen, Verschlingen des Fremden

Oswald de Andrade wird gemeinhin der Vater des brasilianischen *modernismo* genannt. Sein *Manifesto da poesia Pau-Brasil* (›Manifest der Brasilholz-Dichtung‹, 1924/25) und das berühmt-berüchtigte *Manifesto de Antropofagia* (›Manifest der Anthropophagie‹, 1928) konstituierten die ausschlaggebenden poetologischen Texte der Avantgarde-Bewegungen des südamerikanischen Landes und propagierten ein radikal anderes literarisches und kulturelles brasilianischens Selbstbewusstsein.

Zusammen mit seinem Schriftstellerkollegen Mário de Andrade (1893–1945)[1], dem Maler-Dichter Menotti del Picchia (1892–1988) und den großen Malerinnen Anita Malfatti (1889–1964) und Tarsila do Amaral (1886–1973) bildete Oswald de Andrade die *Grupo dos Cinco* (›Gruppe der Fünf‹), die die kulturelle Landschaft Brasiliens entscheidend veränderte. Oswald de Andrade selbst war Romancier, Lyriker, Dramatiker und Journalist, tat sich jedoch vor allem durch seine literatur-, kunst- und kulturtheoretischen Schriften hervor, die ihrerseits allerdings

---

[1] Die beiden großen de Andrades waren nicht miteinander verwandt. Mário und Oswald verband zunächst eine enge Freundschaft, später jedoch eine ebenso tiefgehende künstlerische wie persönliche Rivalität.

die Handschrift des Dichters nicht verleugnen und als poetische Texte aus eigenem Recht gelesen werden können. Als Sohn einer vermögenden und einflussreichen Familie konnte de Andrade außerdem als Mäzen seiner Künstlerkollegen auftreten. Schon im Alter von 21 Jahren gründete der Schriftsteller und Literaturtheoretiker mit *O Pirralho* (›Der Schlingel‹) seine erste Literaturzeitschrift, neun Jahre später folgte *Papel e Tinta* (›Papier und Tinte‹); Andrade bot somit seinen ›Mit-Modernisten‹ eine offene Plattform, um sich und ihre Ideen auszuprobieren, während er sich gleichzeitig selbst die Möglichkeit schuf, sein eigenes Gedankengut zu verbreiten. 1922 wiederum wurde er zusammen mit Mário de Andrade und Anita Malfatti – deren verbale ›Kreuzigung‹ durch die konservativen Kunstkritiker Brasiliens die entscheidende Motivation für die progressive Künstlergruppe lieferte – zum Initiator der Semana de Moderna (›Woche der Modernen Kunst‹), die das Gründungsereignis der *Grupo dos Cinco* und somit des brasilianischen *modernismo* bedeutete. Die entscheidenden Impulse, die den *modernismo* in seiner ganzen brasilianischen Eigenständigkeit definierten, erhielt die Bewegung zum einen durch Oswald de Andrades poetologische und kulturtheoretische Manifeste und zum anderen durch die revolutionären Werke der Malerin Tarsila do Amaral, die überragende Figur der gesamten modernen brasilianischen Kunst. Die jahrelange Verbindung von Tarsila und Oswald als Künstler wie als Geliebte bildete sozusagen den Nährboden, dem die Avantgarde ihres Landes zu einem Großteil entsprang, sodass Oswald de Andrade in mehr als nur einer Hinsicht zu einer, wenn nicht *der* treibenden Kraft des brasilianischen *modernismo* in all seinen Formen wurde.

1928 war das große Jahr des brasilianischen *modernismo*, denn es erschienen die drei Hauptwerke der Bewegung, die dieser zugleich ihre distinktive Gestalt und Form gaben: Mário de Andrades Roman *Macunaíma*[1], eine von brasilianischen Volksweisen inspirierte ›Rhapsodie‹, Tarsilas epochales Gemälde *Abaporú* – in der Sprache der (kannibalistischen) Tupi-Indianer das Wort für ›Menschenfresser‹ – und Oswald de Andrades vom großen Bild seiner künstlerischen Freundin angeregtes ›Menschenfressermanifest‹. Durch Tarsila und Oswald de Andrade wurde die Figur des Menschenfressers bzw. Anthropophagen zu der

---

[1] Auf Deutsch erschienen unter dem Titel *Macunaíma. Der Held ohne jeden Charakter.*

ultimativen Metapher des Eigenen für die brasilianische Literatur, Kunst und Kultur. Schon im ›Brasilholzmanifest‹ von 1924, dem ersten bedeutenden theoretischen Text der brasilianischen *modernismo*-Bewegung, hatte Oswald de Andrade, der gerade durch seine häufigen Aufenthalte in Paris (dem Zentrum der europäischen Avantgarde) die Notwendigkeit einer autonomen brasilianischen Literatur erkannte, eine brasilianische ›Export-‹ anstatt ›Import-Dichtung‹ gefordert[1] und folglich eine Umkehrung des bisherigen Verhältnisses zwischen europäischer (›imperialer‹) und lateinamerikanischer (›kolonialer‹) Literatur. Brasilien solle nach de Andrade das erkennen, was »*bárbaro e nosso* – barbarisch/wild und unser« sei, und dieses in eine ureigene Literatur verwandeln, wie sie die Welt noch nicht gesehen hatte: zugleich sentimental und intellektuell, ironisch und naiv, eine Literatur, die Gegensätze in sich aufhebt und Polaritäten nichtig werden lässt[2]. Dieses Konzept der polyphonen Einheit baute de Andrade im ›Menschenfressermanifest‹ aus: Er feierte es als originär brasilianische Disposition und stellte es zugleich als Forderung an die brasilianische Literatur, Kunst und Kultur – und er erhob es auf eine existenzielle Ebene:

> *Söhne der Sonne, Mutter der lebenden Kreatur. Wild zusammengekommen und geliebt, mit all der Heuchelei der Sehnsucht: Import, Austausch und Tourismus. Im Land der großen Schlange.*
> *Denn wir hatten noch nie grammatikalische Strukturen oder Ansammlungen von altem Gemüse. Und wir kannten noch nie den Unterschied zwischen städtisch und ländlich, zwischen Wildnis und Zivilisation. Trägheit auf der Weltkarte Brasiliens.*
> *Ein teilhabendes Bewusstsein, ein religiöser Rhythmus.*[3]

Erreicht wird diese polyphone Einheit durch die kulturelle Anthropophagie, die de Andrade als den brasilianischen Lebensmodus ausmacht, von den kannibalistischen Tupi-Indianern (die stellvertretend für alle Ureinwohner Brasiliens ste-

---

[1] Brasilholz meint rotes Palisanderholz, das in der Sprache der Indígenas, der Nachkommen der brasilianischen Ureinwohner, *brasil* heißt und dem Land seinen Namen gibt. Es war lange Zeit einer der Hauptexportartikel Brasiliens und diente de Andrade und den seinem Credo folgenden Dichtern und Künstlern als Metapher für die geforderte ›Export-Literatur‹.

[2] vergl. *Kindlers Neues Literatur Lexikon*. Chefredaktion Rudolf Radler. München: Kindler 1988/1998. Band 1. S. 469.

[3] vergl. http://corpse.org (meine Übersetzung)

hen) angefangen bis hin zu der sich emanzipierenden portugie-
sischen Ex-Kolonie des 20. Jahrhunderts, die mit ihrer Kultur
des Karnevals die gesamte Welt durchdringt:

> Nur die Anthropophagie vereint uns. Gesellschaftlich. Wirtschaftlich. Phi-
> losophisch.
>
> Das einzigartige Gesetz der Welt. Der maskierte Ausdruck eines jeglichen
> Individualismus, eines jeden Kollektivismus. Einer jeden Religion. Eines
> jeden Friedensvertrags.
>
> Tupi oder Nicht-Tupi, das ist hier die Frage.

Die Anthropophagie dient de Andrade als Metapher für das
Einverleiben des Fremden, ja, Feindlichen der dominanten europäischen Kultur und deren Transformation zum polyphonen
Eigenen – ein fundamental anderer Prozess als die bloße Nachahmung europäischer Vorbilder, die die Literatur der ›Kolonien‹
so lange kennzeichnete. Ein (wenn auch extrem simples) Beispiel ist die obige Transformation der Shakespeare'schen Frage
nach Sein oder Nicht-Sein[1] im ›Menschenfressermanifest‹, das
zugleich zeigt, dass de Andrades kulturelle und literarische Anthropophagie getragen ist von einem guten Schuss Ironie dem
Fremden, aber auch sich selbst gegenüber. Diese höchst intellektuelle Ironie ist für de Andrade eines der Kernmerkmale seiner
Anthropophagie-Literatur, zusammen mit einer gleichsam primitiven Unschuld, die frei vom Ballast europäischer (oder in der
Tat sonstiger linearer) Geistesgeschichte ist:»Wir haben nie die
Geburt der Logik eingeläutet«, heißt es im ›Menschenfressermanifest‹, und dies macht die brasilianische Literatur im Geiste
de Andrades und der Anthropophagie zu etwas fundamental
Anderem, das die europäischen Avantgardisten ob ihres überladenen kulturell-rationalistischen Erbes nur träumen konnten
zu erreichen.

Die Werke und Theorien der *Grupo dos Cinco* waren ein bedeutender Schritt hin zu einem kulturell und literarisch selbstbewussten Brasilien. Oswald de Andrade, der von 1945 bis zu
seinem Tod neun Jahre später seine ästhetischen Ideen auch als
Literaturdozent an der Universidade de São Paulo weitergab,
realisierte seine eigenen poetologischen Ideen als Lyriker, Romancier und Dramatiker, wobei er gerade auf letzteren beiden
Gebieten mit seinen lange Zeit als uninszenierbar geltenden,

---

[1] William Shakespeares (1564–1616) *Hamlet* (um 1600–1602) monolo-
gisiert berühmterweise:»Sein oder Nicht-Sein, das ist hier die Frage.«

cinematographistischen Bühnenstücken und seinen Poesie und
Prosa verschmelzenden, hermetischen ›Nicht-Büchern‹[1] literarisches Neuland betrat, allen voran mit dem Künstlerroman
Memórias sentimentais de João Miramar (›Empfindsame Erinnerung des João Miramar‹, 1924).

Wichtige Werke:

Manifesto da poesia Pau-Brasil (1924/25)
Memórias sentimentais de João Miramar (1924)
Manifesto de Antropofagia (1928)
O homen e o cavalo (1934)

PEARL S(YDENSTRICKER) BUCK

(1892–1973)

Häuser der Erde – Geschichten vom Ost- und vom Westwind

**Nur acht Jahre nach dem Erscheinen ihres Debütromans
(*Ostwind – Westwind / East Wind – West Wind*, 1930) wurde
Pearl S. Buck als erste US-Amerikanerin mit dem Nobelpreis
für Literatur ausgezeichnet. Die in China aufgewachsene
Schriftstellerin orientierte sich in ihren Werken an der Roman-
tradition des ›Reichs der Mitte‹ und schaffte es mit ihren zahlreichen *Bestsellern*, die Welt des fernen Ostens westlichen Lesern nahezubringen.**

Im Herzen des Gesamtwerks von Pearl S. Buck steht die
Wechselwirkung jener beiden Kulturen, die ihr Leben geprägt
haben: der westlich-amerikanischen und der östlich-chine-
sischen. Dieses ihr Grundthema wird getragen von einem tiefen
Glauben an die regenerative Verbindung von Mensch und Erde,
die den Charakteren ihrer Romane auch in tiefster Not Hoffnung und Würde erhält. Dies wurde der Schriftstellerin nicht
selten als übermäßiger Optimismus und Idealismus vorgeworfen, der in der modernen Welt wie der modernen Literatur keinen rechtmäßigen Platz mehr habe, wovon sich Buck jedoch nie
beirren ließ: »Leben ohne Idealismus ist wahrhaft leer. Wir hof-
fen einfach oder schmachten und sterben.«

---

[1] vergl. Kindlers, Band 1, S. 468ff.

Pearl Comfort Sydenstricker – so der Mädchenname der Schriftstellerin – wurde als Tochter presbyterianischer Missionare in West Virginia geboren. Als sie gerade einmal drei Monate alt war, zogen die Eltern im Zuge ihrer missionarischen Tätigkeit nach China. Pearl, deren chinesischer Name Sai Zhenzhu lautete und die von klein auf sowohl Englisch als auch Chinesisch sprach, wuchs in der kleinen Stadt Zhenjiang auf und erlebte eine der aufgewühltesten Perioden der chinesischen Geschichte hautnah mit. Die junge Pearl kehrte nur nach Virginia zurück, um von 1910 bis 1914 am Women's College in Lynchburg Philosophie zu studieren. Bei ihrer Rückkehr nach China lernte sie den Missionar und Agrarökonomen John Lossing Buck kennen, den sie 1917 heiratete. Das junge Paar ließ sich im ländlichen Nanxuzhou nieder, eine ärmliche Gegend, die den Weg in viele Erzählungen Pearl S. Bucks fand. Zu schreiben begann die Missionarin in den 1920ern, während sowohl sie als auch ihr Ehemann an der Universität von Nanjing lehrten – eine Stellung, die wegen der höchst unruhigen Verhältnisse im damaligen China nicht ungefährlich war[1]. Nachdem Pearl S. Buck einige Erzählungen und Essays in verschiedenen Zeitschriften veröffentlicht hatte, kam mit *Ostwind – Westwind* ihr erster Roman heraus. Die Geschichte einer jungen Chinesin, der sich zwischen Alt und Neu, zwischen Ost und West geworfen sieht, wurde sofort zu einem durchschlagenden Erfolg. Verlegt wurde das Buch von Richard Walsh, den Pearl S. Buck 1935 heiratete, nachdem die extrem unglückliche Ehe der Bucks nach 18 Jahren geschieden wurde – vordergründig wegen Meinungsverschiedenheiten bezüglich der Missionarsarbeit, die die Bucks leidenschaftlich und auf öffentlicher Bühne diskutierten, aber nicht lösen konnten. Zum Zeitpunkt ihrer zweiten Eheschließung war Pearl S. Buck eine weltweite *Bestseller*-Autorin dank der Trilogie *Das Haus der Erde* (*The House of Earth*, 1931–35), mit der die Schriftstellerin in ihrem Stil ›reinen Erzählens‹ die Geschichte dreier Generationen der Familie Wang vor ihren Lesern entfaltet. Mit dieser ihrer Trilogie eröffnete Pearl S. Buck einem breiten westlichen Publikum den Zugang zu der Welt Chinas und ließ ihren Lesern deren unglaublichen kulturellen Reichtum, deren Eigenge-

---

[1] So mussten die Bucks während des sogenannten ›Nanjing-Zwischenfalls‹, einer äußerst gewaltsamen kriegerischen Auseinandersetzung zwischen verschiedenen chinesischen Fraktionen, ein Jahr in Japan Zuflucht suchen, kehrten jedoch trotz der unsicheren Situation nach Nanjing zurück.

setzlichkeit und deren Wert aus sich selbst heraus zumindest erahnen[1]. Es war der erste Teil der Trilogie, *Die gute Erde* (*The Good Earth*, 1931) – ohne Zweifel Bucks Meisterstück –, der der Schriftstellerin 1935 den Pulitzer Prize und drei Jahre später den Nobelpreis für Literatur einbrachte.

Ein Jahr vor ihrer Heirat mit Richard Walsh verließ Pearl S. Buck schließlich das geliebte China: aufgrund der unsicheren politischen Situation, um ihrem zukünftigen Ehemann näher zu sein und um ihrer geistig behinderten Tochter die beste Betreuung garantieren zu können. Dieser Umzug in die USA bedeutete eine Wende in Pearl S. Bucks Schreiben, die allerdings auch dadurch ausgelöst wurde, dass Buck aus der Schublade der ›China-Schriftstellerin‹ ausbrechen wollte, in die sie vor allem nach Erhalt des Nobelpreises gesteckt wurde. Sie erweiterte sozusagen den Raum ihrer Fiktion und schrieb nun in den USA angesiedelte Romane, zunächst unter dem Pseudonym John Sedges[2]. Auch ihr humanitäres Engagement, das Pearl S. Buck bereits durch die Adoption von insgesamt neun Kindern unter Beweis gestellt hatte, weitete sich aus, wobei die Schriftstellerin ihren Ruhm nutzbar machte. Sie setzte sich für viele gemeinnützige Projekte vor allem in Asien ein und gründete selbst mehrere Organisationen, darunter das Welcome House (eine Adoptionsagentur für asiatisch-stämmige Kinder in den USA) und die Pearl S. Buck Foundation zur Unterstützung armer Kinder in Asien. Zugleich schrieb die Nobelpreisträgerin unermüdlich weiter. Am Ende ihres Lebens hatte sie über 70 Bücher veröffentlicht: Romane, Erzählbände, Biografien (darunter

---

[1] Es ist nicht zu bestreiten, dass Pearl S. Bucks China trotz der engen Verbindung der Autorin zu diesem Land und seiner Kultur von einer westlichen Perspektive aus präsentiert wird, was ihr nicht selten, vor allem von späteren Generationen von Literaturkritikern, zum Vorwurf gemacht wurde. Doch Bucks Thema ist im Endeffekt nicht China selbst, sondern eine wechselseitige Durchdringung der westlichen und östlichen Kultur, die durchaus sowohl Bucks eigener Lebenserfahrung als auch dem chinesischen Erleben in der ersten Hälfte des 20. Jahrhunderts entsprach, das durch eine geradezu schockhafte Konfrontation mit der so andersartigen westlichen Kultur geprägt war. – So ist es nicht verwunderlich, dass sich diese kulturelle Durchdringung auch in der Form von Bucks Romanen niederschlägt.

[2] Dieser neue fiktionale Raum erwies sich Bucks eigener, von östlichen Traditionen beeinflussten Poetologie allerdings weniger angemessen als das *setting* ihrer frühen Romane.

je eine über ihre Mutter und über ihren Vater), Gedichte, Kinderliteratur und Übersetzungen chinesischer Literatur.

Pearl S. Bucks von der zeitgenössischen modernistischen Literatur so radikal andere Poetik, inklusive der relativen Einfachheit ihrer Erzählungen, kann nur aus der tiefen Verbundenheit der Autorin mit China und seines kulturellen wie literarischen Erbes heraus richtig verstanden werden. Die Nobelpreisträgerin stellte sich in die Tradition des klassischen chinesischen Romans, der vor allem anderen eine Volkskunst ist. Der Autor ist nebensächlich; die Geschichte ist Volksgut, das entsprechend über die Generationen forterzählt, verändert und weitergesponnen wird. Das heißt, der Verfasser tritt völlig hinter die Geschichte zurück – und das ist auch das Prinzip, das hinter Bucks Erzählen steht. Was zählt, ist die Geschichte und nur die Geschichte, die erzählt wird, weil sie erzählt werden muss. Daher rührt die Faszinationskraft der ungeschmückten Handlung und Charaktere Pearl S. Bucks: Die Autorin zieht sich so weit wie möglich hinter beides zurück und tritt nicht zwischen Leser und Geschichte. Gleichzeitig erreicht Buck in ihren besten Werken über eine dem Klangbild des Chinesischen angenäherte Diktion eine Einfachheit und Einprägsamkeit des Ausdrucks[1] wie sie nur archetypischem Geschichtenerzählen zu eigen ist. Das hat wenig zu tun mit hochgradig ästhetisierter modernistischer Literatur, spricht jedoch bis heute in den Lesern Bucks das archaische Bedürfnis nach einer bewegenden Geschichte an.

Wichtige Werke:

East Wind – West Wind (*Ostwind – Westwind,* 1930)
The House of Earth (*Das Haus der Erde,* 1931–35)
The Mother (*Die Mutter,* 1934)
Fighting Angel: Portrait of a Soul (1936)
The Exile (*Die Frau des Missionars,* 1936)

---

[1] vergl. *Kindlers Neues Literatur Lexikon.* Chefredaktion Rudolf Radler. München: Kindler 1988/1998. Band 3. S. 299.

CÉSAR VALLEJO

(1892–1938)

Schlechtgeboren – Dienende Dichtung

César Vallejo war einer der bedeutendsten Erneuerer der spanischen Sprache. Viele sehen in ihm den wichtigsten Vertreter der lateinamerikanischen Lyrik des frühen 20. Jahrhunderts, ja, er wird sogar als deren Gründungsfigur gefeiert – und das, obwohl insgesamt nur drei Gedichtbände aus der Feder des Peruaners stammen und er erst von den 1960ern an tatsächlich als großer Dichter anerkannt wurde. Vallejos Verse verbinden auf einmalige Art sozialreformerisches Bestreben mit radikaler Sprachästhetik und werden von einer Grundstimmung zusammengehalten, die Hans Magnus Enzensberger (*1929) einmal als »indianischen Pessimismus« bezeichnet hat[1].

Der Mensch ist schlechtgeboren,
schlecht lebt er,
ist ein schlechter Toter und
ein Schlechtsterbender.

Diese Verse César Vallejos können als die Summe der Lebenserfahrungen verstanden werden[2], die der Peruaner in seiner Lyrik kondensiert. Das Leid ist die Konstante in seiner Dichtung – und, so kann man sagen, ohne melodramatisch zu werden, auch in seinem Leben. – Das Leiden César Vallejos hat etwas Unspektakuläres an sich. Sein Leben, so sehr er es in den Dienst von sozialer und sprachlicher Revolution stellte, ist nicht geprägt von einem tragischen Scheitern und dramatischen Schicksalsschlägen, sondern dokumentiert das fast alltägliche

---

[1] Vallejo verfasste auch Erzählungen, Reiseberichte und den sozialkritischen Roman *Wolfram für die Yankees* (*El tungsteno*, 1931), der auf bewegende Weise die Ausbeutung peruanischer Minenarbeiter, besonders jener von indianischer Herkunft, anklagt. Nichtsdestotrotz ist es Vallejos Lyrik, die seinen Namen großgemacht hat und noch immer großmacht.
[2] vergl. *Kindlers Neues Literatur Lexikon*. Chefredaktion Rudolf Radler. München: Kindler 1988/1998. Band 16. S. 1044.

Zerbrechen an einer grausamen Welt und den stillen Untergang in deren Arbitrarität – das heißt: still, wäre da nicht die Sprachgewalt von Vallejos fremdartig-emotionalen Gedichten.

César Abraham Vallejo war das jüngste von elf Kindern einer Mestizen-Familie im nord-peruanischen Bergdorf Santiago de Chuco. Als *cholo* (Mestize von halb indigener, halb europäischer Abstammung) wurde er von Kindheit an Zeuge der Ausbeutung der indianischen Bevölkerung und machte den Kampf gegen dieselbe zu seinem ersten Anliegen; sein Debüt-Gedichtband *Die schwarzen Boten* (*Los heraldos negros*) von 1918 stellt das Fühlen, das Erleben und vor allem das Leiden jener Menschen in den Mittelpunkt, unter denen er aufgewachsen war. Dem jungen Dichter selbst, obwohl aus bescheidenen Verhältnissen, gelang die Aufnahme an der Universität von Trujillo, wo er Spanische Literatur studierte und bald – durch seine in Zeitschriften mit wachsender Häufigkeit veröffentlichten Gedichte – Zugang zu den dortigen intellektuellen und künstlerischen Kreisen fand. Dort befasste man sich intensiv sowohl mit modernistischer Literatur als auch mit sozialreformerischem Gedankengut, was den jungen Vallejo entscheidend prägte: *Die schwarzen Boten* stellten eine poetische Auseinandersetzung mit dem *modernismo* dar, den Vallejo bereits zu diesem Zeitpunkt kritisch reflektierte und mit ihm eigenen, aus seinen indigenen Wurzeln entspringenden Sprachschöpfungen zu einer Dichtung umformte, die, wie ihr Autor selbst, als *mestizo* bezeichnet wurde[1]. Sein sozialreformerisches Bestreben wiederum ließ den jungen Dichter während seiner Zeit in Lima, wohin er 1918 übersiedelte, Mitarbeiter der Zeitschrift *Nuestra epoca* (›Unsere Zeit‹) werden – eine Entscheidung, die Vallejo wegen angeblicher Anstiftung zur Revolte einen mehrmonatigen Gefängnisaufenthalt in seiner Heimatstadt einbrachte. Die Mehrzahl der in Vallejos zweitem Gedichtband *Trilce* (1922) enthaltenen Verse entstanden im Gefängnis; sie stellen die große Sprachrevolution des Peruaners dar: Der meisterliche Dichter lässt in diesen Versen jegliche Grenzen von Grammatik und Stil hinter sich, erfindet neue Wort- und Satzkonstruktionen, verschmilzt literarische und Alltagssprache, arbeitet mit dem Idiom von Stadt und

---

[1] Das heißt, Vallejos Dichtung verschmilzt Einflüsse der europäischen wie südamerikanischen Moderne mit indianischen (sprachlichen, literarischen) Eigenheiten, so dass ein neues, einheitliches poetisches Ganzes entsteht.

Land gleichermaßen und übergangslos, kreiert ungewöhnliche Wort- und Bildassoziationen und eine faszinierende Mischung aus christlichen Metaphern und indianischen Symbolen. *Trilce* ist ein hermetisches, ein schwer entschlüsselbares Konglomerat, und doch von höchster Emotionalität – und es würde für lange Zeit das letzte Werk des Lyrikers César Vallejo bleiben.

Während des Gefängnisaufenthalts in Santiago de Chuco entstanden nicht nur die Mehrzahl der *Trilce*-Gedichte; Vallejo fasste auch den Entschluss, nicht nur auf dem Gebiet der Sprache auf eine Revolution hinzuarbeiten, sondern aktiv eine Änderung der Gesellschaft zu versuchen. 1923 ging der Dichter und Aktivist, der aufgrund seiner reformerischen Tätigkeiten eine Lehrstelle nach der anderen verlor, ins freiwillige Exil nach Europa, wo er hauptsächlich in Paris lebte und sich als Journalist über Wasser hielt. Er wurde aktiver Kommunist – in Wort[1] wie in Tat – und stellte sich während des Spanischen Bürgerkriegs auf die Seite der republikanischen Kämpfer. Diese Erfahrungen kristallisierten sich in dem Zyklus *España, aparta de mi esta cáliz* (›Spanien, nimm diesen Kelch von mir‹, 1939), den ersten lyrischen Texten aus der Feder Vallejos seit den *Trilce*-Gedichten. Als diese Verse erschienen, war der Peruaner bereits völlig verarmt in Paris verstorben; seine Witwe brachte den großen Spanien-Zyklus zusammen mit weiteren über 100, wohl fast alle in den Monaten vor Vallejos Tod entstandenen lyrischen Texten im Jahr 1939 unter dem Titel *Menschliche Gedichte* (*Poemas humanos*) heraus – die Summe von Leben und Werk des großen peruanischen Lyrikers und sein Vermächtnis.

Die Poesie César Vallejos, allen voran die *Menschlichen Gedichte* – der Titel ist in der Tat programmatisch –, zeichnen sich durch einen umfassenden Humanismus aus. Der Peruaner, der sein gesamtes Leben in Armut führte, stellte seine Dichtung in den Dienst der Unterdrückten. Eine modernistische *l'art-pour-l'art*, eine Ästhetik als Selbstzweck, war nie das Ziel seines Schreibens. Vielmehr suchte er nach literarischen Mitteln, das Leid am Rande der modernen Gesellschaft in Worte zu fassen, insbesondere das der indianischen Bevölkerung seiner Heimat, und (er)fand dafür eine radikal neue Sprache, mit der er Surrealismus und Realismus zu verbinden wusste. Was mit Hilfe dieser Sprache aus Vallejos Feder floss, sind keine leichtherzigen

---

[1] Vallejo propagierte in einer Reihe von Schriften die kommunistische Utopie.

Verse; seine Gedichte sind Produkte der Verzweiflung und Enttäuschung, Dokumentation des eigenen wie fremden Leids, aber auch Medium des Protests und der Auflehnung.

Wichtige Werke:

Los heraldos negros (*Die schwarzen Boten*, 1919)
Trilce (*Trilce*, 1973)
Poemas humanos (*Menschliche Gedichte*, 1939)

WILLIAM FAULKNER

(1897–1962)

Schicksalsraum – Der Chronist des Südens und die Polyphonie der Geschichte

Mit seiner ›Chronik des Südens‹ wurde William Faulkner zum wohl wichtigsten US-amerikanischen Romancier des 20. Jahrhunderts. Seine Bücher über den unwiderruflichen Verfall der aristokratischen Südstaatenkultur, die Last des Erbes des Bürgerkriegs und das daraus resultierende (Identitäts)Chaos der Gegenwart schufen eine modernistische Romanliteratur US-amerikanischer Prägung und eröffneten dem Genre an sich neue, bis dato unerforschte Räume. Aus Faulkners zahlreichen Meisterwerken ragen dabei die ›Perspektivenromane‹ *Schall und Wahn* (*The Sound and the Fury*, 1929) und *Absalom, Absalom!* (1936) besonders hervor.

William Cuthbert Faulkner, der Sohn einer alteingesessenen, angesehenen Südstaatenfamilie, wurde in New Albany, im Staat Mississippi, geboren. Vom Alter von fünf Jahren an lebte er in Oxford, Mississippi, das er nur selten verließ, etwa zwecks einiger Auslandsreisen und Aufenthalte in Hollywood im Zuge seiner Brottätigkeit als Drehbuchautor. Während des Ersten Weltkriegs diente Faulkner zunächst in der Kanadischen, dann in der Britischen Airforce, es kam für ihn aber zu keinem Kampfeinsatz. Nach seiner Rückkehr begann er, obwohl er 1915 die Highschool ohne Abschluss verlassen hatte, mit einem Studium der Französischen und der Englischen Literatur (wiederum in Oxford, Mississippi), das er gleichfalls nicht beendete. Zu einem Schlüsselereignis in Faulkners Leben kam es im

Jahr 1924: Während eines Aufenthalts in New Orleans lernte er Sherwood Anderson kennen, der Faulkners schriftstellerisches Talent erkannte und tatkräftig unterstützte. Der zukünftige Romancier versuchte sich zunächst in von den französischen Symbolisten inspirierter Lyrik, hatte aber schon mit seinem Debütroman *Soldatenlohn (Soldier's Pay)* von 1926 sein ureigenstes Genre gefunden: den Südstaatenroman. Doch der Erfolg in den USA ließ lange auf sich warten; Faulkners radikal modernistischer Erzählstil – eine ganz besondere Herausforderung für jedweden Leser –, noch mehr jedoch seine unverblümte Behandlung von tabuisierten Themen wie inzestuöser Sexualität, Gewalt, Wahnsinn und Rassenproblematik stießen in seiner Heimat weithin auf Ablehnung. In Europa dagegen lösten Faulkners Romane, zumindest in gewissen Kreisen, eine Welle der Begeisterung aus. Nur langsam errang sich der ›Südstaatenchronist‹ in seiner Heimat den Ruf eines ernstzunehmenden Romanciers; erst mit der Verleihung des Literaturnobelpreises des Jahres 1949[1] kam es zu einer radikalen Wende in der US-amerikanischen Faulkner-Rezeption. Von einem Tag auf den anderen wurde aus dem misstrauisch beäugten ›Gossenautor‹ einer der primären Repräsentanten der US-amerikanischen Kultur.

Das heimatliche Oxford bzw. Lafayette County war das reale Vorbild für das fiktive Yoknapatawpha County, in dem Faulkner Geschichte und Gegenwart der Südstaaten kondensiert. Dieser ›Schicksalsraum‹[2] wird in *Soldatenlohn* eingeführt und durch jeden weiteren Roman des US-amerikanischen Modernisten verdichtet; so entfaltet sich im Yoknapatawpha County synekdochisch[3] die Geschichte der Südstaaten, getragen von einer Fülle von vielschichtigen, ausgesprochen lebendig gezeichneten Charakteren, die Faulkners extensives Romanwerk wie die Fäden eines Netzes zusammenhalten. Die entscheidende Zäsur in dieser Geschichte ist der Amerikanische Bürgerkrieg von 1861 bis 1865, der den Verfall der aristokratischen Südstaatenkultur nach sich zog und als ›Urtrauma‹, neben der Sklaverei als ›Urschuld‹, im Zentrum von Faulkners Welt steht. Beides, Urtrauma und Urschuld, manifestiert sich in den Romanen des ›Chronisten‹

---

[1] Die eigentliche Bekanntgabe und Übergabe des Nobelpreises des Jahres 1949 fand erst 1950 statt.

[2] vergl. Gero von Wilpert (Hg.): *Lexikon der Weltliteratur. Band I.* Stuttgart: Körner 1988. S. 486.

[3] literarisches Stilmittel des *pars pro toto* (ein Teil steht für das Ganze)

auf unterschiedlichste Weise metonymisch[1]: in Inzest, in Wahnsinn, in Mord, im Verfall der großen Gutsbesitzerfamilien. Wer
überdauert in Faulkners Werk, sind nicht die Vertreter der so
mühsam konstruierten patriarchalen Kultur – die meisten seiner männlichen, weißen Protagonisten gehen an der Geschichte
und an sich selbst zugrunde; es sind die Farbigen und die Frau-
en, die ›übrigbleiben‹. Sie fungieren als ausharrende Beobachter
und Berichterstatter[2], wie etwa (in *Schall und Wahn*) die schwarze Mutterfigur Dilsey – »*I seed de beginning, en now I sees de endin*
– Ich habe den Anfang gesehen und jetzt sehe ich das Ende«.
Oder sie sind neu-konstituierte Hoffnungsträger, wie die junge
Quentin, die – im Gegensatz zu ihrem gleichnamigen Onkel, der
Selbstmord begeht – rebellierend ins Ungewisse aufbricht.

Das Chaos von Gegenwart und Geschichte, das das Thema
von Faulkners Romanen ist, schlägt sich auch in deren Form
nieder: Über die narrativen Techniken von *stream of consciousness* und innerem Monolog[3] werden dem Leser einander ergän-
zende oder auch sich gegenseitig widersprechende Perspektiven auf gegenwärtiges und vergangenes Geschehen präsentiert.
So setzt sich etwa *Schall und Wahn* aus vier Teilen zusammen,
die jeweils aus der Perspektive einer der drei Compson-Brüder
und der eines auktorialen Erzählers wiedergegeben werden.
Dessen Blick liefert den Abschluss des Romans, während der
erste Teil das assoziative, chaotische Erleben des zurückgeblie-
benen Benjy spiegelt. Wahrnehmung ist stets fragmentiert bei

---

[1] literarisches Stilmittel der Metonymie: ein Teil verweist auf einen
anderen Teil und auf den umfassenden Gesamtzusammenhang; z.B. verweist der im Zentrum von *Absalom, Absalom!* stehende Mord – der sich als
Brudermord des weißen Henry Sutpen an seinem schwarzen Halbbruder
herausstellt – auf die Rassenproblematik und auf den beides in sich aufhebenden Gesamtzusammenhang der Südstaatengeschichte.
[2] Das bedeutete nicht, dass die weiblichen Protagonisten ›verläss-
lichere‹ Berichterstatter wären als die männlichen. Wahrnehmung wie
Erinnerung ist bei Faulkner stets subjektivistisch, und damit beschränkt
und unzuverlässig.
[3] Der ›innere Monolog‹ vermittelt Gefühle, Gedanken und Wahrnehmung eines Charakters extrem direkt in der ersten Person und im Normal-
fall im Präsens. Durch den *stream of consciousness* (›Bewusstseinsstrom‹)
wiederum, der in erster oder dritter Person gehalten werden kann, versucht ein Autor ebenfalls, die Perspektive der Figur direkt zu vermitteln
und dabei den assoziativen Gängen des menschlichen Bewusstseins zu
folgen, das zwischen Wahrnehmungen, Gedanken und Erinnerungen oszilliert. So fließen Vergangenheit, Gegenwart und Zukunft, innere und
äußere Welt im Bewusstsein der Figur übergangslos ineinander.

Faulkner und immer subjektivistisch; die ›Wahrheit‹ kann sich der Leser nur selbst konstruieren, und das, wenn überhaupt, letztendlich nur durch einen Akt der Imagination. So ist in *Absalom, Absalom!* der Protagonist Quentin – der ewig Suchende, an der Krise fragmentierter Identität zerbrechende männliche, nicht die ihre Vitalität in eine offene Zukunft tragende weibliche Quentin – eine Spiegelfigur von Faulkners Leser, wenn er mühsam versucht, das Geschehen um den Mord an Charles Bon durch Henry Sutpen aus einer Vielzahl von Berichten und Dokumenten zu rekonstruieren. Die entscheidende Schlussfolgerung – dass Henry seinen Halbbruder Charles umgebracht hat wegen dessen schwarzem Erbe und nicht etwa wegen dem inzestuösen Verhältnis zu beider Schwester – bleibt unbestätigt. Geschichte ist unzugänglich bei Faulkner; das ›eigentliche‹ Geschehen zersplittert in eine Polyphonie von Stimmen und bleibt unverifizierbar. Gleichzeitig kann sich niemand vom Einfluss dieses unsicheren Etwas befreien; die Geschichte der Südstaaten, ihres großen Traumas und ihrer großen Schuld, bleibt determinierend für das Schicksal der Charaktere und manifestiert sich in deren Identitätsproblematiken und -krisen. So geht Quentin Compson, der sich in *Absalom, Absalom!* noch als Rekonstrukteur der Geschichte betätigt, im chronologisch später spielenden, aber zuerst erschienenen *Schall und Wahn* ins Wasser – Symbol für seine Schwester Caddy und Quentins inzestuöses Begehren, aber auch für das Fließen der Zeit.

William Faulkner hat mit seiner Fragmentierung von Wahrnehmung und Geschichte vor allem dem modernen historischen Roman neue Dimensionen eröffnet und mit seinen ›Perspektivenromanen‹ voller ›Gegenerzählungen‹ ein Modell geschaffen, das sich als höchst einflussreich erweisen sollte. Gerade die deutsche Nachkriegsliteratur, die sich nach dem Trauma des Nationalsozialismus neuorientieren musste, fand in Faulkner ein Vorbild, ohne das viele deutsche Romane der zweiten Hälfte des 20. Jahrhunderts nicht denkbar wären.

Wichtige Werke:

The Sound and the Fury (*Schall und Wahn*, 1929)
As I Lay Dying (*Als ich im Sterben lag*, 1930)
Light in August (*Licht im August*, 1932)
Absalom, Absalom! (*Absalom, Absalom!*, 1936)
Go Down, Moses (*Das verworfene Erbe. Chronik einer Familie*, 1942)
A Fable (*Eine Legende*, 1954)

THORNTON WILDER

(1897–1975)

Anthropos – Die Arche-Dramen des ›Spielleiters‹

Thornton Wilder, der schon zu seinen Lebzeiten zu einem Klassiker der amerikanischen Literatur wurde und dessen Werke beliebte Schullektüren lieferten, brachte das experimentelle Theater, das in Europe Furore machte, auf die Bühnen der USA. Er brach somit radikal mit der Tradition des Illusionstheaters, das sich dort besonders hartnäckig hielt. Seine unkonventionellen, epischen Stücke *Unsere kleine Stadt* (*Our Town*, 1938) und *Wir sind noch einmal davongekommen* (*The Skin of our Teeth*, 1942) gehören zu den wichtigsten Dramen des 20. Jahrhunderts. Weltruhm erlangte Wilder, der auch eine Reihe von Romanen verfasste, außerdem mit der für ihn eigentlich eher untypischen Farce *Die Heiratsvermittlerin* (*The Matchmaker*, 1954), die die Vorlage für das Musical und später den Film *Hello, Dolly!* (1964 bzw. 1968) bildete.

Thornton Niven Wilder wurde in Madison, Bundesstaat Wisconsin, geboren. Sein Vater, ursprünglich Zeitungsverleger, wurde im Jahr 1906 Konsul in Hongkong, später in Shanghai, wo der junge Thornton mit Unterbrechungen aufwuchs (wegen der unsicheren politischen Situation in China brachte die Mutter die Kinder zeitweise in die USA zurück). 1917 immatrikulierte sich Wilder an der Yale University (sein Studium dort wurde unterbrochen durch einen achtmonatigen Wehrdienst im Zuge des Ersten Weltkriegs) und 1920 ging er nach Rom, um dort auf Anraten seines Vaters Archäologie zu studieren. Seinen Abschluss machte Wilder allerdings letztendlich an der Princeton University in Französischer Literatur. Ein Jahr später, im Jahr 1927, erschien mit *Die Brücke von San Luis Rey* (*The Bridge of San Luis Rey*), ein episodischer historischer Roman und ein ›humanistisches Glaubenbekenntnis‹[1], das Wilder seinen ersten Pu-

---

[1] vergl. *Kindlers Neues Literatur Lexikon.* Chefredaktion Rudolf Radler. München: Kindler 1988/1998. Band 17. S. 674. Der mehrmals verfilmte Roman erzählt das historische Ereignis des Einsturzes einer peruanischen

litzer-Preis einbrachte (insgesamt wurde dem Romancier und
Bühnenautor diese begehrte Auszeichnung dreimal verliehen)
und den literarischen Durchbruch für den damaligen Französischlehrer bedeutete. Wilders Ruf als Romancier, vor allem jedoch als Dramatiker, verbreitete sich stetig, und er lieferte in
dieser Kapazität auch Hollywood wichtige Impulse. Gleichzeitig wirkte der Schriftsteller von 1930 bis 1950 als Literaturdozent und später -professor zunächst an der University of Chi-
cago, dann an der University of Hawaii und schließlich an der
Harvard University (wiederum mit Unterbrechung durch den
Militärdienst im Zweiten Weltkrieg, während dessen Wilder als
Lieutenant Colonel in der US-Airforce diente). Den Höhepunkt
seines Schaffens wie seines Ruhms erreichte Wilder mit seinem
Menschheitsdrama *Wir sind noch einmal davongekommen,* eine
Allegorie um die großen Katastrophen der Menschheit (Eiszeit,
Sintflut, Bombenkrieg) und das ultimative ›Davonkommen‹ des
Menschen. Repräsentativ vertreten durch Mr. Antrobus (von
gr. *anthropos,* d. i. ›Mensch‹) und seine Familie, überdauert der
Mensch in Wilders monumentalem Bühnenstück mit seinen
guten wie schlechten Eigenschaften fremd- wie selbstgemachte
Katastrophen. Das letztendlich (unkonventionell) hoffnungs-
volle Drama, 1942 uraufgeführt, eroberte während des Zweiten
Weltkriegs – der zeitgeschichtliche Hintergrund gab *Wir sind
noch einmal davongekommen* natürlich eine ganz besondere Relevanz – die US-amerikanischen und internationalen Bühnen und
1946 auch die des in Trümmern liegenden Nachkriegsdeutsch-
lands. Kurz nach dem Zweiten Weltkrieg wiederum veröffentlichte Wilder mit dem multiperspektivischen Cäsar-Roman *Die
Iden des März (The Ides of March,* 1948) außerdem sein bedeutendstes Erzählwerk. Auch nachdem er diese seine literarischen
Höhepunkte erreicht hatte, verfasste Wilder weiter Dramen und
Romane; zwar konnte er nicht mehr an seine früheren Erfolge
anknüpfen, blieb aber dennoch ein hochverehrter Schriftsteller,
der zu vielen seiner literarischen Zeitgenossen enge Freundschaften pflegte und als angenehmer und energetischer Ge-
sellschafter überall gern gesehen wurde. Erst als nach Wilders
Tod Gerüchte seine Homosexualität betreffend aufkamen, nah-
men konservative Kreise in den USA Anstoß an dem Status des

Andenbrücke im Jahr 1714 und nutzt dieses gleichzeitig zur Diskussion
von Zufall und Prädestination.

Schriftstellers als literarischer Klassiker und dem seiner Werke als beliebte und kanonisierte Schullektüre.

Thornton Wilders ungeheure Bildung – seine Romane, die oft historische, vor allem antike, Themen aufgreifen, sind eine weitere Manifestation derselben – sowie seine enge Verbindung zum fernöstlichen und europäischen Ausland versetzten ihn in die Lage, über den Tellerrand der US-amerikanischen Theatertradition, die in ganz besonderem Maße den ›Realismus‹ der Illusionsbühne pflegte, hinauszublicken. Er verschrieb sich einem im Brecht'schen Sinne anti-aristotelischen[1], also stark experimentellen Drama. Wilders Experimente begannen mit den sogenannten ›Drei-Minuten-Stücken‹, kürzesten Bühnenstücken, in denen sich jegliche Handlung und Aussage auf das Extremste kondensieren muss. Diese Kurzdramen hatten folglich nichts mehr mit den traditionellen Einheiten von Ort, Zeit und Handlung zu tun[2] und ließen das Gefühl einer Illusionsbildung gar nicht erst aufkommen. Aufmerksamkeit als Bühnenautor zog Wilder allerdings erst mit seinem Einakter *Das lange Weihnachtsmahl* (*The Long Christmas Dinner*) von 1930 auf sich. Wie in den ›Drei-Minuten-Stücken‹ geht es auch hier um die Kondensation von Zeit: Im Laufe eines Aktes werden in hoch stilisierter Form 90 Jahre Familiengeschichte auf die Bühne gebracht, 90 Weihnachtsabende mit wechselnden Charakteren, die der Zuschauer sozusagen im Zeitraffer von Geburt bis zum Tod (symbolisiert durch zwei Türen auf der Bühne) begleitet. Konstant jedoch bleiben die Gesprächsthemen der unterschiedlichen Figuren, die allerdings – und hier kommt das spezifisch Wilder'sche zum Tragen – nicht, wie etwa von Brecht bekannt, um (scheinbar und tatsächlich) Belangsloses kreisen, sondern um die universellen Themen von Liebe, Leid, Tod und Leben. Schon hier spiegelt die Form des Dramas Wilders große Anlie-

[1] Nach Bertolt Brecht (1898–1956) ist die Haupteigenschaft des traditionellen Dramas, das auf die Poetik des griechischen Philosophen Aristoteles (384–322 v. Chr.) zurückgeht, das Bestreben, die Wirklichkeit abzubilden, was Illusionsbildung erfordert und an einen passiven Zuschauer gerichtet ist (Brechts Interpretation der aristotelischen *mimesis*). Brechts episches Theater dagegen setzt auf Illusionsbruch und die Aktivierung des Zuschauers mit dem letztendlichen Ziel, verändernd auf die Wirklichkeit einzuwirken.

[2] Das klassische Drama verlangt die Einheit von Ort (die Handlung spielt innerhalb einer Örtlichkeit), Zeit (die dargestellte Zeit beträgt höchstens 24 Stunden) und Handlung (es gibt nur einen Haupthandlungsstrang).

gen, die als philosophischer Kern im Zentrum seines Schaffens liegen: die anthropologische Konstante und die zyklische Natur der Geschichte. Wilders ›Anthropos‹ ändert sich nicht, und die Geschichte – menschlicher Alltag wie Weltgeschichte – ist geprägt von der Wiederkehr des Immergleichen, vom steten Kreis von Katastrophe und ›Davonkommen‹. Diese dem Fortschrittsdenken seiner Zeit diametär entgegengesetzte Weltsicht Wilders mag eine Ursache dafür sein, dass seine Stücke – trotz ihrer internationalen Bedeutung für die Theaterlandschaft des 20. Jahrhunderts – letztendlich nicht stilbildend für das amerikanische Drama der folgenden Jahrzehnte waren.

Die anthropologische Konstante, das Allgemeinmenschliche, darzustellen, um universelle Wahrheiten zu vergegenwärtigen, war in Wilders Augen die ultimative Aufgabe des Dramas, das er wie keine andere Gattung für diese Funktion als geeignet erachtete: Im Bühnenraum kann sich die innere Wirklichkeit des Menschen entfalten, durch einige Personen und Ereignisse repräsentiert – und dieser Raum lässt sich so erweitern, dass er auch den Zuschauer und dessen inneres Erleben erfasst, was wiederum, so Wilder, zur Erkenntnis der ›eigenen Allgemeinmenschlichkeit‹ führt. Mit der alten Illusionsbühne, die den passiven Zuschauer zur Folge hatte, ließe sich dies Wilder zufolge jedoch nicht erreichen; die Einbeziehung des Publikums erfordere vielmehr den Bruch der Illusion, um das freie Spiel der Imaginationskraft zu erlauben. Dieses Ziel verfolgte Wilder mit dem Einsatz epischer Mittel wie spärlicher, stilisierter Bühnenausstattung, Heraustreten der Schauspieler aus ihren Rollen (d. h. die Schauspieler geben sich dem Zuschauer plötzlich als solche zu erkennen und kritisieren beispielsweise den Charakter, den sie darstellen) und die Figur des ›Spielleiters‹, für die Wilder berühmt geworden ist. Dieser – zu dessen Lebzeiten oft vom Autor selbst dargestellt – greift ›von außen‹ in das Stück ein, führt etwa neue Schauspieler ein, gibt Erklärungen ab oder taucht plötzlich in Nebenrollen auf der Bühne auf. Letztendlich lenkt der Spielleiter das Geschehen und deutet es für den Zuschauer, so dass diese Figur zur Personifikation von Wilders Überzeugung von einer höheren Ordnung in den ›sich wiederholenden Mustern‹ (Wilder) des menschlichen Lebens und der Weltgeschichte wird.

Wichtige Werke:

The Bridge of San Luis Rey (*Die Brücke von San Luis Rey*, 1927)
The Long Christmas Dinner (*Das lange Weihnachtsmahl*, 1931)
Our Town (*Unsere kleine Stadt*, 1938)
The Skin of our Teeth (*Wir sind noch einmal davongekommen*, 1942)
The Ides of March (*Die Iden des März*, 1948)
The Matchmaker (*Die Heiratsvermittlerin*, 1954)

MIGUEL ÁNGEL ASTURIAS

(1899–1974)

Große Zunge – Indianische Moderne

Miguel Ángel Asturias, der im Jahr 1967 den Nobelpreis für Literatur erhielt, ist vor allem für seinen Diktaturroman *Der Herr Präsident* (*El señor presidente*, 1946) bekannt sowie für seine anderen Werke des politischen Protests. Sein eigentliches Meisterwerk, *Die Maismenschen* (*Hombres de maíz*, 1949), entstammt allerdings dem zweiten Genre, das Asturias' Œuvre charakterisiert, nämlich dem des mythologisch-surrealistischen Romans indianischer Prägung. Tatsächlich jedoch sind diese beiden Richtungen, die Zeitgeschichte und die Mythologie, im Falle von Asturias, der zu den Vätern des Magischen Realismus zählt[1], nichts anderes als die zwei Seiten einer Münze; der Romancier aus Guatemala erreicht in seinem Gesamtwerk eine Synthese aus politischem Protest und surrealistischer Wiederbelebung indianischer Mythen, wie sie in ihrer Art einzigartig ist.

Miguel Ángel Asturias wurde in Ciudad de Guatemala als Sohn des Richters Ernesto Asturias und María Rosales', einer von den Mayas abstammenden Lehrerin, geboren. Als Ernesto Asturias sich weigerte, revoltierende Studenten zum Tode zu verurteilen, wurde die Familie auf Befehl des regierenden Dik-

---

[1] Der Magische Realismus, der die Grenzen zwischen Realität und Fantasie zerbricht und beide ›Welten‹ unbekümmert übereinanderschiebt, entsprang in Lateinamerika, breitete sich aber rasch aus und kann als der zentrale Modus der Postmoderne bezeichnet werden. Asturias gehört mit seinen *Maismenschen* fraglos zu den Begründern des Magischen Realismus, zu denen auch der Kubaner Alejo Carpentier (1904–1980) und vor allem der Argentinier Jorge Luis Borges (1899–1986) gezählt werden.

tators Manuel Estrada Cabrera (1857–1924) der Hauptstadt verwiesen und musste in das abgelegen Baja Verapaz ziehen; dieser rebellische wie integren Zugs seines Vater sollte sich auf den Sohn übertragen. Jahre später konnte die Familie nach Ciudad de Guatemala zurückkehren, und Miguel Ángel studierte dort zunächst Medizin, sattelte jedoch bald auf Jura und Publizistik um. Außerdem gehörte er, nach dem Sturz Estrada Cabreras, zu den Gründern der Volksuniversität, die Unterprivilegierten eine adäquate Ausbildung ermöglichen sollte. Schon damals hatte es sich Asturias – geprägt durch die Erfahrungen im Haushalt seines Großvaters mütterlicherseits in Baja Verapaz und mit den dort ansässigen Indios – zum Ziel erklärt, das soziale Bewusstsein für die Lage und vor allem die Not der Indios zu wecken. Dieses Ziel begleitete den jungen Reformer auch nach Europa, wohin er im Jahr 1923 zu weiteren Studien reiste. Diese Zeit sollte Asturias' Lebensweg entscheidend beeinflussen: Der zukünftige Schriftsteller studierte an der Sorbonne Anthropologie und Ethnologie bei Georges Raymond – anstatt, wie zunächst geplant, Wirtschaftswissenschaften – und entdeckte so die alte Kultur der südamerikanischen Indianer, allen voran der Mayas, und deren immensen mythologischen Reichtum. Asturias stürzte sich mit Feuereifer auf dieses, zu jener Zeit wenig betretene, Forschungsfeld, und übersetzte zusammen mit einem Studienfreund einen der zentralen heiligen Texte der Mayas, den *Popol Vuh* (ca. 1550), ins Spanische. Er war über alle Maßen fasziniert von dem literarischen Schatz der Maya-, Inka- und Aztekenmythologien und der magisch-symbolischen Sicht auf die ›Realität‹, die diese offenbaren. Die wissenschaftlichen Studien Asturias' resultierten schließlich 1930 in den *Legenden aus Guatemala* (*Leyendas de Guatemala*), in denen der Anthropologe traditionelle Geschichten der Mayas aufgreift und in einem fantastischen, traumnahen Stil sozusagen wiedererschafft. Die Sammlung machte den Guatemalteken schnell sowohl in Europa berühmt, wo man von der exotischen, ganz und gar andersartigen Welt fasziniert war, die die *Legenden* erschlossen, als auch in Lateinamerika, wo man ihn als (Wieder)Entdecker des alten indianischen Erbes feierte. Als Asturias nach Guatemala zurückkehrte, wurde er aufs Wärmste empfangen und in das kulturelle Leben des nach wie vor unter Diktatur stehenden Landes integriert. Noch während er im Zuge seiner Tätigkeit als Journalist zwangsläufig die offiziellen, von der Regierung freigegebenen Nachrichten verbreiten musste, schrieb Asturias an seinem Diktaturroman *Der Herr*

Präsident, der zu seinem berühmtesten Werk werden sollte: eine scharfe, entlarvende Darstellung der Herrschaftsform der Diktatur an sich und der »Banalität des Bösen« (Asturias), die sie charakterisiert. Der wohl 1933 vollendete Roman wurde erst 13 Jahre später veröffentlicht, als Asturias längst im Exil in Mexiko war. Noch im Jahr der Veröffentlichung von *Der Herr Präsident* wurde der Schriftsteller jedoch von der progressiven Regierung unter Juan José Arévalo (1904-1990) nach Guatemala zurückgeholt, der wie Asturias selbst ein Verfechter der Rechte der Indios war. Unter Arévalo wurde der Romancier als Diplomat nach Mexiko und Argentinien gesandt, wo man den Autor des *Herrn Präsidenten* begeistert begrüßte. Als 1954 ein Militärputsch die reformerische Regierung unter Arévalo entmachtete, legte Asturias, damals Botschafter in El Salvador, sofort seine Ämter nieder, ging für 12 Jahre ins Exil nach Argentinien und bereiste so gut wie die ganze Welt, stets schriftstellernd und politisch tätig und immer sozial engagiert. Erst nachdem 1966 wieder demokratische Wahlen in Guatemala stattfanden, kehrte Asturias in seine Heimat zurück und trat erneut in diplomatischen Dienst, den er bis zu seinem Lebensende ausführte.

Mit *Der Herr Präsident* begann die Reihe der politischen Protestromane Asturias', zu denen etwa auch die als ›Bananentrilogie‹ bekannt gewordenen drei Bücher gehören, die die Machenschaften der United Fruit Company in Südamerika anprangern[1]. Sein Erstlingswerk, die *Legenden aus Guatemala*, wiederum stand am Anfang derjenigen Bücher, in denen Asturias die alten indianischen Überlieferungen aufgreift, um modernistische Fantasmen ganz eigener Prägung zu kreieren: komplexe, surrealistische Gebilde, die mit den Gemälden Salvador Dalis (1904–1989) und dem großen modernen Roman *Ulysses* (1922) des Iren James Joyce (1882–1941) verglichen worden sind. Den Höhepunkt dieses im wahrsten Sinne des Wortes ›traumhaften‹ Schaffens Asturias' bildet sein Meisterwerk *Die Maismenschen*, welches den Maya-Mythos aufgreift, die Menschen seien aus Maismehl geschaffen worden. Das ›heilige Korn‹ durchzieht den Roman als Leitmotiv, der durch keinerlei chronologische oder kausale Logik zusammengehalten wird, sondern vielmehr durch ein Netz intertextueller und kultureller Verweise und

---

[1] Die Bananentrilogie besteht aus *Sturm* (*Viento fuerte*, 1950), *Der grüne Papst* (*El papa verde*, 1954) und *Die Augen der Begrabenen* (*Los ojos de los enterrados*, 1960).

bildhafter Assoziationen. Die extreme Komplexität dieses Textes und seine hermetische Bildsprache macht dieses Werk Asturias' schwer zugänglich, stellt es jedoch zugleich auf eine Stufe mit den allergrößten Texten der literarischen Moderne und präsentiert dem Leser eine zutiefst faszinierende magisch-realistische Welt. Mit Romanen wie *Die Maismenschen* oder *Eine gewisse Mulattin (Mulata de tal*, 1963) – in dem Asturias eine alte indianische Legende verarbeitet über einen Mann, der seine Frau an einen Teufel verkauft, um reich zu werden, und gekonnt indianische und christliche Vorstellungen und Symbole mischt, nebeneinanderstellt und kontrastiert – knüpft der Guatemalteke, wie er selbst sagte, an die Tradition der ›Großen Zungen‹ an, der indianischen Geschichtenerzähler, die in ihren Erzählungen Historie und Mythos, Realität und Fantasie sorglos vermischten, weil es im indianischen Welt- und Geschichtsverständis keinen Unterschied zwischen beidem gab. Denn Realität, so Asturias in Anschluss an indianische Lehren, ist nichts anderes als der kollektive Traum der Menschheit – ein Credo, das nicht weit entfernt war von der Poetologie der französischen Surrealisten, denen Asturias während seiner frühen Studien in Paris begegnete und die bereits die *Legenden aus Guatemala* als kongeniales Werk feierten. So gelang es Asturias, alte indianische Erzähltraditionen mit modernistischen surrealistischen Techniken zu verschmelzen, und damit eine moderne Literatur indianischer, aber vor allem Asturias'scher Prägung zu schaffen[1].

Wichtige Werke:

Leyendas de Guatemala (Legenden aus Guatemala, 1930)
El señor presidente (Der Herr Präsident, 1946)
Hombres de maíz (Maismenschen, 1949)
Week-end en Guatemala (Weekend in Guatemala, 1956)
Mulata de tal (Eine gewisse Mulattin, 1963)
El espejo de Lida Sal (Der Spiegel der Lida Sal, Erzählungen, 1967)

---

[1] Asturias schrieb auch Gedichte, Dramen und Essays. In keinem dieser Genres konnte er allerdings seinen Erfolg und seine Meisterschaft als Romancier erreichen.

JORGE LUIS BORGES

(1899–1986)

Fantastische Verzweigungen – Der Erbauer lichter Labyrinthe

In den Augen vieler ist Jorge Luis Borges unter all den beeindruckenden Literaten, die Lateinamerika im 20. Jahrhundert hervorgebracht hat, der größte, und ohne Zweifel gehört der Argentinier zu den wichtigsten Gestalten der Literaturgeschichte. Mit seinen fantastischen Erzählungen erlangte er Weltruhm, erschloss der Literatur das grenzenlose Potenzial dieses Genres und reihte sich unter die Gründungsfiguren des Magischen Realismus ein, dieses so spezifisch postkolonialen – vor allem lateinamerikanischen – Modus des Schreibens, der die Grenzen von Zeit und Raum, von Realität und Fiktion aus den Angeln hebt. Als Lyriker, Essayist und Erzähler wurde Jorge Luis Borges, der Meister der Metaliteratur[1] und der Intertextualität, zum vielleicht wichtigsten Wegbereiter der Postmoderne.

Jorge Francisco Isidoro Luis Borges Acevedo, geboren in Buenos Aires, war der Sohn einer wohlhabenden Familie, der das Künstlertum im Blut lag: Der Vater, der als Rechtsanwalt und Philosophiedozent arbeitete, war selbst literarisch rege tätig, die Schwester, Norah Borges (1901-1998), sollte zu einer der hervorragendsten Malerinnen Argentiniens werden, und die Mutter war der fördernde Geist hinter den künstlerischen Bestrebungen ihrer Familie. Die riesige Bibliothek des Vaters lieferte den Grundstock der enzyklopädischen Bildung, die Jorge Luis Borges' Werken unterliegt. Im Jahr 1914 übersiedelten die Borges' nach Genf, wo Jorge Luis bald als Deutsch-, Latein- und Französischlehrer arbeitete. Erste Gedichte und Essays entstanden wohl auf einer Reise nach Spanien, während der Borges einige der bedeutenden zeitgenössischen spanischen Dichter traf und von der literarischen Bewegung des Ultraismus und deren Credo von der ›Erneuerung der Metaphern‹[2] stark inspiriert wurde.

---

[1] Literatur über Literatur

[2] vergl. Miriam Havemann: »Borges, Jorge Luis«. in: Axel Ruckaberle (Hg.): *Metzler Lexikon der Weltliteratur*. Stuttgart/Weimar: Metzler 2006.

Mit seiner Rückkehr nach Buenos Aires 1921 nahm sich Borges zunächst der Geschichte seiner Heimat als literarisches Thema an; Titel wie der seiner ersten veröffentlichten Lyriksammlung *Buenos Aires mit Inbrunst* (*Fevor de Buenos Aires*, 1923) sprechen für sich selbst. Bald jedoch beschäftigten fundamentalere Themen wie die Beschaffenheit von Zeit und Realität – und letzten Endes deren illusionärer Charakter – das Denken und Schreiben von Jorge Luis Borges. Mittlerweile war der Schriftsteller Mitarbeiter an und Begründer von mehreren Literaturzeitschriften und wurde entscheidender Teil der Literatengruppe um die Schwestern Victoria (1890-1979) und Silvina Ocampo (1903-1994) und deren Zeitschrift *Sur* (›Süden‹/›Südwind‹), die zahlreiche junge Schriftsteller förderte und die Entwicklung der lateinamerikanischen fantastischen Literatur vorantrieb. Von 1938 an arbeitete Borges als Bibliothekar, wurde jedoch 1946, inzwischen extrem einflussreicher Schriftsteller und Literaturtheoretiker, wegen seiner kritischen Haltung gegenüber der Politik Juan Domingo Péróns (1895-1974) entlassen. Als Perón 1955 gestürzt wurde, wurde Borges, der inzwischen Englische Literatur an der Universität von Buenos Aires unterrichtete, von der Revolutionsregierung zum Direktor der Nationalbibliothek ernannt – und gab den Posten konsequenterweise wieder auf, als Perón 1973 erneut zum Präsidenten Argentiniens gewählt wurde. Trotz seiner zunehmenden Erblindung von 1955 an unternahm Borges, seinem steigenden internationalen Ruhm entsprechend, zahlreiche Auslandsreisen und arbeitete weiterhin unermüdlich an seinem extensiven (lyrischen, essayistischen, narrativen) Gesamtwerk, das hier nur mit einigen Schlaglichtern beleuchtet werden kann.

Borges' zahlreiche philosophische und literaturtheoretische Essays bilden nicht selten den Ariadnefaden durch die Labyrinthe seiner literarischen Texte, besonders seiner metanarrativen fantastischen Erzählungen. In Aufsätzen wie die in dem Schlüsselwerk *Geschichte der Ewigkeit* (*Historia de la eternidad*, 1936) gesammelten oder in *Eine neue Widerlegung der Zeit* (*Nueva refutacíon del tiempo*, 1944) setzt sich Borges zentral mit dem Themenkomplex ›Zeit‹ auseinander – ein Phänomen, das er

---

Band 2. S. 181–83; hier: S. 182. Auch wenn sich Borges schnell von dem sehr radikalen Credo der Ultraisten sowohl distanzierte als auch emanzipierte, blieb die Metapher, jenes Stilmittel der Schnittmenge, der übertragbaren Ähnlichkeit, immer sein grundlegendes literarisches Werkzeug.

letztendlich, durch genialische Durchleuchtungen der westlichen Kulturgeschichte, als Konstrukt des menschlichen Geistes und der menschlichen Sprache entlarvt. Erkenntnis ist Borges zufolge nur in der Überschreitung dieses überlebenswichtigen Konstrukts möglich, und zwar durch das, was Miriam Havemann »transgressive Phantasie« nennt[1], und durch die Macht des bildlichen Sprechens. So wird das Aufbrechen der Linearität der Zeit in Zyklus und Unendlichkeit sowohl zum Thema als auch zum Strukturprinzip von Borges' Erzählungen, zusammen mit der gegenseitigen Durchdringung von ›Realität‹ und ›Fiktion‹, die eine Unterscheidung der beiden Konzepte letzten Endes obsolet macht. So wurde Borges – insbesondere mit den Sammelbänden *Fiktionen* (*Ficciones*, 1944)[2] und *Das Aleph* (1949) – nicht nur zur Zentralgestalt der sich als autonom etablierenden lateinamerikanischen Literatur, die sich dieser Themen in besonderem Maße angenommen hat, sondern auch zum Vorreiter der Postmoderne mit ihrer Leidenschaft zum metanarrativen, intertextuellen, selbstreflexiven Spiel.

Typisch Borges'sche Texte wie *Die Bibliothek von Babel* (*La biblioteca de Babel*) oder *Der Garten der Pfade die sich verzweigen* (*El jardín de senderos que se bifurcan*)[3], die sich in einem fantastisch-realistischen Raum bewegen, konstituieren sich aus labyrinthischen Strukturen: fiktive Bücher werden geschrieben und kommentiert; eine Vielzahl von möglichen ›Enden‹ werden entworfen; fiktive und reale Gestalten interagieren auf verschiedenen Ebenen der Erzählung miteinander, bis ›Realität‹ und ›Fiktion‹ zu einer neuen, autonomen Wirklichkeit verschmelzen; ein Netz von intertextuellen Verweisen auf Literaturen und Mythen der Welt durchzieht den Text. Und dies alles wird zusammengehalten von einer Sprache, die sich am Rande des ihr Möglichen bewegt, ja, diesen sogar nicht selten überschreitet, um ihren Funktionen als transgressives Erkenntnismedium wie als kultureller Gedächtnisspeicher[4] gerecht zu werden. Die

---

[1] Havemann, S. 183.

[2] *Fiktionen* ist bis zum heutigen Tag das wohl einflussreichste Werk eines lateinamerikanischen Schriftstellers überhaupt. Seine Bedeutung für die weitere Entwicklung der Literatur des 20. (und 21.) Jahrhunderts kann kaum überschätzt werden.

[3] Diese beiden berühmten wie paradigmatischen Erzählungen Borges' stammen aus dem Band *Fiktionen*.

[4] Der (problematisierte) Zusammenhang von Sprache und (kulturellem) Erinnern wird besonders eindrucksvoll in Borges' berühmter

großen postmodernen Metaphern des Labyrinths und des Spiegels werden bei Borges wohl zum ersten Mal mit der vollen Bewusstheit ihres metaliterarischen Bedeutungspotentials eingesetzt: als bildliche Verweise etwa auf das Netz kultureller Vorbedeutetheit, das jedes einzelne Wort in sich trägt; auf die ewige Wiederkehr des Immergleichen in steter Verschiedenheit; oder auf die unvermeidbare Rückbezüglichkeit jeden Akt des Sprechens und Schreibens auf den Autor selbst:

Spinoza

Die durchscheinenden Hände des Juden
bearbeiten im Halbdunkel die Gläser,
und der vergangene Nachmittag ist Angst und Kälte.
(Die Nachmittage gleichen Nachmittagen).
Die Hände und der Raum des Hyazinths,
der an der Grenze des Ghettos verblasst,
sind für den stillen Mann kaum vorhanden,
der ein lichtes Labyrinth erträumt.
Weder stört ihn der Ruhm, diese Spiegelung
von Träumen im Traum eines anderen Spiegels,
noch die schüchterne Liebe der Jungfern.
Frei von Metapher und Mythos
stellt er eine mühevolle Linse her: den unendlichen
Plan von ihm, der alle seine Sterne ist.[1]

Wichtige Werke:

Apuntaciones críticas: La metáfora (*Kritische Anmerkungen zur Metapher*, 1921)
Fervor de Buenos Aires (*Buenos Aires mit Inbrunst*, 1923)
Del infierno y del cielo (*Von Hölle und Himmel*, 1942)
Ficciones (*Fiktionen*, 1944)
El Aleph (*Das Aleph*, 1949)
El informe de Brodie (*David Brodies Bericht*, 1970)
Libro de sueñoes (*Buch der Träume*, 1976)

Erzählung *Das unerbittliche Gedächtnis* (*Funes el memorioso*, 1944) thematisiert, in der der Protagonist über ein im wahrsten Sinne des Wortes photographisches Gedächtnis verfügt. Weil er alles, was er wahrnimmt und folglich erinnert, nur in seiner absoluten Individualität und Spezifität sieht, ist er unfähig, abstrahierende Allgemeinbegriffe zu gebrauchen. Deswegen versucht er eine neue, individualisierte Sprache zu entwerfen, die ihn jedoch zugleich in die Aufgabe des ewigen Chronisten drängt, der jedes Detail aufzunehmen und festzuhalten gedenkt.

[1] Übersetzung von Johannes Beilharz

ERNEST HEMINGWAY

(1899–1961)

Lebensintensität und Todeskonfrontation – Der Sucher und sein Kampf

Der Name Ernest Hemingway steht bis heute für einen ganz bestimmten Schreib- und Lebensstil, der das unverwechselbare Markenzeichen dieses Schriftstellers ist, der als einer der größten Kurzgeschichtenautoren überhaupt in die Literaturgeschichte eingegangen ist. Der Erzähler Ernest Hemingway, der zu dem Kreis der unerreichten ›Sprachmeister‹ gehört, befleißigte sich einer *economy of means*, was wohl am ehesten als ›Bündigkeit des Stils‹ umschrieben werden kann. Als Mensch wie als Schriftsteller verschrieb sich der Literaturnobelpreisträger des Jahres 1955 einem individualistischen Kodex der kämpferischen Lebensintensität. Die berühmteste Manifestation der Hemingway'schen erzählerischen Bündigkeit und seines ureigenen Lebensethos ist sicher sein Kurzroman *Der alte Mann und das Meer* (*The Old Man and the Sea*, 1952), dessen Protagonist in die Alltagsmythologie eingegangen ist.

Ernest Miller Hemingway stammte aus einer puritanischen Familie und wuchs in einem Chicagoer Vorort in wohlgeordneten Verhältnissen auf (der Vater war Landarzt, die Mutter Chorleiterin) – aus denen der junge Ernest schon bald ausbrechen sollte, hinein in ein ausgesprochen abenteuerliches Leben. Anstatt aufs College zu gehen, arbeitete der zukünftige Schriftsteller zunächst als Reporter und versuchte, in die US-Army aufgenommen zu werden. Wegen seiner eingeschränkten Sehfähigkeit abgelehnt, meldete sich Hemingway als Freiwilliger beim Roten Kreuz. 1918 wurde er als Lieutenant an die italienische Front geschickt, wo er schwer verwundet wurde (Erfahrungen, die Hemingway später in dem Roman *In einem anderen Land / A Farewell to Arms* von 1929 verarbeitete, der von Benito Mussolini (1883-1945) prompt in Italien verboten wurde). Nach dem Krieg ging Hemingway mit seiner ersten Frau nach Paris, wo er ein wichtiger Teil der Gruppe der sogenannten *expatriots* wurde – ein Kreis US-amerikanischer Schriftsteller, die das Leben in der kulturellen Metropole Paris ihrem Heimatland vorzogen und von Gertrude Stein (1874–1946) einmal als »lost generation« (›verlorene Generation‹) bezeichnet wurden. Hemingway verkehrte in Paris mit so bedeutenden Literaten wie Stein, Ezra Pound (1885–1972) und James Joyce (1882–1941) und wurde mit seinem ersten Kurzgeschichtenzyklus *In unserer Zeit* (*In our Time*, 1925) und seinem Erstlingsroman *Fiesta* (*The Sun also Rises*, 1926) zum international populären Autor und zum ›Exponenten‹ der *expatriots*. Nach seiner zweiten Eheschließung begann Hemingway ein unstetes Leben als reisender Journalist und Schriftsteller, unter anderem in Afrika, der Karibik und Spanien, wo er als Berichterstatter über den Spanischen Bürgerkrieg tätig war und die linke Fraktion nach Kräften unterstützte. Während des Zweiten Weltkriegs, inzwischen auf Kuba ansässig (und zum dritten Mal verheiratet), beteiligte sich Hemingway dort am Aufspüren deutscher U-Boote. 1944/45 wiederum war der Schriftsteller bei der Invasion Frankreichs Berichterstatter. Nach dem Krieg schloss Hemingway mit Mary Welsh seine vierte Ehe und führte sein Leben als Abenteurer und immens populärer Schriftsteller fort, bis ihn schließlich das Schwinden seiner – physischen wie literarischen – Kräfte zum Rückzug zwang und schließlich in den Selbstmord trieb.

»Aber der Mensch darf nicht aufgeben … Man kann vernichtet werden, aber man darf nicht aufgeben.« – Dies ist das berühmt gewordene Credo des alten Fischers aus Ernest Hemingways *Der alte Mann und das Meer*, der tagelang auf offener See mit einem riesigen Schwertfisch ringt, nur um ihn nach seinem hart erkämpften Sieg an hungrige Haie zu verlieren. Es kann – wenn auch etwas plakativ – als Motto über das Gesamtwerk des meisterhaften Erzählers geschrieben werden – und in gewisser Weise auch über sein Leben. Ernest Hemingway – zumindest seine öffentliche *persona* – und die Helden[1] seiner Erzählungen sind nur schwer voneinander zu scheiden; den Schriftsteller und seine Protagonisten trieb dieselbe Motivation an: die regelrecht verzweifelte Suche nach einer individualistischen Ethik in einer modernen Welt, die ihre Sinnhaftigkeit verloren hatte und in der

---

[1] Im Falle des Hemingway'schen Œuvres ist es kaum angemessen, den Begriff ›Helden‹ in modernistisch relativierende Anführungszeichen zu setzten. Seine Protagonisten, so kann man wohl ohne Übertreibung sagen, sind die letzten Helden der von ›Anti-Helden‹ bevölkerten modernistischen Literatur.

traditionelle Wertvorstellungen keine Orientierung mehr boten. Hemingway und seine Protagonisten setzen dieser Welt einen Kodex von (männlicher) Abenteuerlust und Lebenskraft entgegen, die aus nichts anderem resultieren können als dem unentwegten, aufrechten Ringen mit dem Tod: »In der zeremoniellen Ordnung von Sport, Stierkampf, Jagd, Angeln, Liebe erhalten physische Aktivität, Trieb und Robustheit, Mut und ›violence‹ [Gewalt] ethischen Sinn als Formen der Selbstbehauptung gegen den Tod, gegen den ein Maximum an Lebenskraft aufgeboten wird; erst in der immer wieder gesuchten, schließlich endgültigen Begegnung und Konfrontation mit ihm erlangt das Dasein Würde und Wert.«[1] Dieses Ethos der Lebensintensität und Todeskonfrontation durchzieht Hemingways gesamtes Schaffen und erhält mit *Der alte Mann und das Meer* – dem letzten Roman, den der Schriftsteller vor seinem Tod vollendete – mythische Dimensionen. Doch trotz aller (angestrebten?) Ähnlichkeit darf man den ›ganzen Menschen‹ Ernest Hemingway nicht mit seinen Helden und auch nicht mit seiner öffentlichen *persona* verwechseln; denn die verbarg und schützte – zumindest seinem großen modernistischen Kollegen James Joyce zufolge – einen »empfindsamen Kerl, der versucht, als tough durchzugehen«[2]. Nichtsdestotrotz prägte Hemingways Ethos des individualistischen Kampfes (der in seinen fiktionalen wie nicht-fiktionalen Texten durchaus ritualhaften Charakter erhält) sein Leben wie sein Schreiben. So nannte er in seiner Rede zur Verleihung des Nobelpreises im Jahr 1955[3] das Handwerk eines Schriftstellers ein einsames Ringen um Originalität – darum, etwas zu tun, »das noch nie getan worden ist«. An diesen ungezierten, aber hohen Ansprüchen maß Hemingway sein eigenes Werk – und war damit sein schärfster Kritiker. So ist es nicht schwer zu glauben, dass es – neben dem auf zahlreiche Verletzungen im Laufe seines abenteuerlichen Lebens zurückzuführenden Verlust seiner physischen Virilität

---

[1] Gero von Wilpert (Hg.): *Lexikon der Weltliteratur. Band I.* Stuttgart: Körner 1988. S. 696.

[2] vergl. Leon Lewis: »Ernest Hemingway«. in: Frank N. Magill (Hg.): The Nobel Prize Winners. Literature. Pasadena, California/Englewood Cliffs, New Jersey: Salem Press 1987. Band 2. S. 593–606. hier: S. 600. (Übersetzung der Autorin)

[3] Diese Rede wurde aufgrund von Hemingways schlechtem Gesundheitszustand – bedingt durch mehrere schwere Verletzungen, die sich der Schriftsteller während einer Safari in Uganda zugezogen hatte – per Tonband abgespielt.

– das (von ihm selbst und anderen als solches wahrgenommene) Schwinden seiner schriftstellerischen Virtuosität war, das den großen Erzähler 1961 zum Selbstmord veranlasste. Und doch war Hemingway seiner Poetik der Originalität mit seinem Œuvre längst gerecht geworden, insbesondere mit seinen *short stories* (Kurzgeschichten), mit denen er einen ganz neuen, im wahrsten Sinne des Wortes eigentümlichen Erzählstil entwickelte. Dieser in Hemingways journalistischer Tätigkeit wurzelnde Stil zeichnet sich vor allem durch eine Bündigkeit und Präzision aus, die sich auf allen Ebenen der Geschichte manifestiert. Des Weiteren prägt das Erzählen des Nobelpreisträgers eine an ›Fakten‹ orientierte Nüchternheit, die ins Banale abzudriften scheint, jedoch keinesfalls mit Oberflächlichkeit verwechselt werden darf. Vielmehr zeichnen sich Hemingways Erzählungen, ganz besonders seine Dialogpassagen, durch eine gewagte Doppelbödigkeit aus und ein atemloses Momentum, das sich gerade durch die karge, schmucklose Sprache des großen Prosaschriftstellers konstituiert. Aus diesem auf Knappheit und auf die Kondensation des ›perfekten Moments‹ angelegten Erzählen Hemingways formte sich die moderne *short story*.

Wichtige Werke:

In our Time (*In unserer Zeit*, 1925)
The Sun also Rises (*Fiesta*, 1926)
The Killers (*Die Killer*, 1927)
The Short and Happy Life of Francis Macomber (*Das kurze glückliche Leben des Francis Macomber*, 1936)
The Snow of Kilimanjaro (*Schnee auf dem Kilimandscharo*, 1936)
For Whom the Bell Tolls (*Wem die Stunde schlägt*, 1940)
The Old Man and the Sea (*Der alte Mann und das Meer*, 1952)

KAWABATA YASUNARI

(1899–1972)

Die Schönheit, der Tod und das Nichts – Der sehende Poet in japanischer Tradition

Kawabata Yasunari war Japans erster Literaturnobelpreisträger (1968). Er ist bekannt als der große Schöngeist, der mit seinen bildreichen Prosawerken eine spezifisch japanische moderne Ästhetik schuf. Alle seine Werke sind Variationen

auf die Kawabata'schen Themen von Schönheit, Tod und Unschuld und getragen von dem Grundsatz: »Was schön ist, ist auch immer irgendwie traurig.«

Das stilistisch wagemutige Œuvre Kawabata Yasunaris bedeutet, trotz der westlichen Vorbilder, von denen er sich inspirieren ließ, keineswegs einen Bruch mit der jahrhundertealten Tradition der japanischen Literatur, ganz im Gegenteil. Kawabatas Liebe zu, ja, Obsession mit der Natur, der er mit einer enormen, an östliche Malerei erinnernden Visualität und Unmittelbarkeit narrativ-lyrische Gestalt verleiht, ist spätestens seit Japans überragendem Dichter Matsuo Bashō (1644–1694) unbestreitbares Charakteristikum der japanischen Literatur. Der bewusste Gebrauch von ausgefeilten Symbolen durch den Nobelpreisträger geht wiederum – genauso wie seine naturalistische Detailgenauigkeit, und auch -verliebtheit – auf die großen japanischen Romanciers des 19. Jahrhunderts zurück, die ihrerseits den von den weltweit führenden französischen Dichtern und Schriftstellern etablierten neuen Schreibtechniken eine spezifisch japanische Prägung gegeben hatten. Am ehesten jedoch ist Kawabatas Werk – sowohl auf stilistischer als auch auf einer übergeordneten, poetologisch-philosophischen Ebene – eine moderne Prosavariation der japanischen *haiku*- und *renga*-Dichtung. Das *haiku*, das von Bashō begründete dreizeilige Siebzehn-Silben-Gedicht, will im verdichteten Ausschnitt eine Ahnung des Ganzen geben und den Blick für das Kleine und seine Verbindung mit dem Großen schärfen:

Im Tautropfenfall
einmal nur den Staub der Welt
wegspülen können![1]

Kawabatas skizzenhafte Kurzprosa, wie er sie in seinen über die Jahre entstandenen sogenannten ›Handtellergeschichten‹ (*Tanogokuro no shōsetsu*)[2] zur Meisterschaft bringt, stellt wie das *haiku* ein einzelnes Motiv in den Mittelpunkt und verweist in

---

[1] *Haiku* von Matsuo Bashō.

[2] Die gut 100 Texte der Handtellergeschichten entstanden in erster Linie 1923–1935, 1944–1950 und 1962–1963. Sie decken eine Bandbreite von Inhalten, Stilen und Formen ab, kreisen jedoch im Kern um die ihren Autor vor allem bewegenden Themen von Tod, Liebe, Schönheit, Unschuld, Natur und Vergänglichkeit.

bildreicher, lyrisch dichter Sprache auf eine übergeordnete Idee wie etwa die für den japanischen Nobelpreisträger so typische untrennbare Verbindung von Schönheit und Tod. Die berühmten großen Erzählwerke Kawabatas wiederum – von denen die bedeutendsten wohl *Schneelandschaft* (*Yukiguni*, 1973), *Tausend Kraniche* (*Senbazuru*, 1952) und *Ein Kirschbaum im Winter* (*Yama no oto*, 1952) sind – erinnern durch den Stil freier Assoziation und lyrischer Visionen, der den Romanen eine lose, fließende Struktur verleiht, an die alte Tradition der *renga*- oder Kettendichtung (vereinfacht gesprochen eine Aneinanderreihung von *haikus*, oft als Gemeinschaftsdichtung entstanden). Doch mehr noch als die Form von Kawabatas Erzählungen erinnert seine Poetologie an die Weltsicht, die hinter dem *haiku* steht: Das Siebzehn Silben Gedicht versteht sich als eine Schule des scharfen Sehens, deren letztendliches Ziel Erkenntnis im Sinne des Zen-Buddhismus ist, während Kawabatas Dichtungstheorie eine Poetik des Beobachtens ist. Er zelebriert – und stellt sich damit in eine lange Reihe japanischer Dichter – die genaue Beobachtung der Natur, denn nur in der künstlerischen Betrachtung des Details sind Augenblicke klarer Erkenntnis möglich, in denen die momentane Schönheit des Objekts den Blick in eine Ewigkeit hinter den Dingen erlaubt. Für Kawabata sind jedoch genau diese Augenblicke auch jene, in denen der Tod dem Sehenden ins Gesicht blickt, während gleichzeitig die Sinne des Todesnahen geschärft sind für genau jene Erkenntnismomente. Kawabatas Ewigkeit hinter der Schönheit der Erscheinung ist immer auch das Nichts, aber, so betonte der Nobelpreisträger, der im Westen gern als nihilistischer Schriftsteller betrachtet wird, dieses Nichts ist dem buddhistischen Nirvana allumfassender Wahrheit zumindest verwandt. So geht Kawabatas Poetik des Beobachtens auf eine alte japanische Tradition des scharfen Sehens zurück; gleichzeitig jedoch ist sein Stil geprägt durch eine gewisse distanzierte Kälte, die sich im Laufe seines Werkes intensiviert. So eindringlich seine Sprachbilder sind, die Natur und Innenleben zu einer ganzheitlichen Erfahrung verschmelzen – Kawabatas Art der Beobachtung ist eine fast klinische Betrachtungsweise der Welt. Diese schließt auch seine eigene Person nicht aus; die Protagonisten seiner Erzählung sind letztendlich wie ihr Autor selbst: Besessene von Schönheit und Tod, Sucher nach Reinheit und Unschuld (manifestiert in der Gestalt eines unschuldigen Mädchens, einer Tänzerin oder einer Geisha) und stets distanzierte Beobachter.

Der für Kawabata so typische Stil zeigt sich zum ersten Mal im *Tagebuch eines Sechzehnjährigen* (*Jūrokusai no nikki*, 1927), in dem der ›Seher‹ sein Kindheitstrauma aufarbeitet: Früh verlor der junge Yasunari nacheinander seine Eltern und seine Schwester, 1906 und 1914 seine Großmutter und seinen Großvater, die ihn aufgenommen hatten. Kawabatas Erstlingswerk allerdings war die 1926 erschienene *Tänzerin von Izu* (*Izu no odoriko*), die inzwischen zu den Klassikern der Moderne gehört und zum ersten Mal die Manifestation von Reinheit und Unschuld in der Gestalt einer Frau, in diesem Fall einer fahrenden Schaustellerin, und deren heilenden Einfluss auf den Protagonisten zelebriert. Zu dieser Zeit hatte sich Kawabata endgültig der Literatur zugewandt; zunächst hatte sich der junge Künstler für Malerei interessiert, was in der intensiven Bildlichkeit seiner Prosa immer spürbar bleibt. Doch während seines Studiums der Japanischen und Englischen Literatur an der Universität von Tōkyō fielen die Texte des ambitionierten Schriftstellers dem angesehenen Dramatiker und Romancier Kan Kikuchi (1888–1948) ins Auge, der Kawabata entsprechend förderte, und ab Mitte der 1920er Jahre trat der zukünftige Nobelpreisträger bereits als wichtiger Theoretiker der Neusensualisten in Erscheinung. Diese literarische Bewegung forderte die Integration der Strömungen der westlichen Moderne in die japanische Literatur und legte ihren Schwerpunkt auf die Literarisierung von Sinneswahrnehmungen. Letzteres Credo behielt Kawabata bei, auch als er sich der japanischen Tradition zuwandte und seine großen, assoziativ-lyrischen Erzählwerke verfasste, die Schönheit und Tod gleichermaßen zelebrieren. Vor allem nach dem Ende des Zweiten Weltkriegs, während dem Kawabata sozusagen in das Studium buddhistischer Schriften flüchtete und dessen Ende mit der Niederlage Japans und den Atombomben von Hiroshima und Nagasaki ein großes Trauma für den Schriftsteller bedeutete, begann der Themenkomplex des Todes in seinem Werk an Dringlichkeit zuzunehmen und erfuhr eine Erweiterung: Kawabata befasste sich nun auch mit dem Schwinden eines alten Lebensstils angesichts der zunehmenden Verwestlichung Japans.

Wenig im ›wirklichen‹ Leben des anerkannten Schriftstellers und Kritikers, des gefeierten Nobelpreisträgers und des zufriedenen Vaters und Ehemanns Kawabata Yasunari bereitete auf dessen Selbstmord im Jahr 1972 vor. Seine Poetik des Todes jedoch, die denselben als den letzten Schritt zur Erkenntnis und gleichzeitig die endlose Prozesshaftigkeit des Lebens proklamiert, mag, zusammen mit der japanischen Tradition des *hara-kiri*, zumindest den Ansatz einer Erklärung für diesen letzten Schritt des großen japanischen Ästheten liefern.

Wichtige Werke:

Izu no odoriko (*Die Tänzerin von Izo*, 1926)
Jūrokusai no nikki (*Tagebuch eines Sechzehnjährigen*, 1927)
Suishō gensō (*Träume im Kristall*, 1931)
Yukiguni (*Schneeland*, 1937)
Senbazuru (*Tausend Kraniche*, 1952)
Yama no oto (*Ein Kirschbaum im Winter*, 1952)
Nemureru bijo (*Die schlafenden Schönen*, 1960/61)

JOHN STEINBECK

(1902–1968)

Die Fähigkeit zur Größe – Das neue Camelot

John Steinbeck ist einer der meistgelesenen Autoren des 20. Jahrhunderts. Mit Büchern wie *Tortilla Flat* (1935), *Von Mäusen und Menschen* (*Of Mice and Men*, 1937), *Die Früchte des Zorns* (*The Grapes of Wrath*, 1939) und *Jenseits von Eden* (*East of Eden*, 1952) erreichte und erreicht er ein Millionenpublikum, und das nicht nur wegen der berühmten Verfilmungen dieser seiner Werke, die allesamt kulturelle Ikonen geworden sind.

Literatur ist so alt wie Sprache. Sie erwuchs aus einem menschlichen Bedürfnis und hat sich seit ihren Anfängen nicht verändert – außer, dass wir sie mehr denn je brauchen. Die Barden, die Schriftsteller waren und sind nicht abgehoben von den Menschen. [...] Es ist die Aufgabe des Schriftstellers, die Fähigkeit zur Größe in Herz und Geist zu erklären und zu feiern, die der Mensch immer wieder unter Beweis gestellt hat und stellt – die Fähigkeit zur Ritterlichkeit in der Niederlage, zu Mut, Mitgefühl, Liebe. Im endlosen Kampf gegen Schwäche und Verzweiflung sind dies die Banner der Hoffnung.[1]

So verkündete John Steinbeck in seiner Rede zu Verleihung des Nobelpreises im Jahr 1962. Diese unerschütterlichen Ideale

---

[1] Übersetzung der Autorin

des kalifornischen Schriftstellers, denen dessen traditionelles, geradlinigen Geschichtenerzählen mehr als angemessen ist, wirken unter all den großen, skeptischen modernistischen Literaten der ersten Hälfte des 20. Jahrhunderts fast anachronistisch, jedenfalls aber ›aus der Art geschlagen‹. Angesichts der ausgesprochen chivalresken Natur dieses Credos Steinbecks ist es wenig verwunderlich, dass der Nobelpreisträger über zehn Jahre lang an der Übersetzung von Thomas Malorys (um 1408–1471) mittelenglischer Dichtung *Der Tod Arthurs* (*Le Morte d'Artur*, entstanden 1451–1470) arbeitete, die Steinbecks Meinung nach einer *der* Texte ist, auf dem das kulturelle und ethische Selbstverständnis der westlichen Welt fußt[1] – und dass eines seiner letzten Projekte ein historischer Roman war mit dem Titel *König Artus und die Heldentaten der Ritter seiner Tafelrunde* (*The Acts of King Arthur and his Noble Knights*, 1976). In der Tat unterliegt die Artussage mit ihren Idealen der menschlichen Größe und ritterlichen Nächstenliebe als Prä- und Subtext vielen der sozialen Romane John Steinbecks, auch wenn dies nicht auf den ersten Blick erkennbar ist; den naturalistisch-realistischen Schilderungen des Leidens der Menschen am Rand der Gesellschaft – Steinbecks bleibendes Interesse galt den ausgebeuteten Landarbeitern – steht die Idee eines ›neuen Camelot‹ stets als (utopischer) Gegenentwurf entgegen. Das bedeutet, die Ideen von der Menschlichkeit, Nächstenliebe, Mut und Würde schimmern immer wieder in Steinbecks Texten auf, wenn auch manchmal nur fragmentarisch und in vereinzelten Szenen. So gelingt es dem Kalifornier, in seinen Romanen Naturalismus und Idealismus zu vereinen.

Seinen ersten literarischen Erfolg hatte John Steinbeck mit *Tortilla Flat* im Jahr 1935. In dieser Geschichte von mexikanisch-amerikanischen ›wunderlichen Schelmen‹ (so der Titel einer älteren deutschen Übersetzung[2]) manifestiert sich – zusammen mit dem Roman *Cannery Row* (1945) – das arturische Paradigma am klarsten; beide Werke sind von einem tiefen menschlichen Humor geprägt und handeln von Gemeinschaften, die auf Solidarität und Loyalität aufgebaut sind und so als Alternativentwürfe zu der bitteren ›Realität‹ fungieren, die Steinbecks spätere

---

[1] vergl. Annette Pehnt. »Steinbeck, John [E.]«. in Axel Ruckaberle (Hg): *Metzler Lexikon der Weltliteratur*. Stuttgart/Weimar 2006. Band 3. S.281–83. hier: S. 283.

[2] *Die wunderlichen Schelme von Tortilla Flat* von 1943

Romane präsentieren. Wie die meisten der Texte des Nobel-preisträgers spielt auch *Tortilla Flat* in Kalifornien. Das heimatliche, ländliche Salina lieferte dem Schriftsteller den idealen fiktionalen Raum, in dem sich seine Geschichten entfalten konnten – ein fiktionaler Raum, der durch die Erzählungen Steinbecks und ihre naturalistisch-eindrucksvollen Schilderungen symbolisch-mythische Dimensionen erhielt.

Auf *Tortilla Flat* folgten die politisch engagierten Romane Steinbecks, die ihm den Ruf eines ›sozialen Schriftstellers‹ einbrachten: der Streikroman *Stürmische Ernte* (*In Dubious Battle*, 1936), mit dem der künftige Nobelpreisträger das ihm eigene Thema der kalifornischen Landarbeiter und deren hartem Schicksal etablierte[1] und die Figur des beobachtenden, und doch mitfühlenden Erzählers einführte, die so typisch für Steinbecks Œuvre ist; *Von Mäusen und Menschen*, sein ›kleines Buch‹ (Steinbeck) um eine tragische Freundschaft zwischen zwei Wanderarbeitern, das zu dem ersten durchschlagenden, internationalen Erfolg des Kaliforniers wurde und vielleicht immer seine ›heimliche Liebe‹ blieb[2]; und sein ›großes Buch‹ *Früchte des Zorns*. Diese »epische Chronik«, wie die Schwedische Akademie die *Früchte des Zorns* nannte, basiert – wie die übrigen sozialen Romane Steinbecks auch – auf detaillierten Recherchen vor Ort in den Lagern der verarmten Migranten, die in den 1930ern in Scharen etwa von Oklahoma aus in Hoffnung auf Arbeit auf den dortigen riesigen Obstplantagen nach Kalifornien aufbrachen und deren Sache John Steinbeck zu seiner eigenen machte. *Früchte des Zorns* erzählt den ›Exodus‹ einer dieser Landarbeiterfamilien, schildert die Missstände in Kalifornien und präsentiert – sehr zum Unmut nicht weniger zeitgenössischer Politiker, die den Roman als ›Lüge‹ stempelten – das Scheitern des amerikanischen Traums (nicht ohne, natürlich, Szenen arturischer Hoffnung).

Steinbecks nächster – und letzter – großer Roman war *Jenseits von Eden* von 1952. Es handelt sich hierbei um eine Familiensaga von biblischen Dimensionen (als Prätext dient die Geschichte von Kain und Abel), die anhand des Werdegangs zweier kalifornischer Siedlerfamilien – den Tasks und den Ha-

---

[1] »Ich hatte nie Zeit, die Dinge anzusehen, Mac, nie«, lässt Steinbeck seinen sterbenden Protagonisten Jim Nolan in *Stürmische Ernte* sagen.

[2] Steinbeck adaptierte *Von Mäusen und Menschen* auch zu einem dreiaktigen Bühnenstück, das heute wohl noch bekannter ist als der Roman selbst.

miltons (letzteres war der Mädchenname von Steinbecks Mutter) ein Panorama der Formation des *Far West* als letzten zu integrierenden Teil der Vereinigten Staaten entwirft. Auch dank der Verfilmung von 1955 (in Zusammenarbeit von Steinbeck und dem Regisseur Elia Kazan entstanden), in der James Dean (1931–1955) seinen ersten Leinwandauftritt hatte, ist *Jenseits von Eden* zum berühmtesten Werk des Kaliforniers geworden. Ohnehin sind von Steinbecks Gesamtwerk – der als Romancier, Erzähler, Drehbuchautor, Reiseschriftsteller und Stückeschreiber zu den produktivsten Autoren überhaupt gehört – nur eine Handvoll von Texten weithin bekannt – diese allerdings waren und sind Welterfolge. Steinbeck selbst, von ewigen schriftstellerischen Selbstzweifeln geplagt, erachtete nur wenige seiner Werke als wirklich qualitativ wertvoll. Dabei wollte der Sohn einer irisch-stämmigen Lehrerin und eines deutsch-stämmigen Finanzbeamten von Anfang an Schriftsteller werden; bald brach er sein Studium der Literatur und der Meeresbiologie an der Universität Stanford zugunsten seiner journalistischen und literarischen Tätigkeiten ab. Steinbeck musste sich deswegen mit Gelegenheitsjobs über Wasser halten, unter anderem auch als Obstpflücker. Mit seinen großen Erfolgen von *Tortilla Flat* bzw. *Von Mäusen und Menschen* und den jeweiligen Verfilmungen jedoch wurde Steinbeck zu einer Figur des öffentlichen Lebens in den USA, was dem, vielen Berichten zufolge in seinem Herzen extrem schüchternen, Schriftsteller wenig recht sein konnte. Es heißt sogar, dass seine Tätigkeit als Kriegskorrespondent während des Zweiten Weltkriegs – die allerdings nicht gerade zu seiner Unbekanntheit beitrug – zum Teil als Flucht vor der Aufmerksamkeit der Öffentlichkeit zu interpretieren ist. Andererseits inszenierte sich Steinbeck – gerade in späteren Jahren – durchaus selbst als berühmter Erfolgsautor und spielte sich durch seine politischen Einstellungen – zunächst sein Engagement für die ausgebeuteten Arbeiter, später sein wachsender Patriotismus und seine Verteidigung des Vietnamkriegs – in das Licht der US-amerikanischen Öffentlichkeit.

Wichtige Werke:

Tortilla Flat (*Tortilla Flat*, 1935)
Of Mice and Men (*Von Mäusen und Menschen*, 1937)
The Grapes of Wrath (*Früchte des Zorns*, 1939)
Cannery Row (*Cannery Row. Die Straße der Ölsardinen*, 1945)
East of Eden (*Jenseits von Eden*, 1952)

ALEJO CARPENTIER

(1904–1980)

Das Reich dieser Welt – Der Chronist des wunderbar Wirklichen

Alejo Carpentier wird in Kuba als *máximo novelista*, als größter Schriftsteller des Landes, gefeiert. Nicht nur als Literat, sondern auch als Musikologe – seine Studie *La música en Cuba* (›Die Musik in Kuba‹, 1946) ist ein Standardwerk zur kubanischen Musik – trug er wesentlich zur Emanzipation der lateinamerikanischen Kultur(en) bei. Seine Theorie des *real maravilloso*, des wunderbar Wirklichen, übte einen großen, wenn auch oft mittelbaren, Einfluss auf die Literatur der zweiten Hälfte des 20. Jahrhunderts aus.

In *La música en Cuba* preist Alejo Carpentier die Polyrhythmik der afrokubanischen/afrokaribischen Musik als Gegenentwurf zur kommerzialisierten ›Kulturindustrie‹. Analog sah er in der ›Kulturmelange‹ Lateinamerikas das Potential für das, was er den ›kulturellen Mestizismus‹ nannte: für eine »Utopie einer befreiten Menschheit […], in der es keine rassistische Ausgrenzung, begründet durch kulturelle ›eigen und fremd‹-Dichotomien, mehr geben sollte«[1]. Auch Carpentier selbst, so kann man sagen, trug den Kern dieses kulturellen Mestizismus in sich: Im schweizerischen Lausanne als Sohn einer russischen Sprachwissenschaftlerin und eines französischen Architekten geboren, wuchs der zukünftige Romancier, Literaturtheoretiker und Musikologe in Kuba auf[2], das zur Heimat seines Herzens wurde, und verbrachte lange Jahre im Exil in Paris und Venezuela. Er machte sich die Belange der indigenen wie afrikanischstämmigen Bevölkerung Lateinamerikas zu eigen: In seinen (literatur)theoretischen Schriften plädiert Carpentier leidenschaftlich für eine Integration deren reichen kulturellen Erbes in eine autonome hispano-amerikanische Literatur, und besonders

---

[1] vergl. *Die Dialektik des Aufklärers. Die verlorenen Spuren von Alejo Carpentier.* unter: www.ruhr-uni-bochum.de.

[2] Die Familie wanderte nach Kuba aus, als der kleine Alejo noch kein Jahr alt war; deswegen wird in älteren Quellen oft fälschlicherweise Havanna als Geburtsort des *máximo novelista* angegeben.

der Kampf der schwarzen Sklaven um Freiheit wurde zu einem der Hauptthemen seines Œuvres.

Seinen ersten Roman, *Ecué-Yamba-Ó* (›Gelobt sei der Herr‹, erschienen 1933), begann Alejo Carpentier im Gefängnis; der Journalist und aktive Kommunist wurde 1927 wegen Widerstand gegen den Diktator Gerardo Machado y Morales für 40 Tage inhaftiert. *Ecué-Yamba-Ó*, der sich bereits mit der afrokubanischen Kultur auseinandersetzt, steht noch ganz in der Tradition eines sozialreformerischen Realismus. Diese literarische Ausrichtung Carpentiers änderte sich dramatisch während seines Exils in Frankreich (1928–1939). Dort wurde der Kubaner mit offenen Armen in den Kreis der Surrealisten um André Breton (1896–1966) und Antonin Artaud (1896–1948) aufgenommen, deren revolutionäre Poetik den Exilanten zunächst begeisterte. Carpentiers spätere Romane weisen auch durchaus surrealistische Elemente auf; die Bewegung als Ganzes lehnte der Kubaner in seinen literaturtheoretischen Schriften aber wegen ihrer extremen Verkünstelung ab. Als vitalen Gegenentwurf konzipierte er seine Poetik des *real maravilloso* – des wunderbar Wirklichen der lateinamerikanischen Geschichte und Gegenwart, welches eine authentische Literatur, die aus diesem reichen, tiefen kulturellen Nährboden erwächst, einzufangen wissen muss. Diese seine Poetik präsentierte Carpentier zum ersten Mal im Prolog seines zweiten Romans *Das Reich von dieser Welt* (*El reino de este mundo*, 1949), mit dem er sowohl als Schriftsteller als auch als Literaturtheoretiker weltberühmt wurde. Inspiriert war das Werk von einer Reise des Romanciers nach Haiti im Jahr 1943, dessen geschichtlicher wie kultureller Reichtum Carpentier zutiefst faszinierte. Zusammen mit seiner Begegnung mit dem guatemaltekischen Schriftsteller Miguel Ángel Asturias (1899–1974), der mit seinen Romanen die Welt indianischer Mythen in die Literatur einführte, war diese authentische Konfrontation mit dem ›wunderbar Wirklichen‹ auf Haiti ein wortwörtlicher Augenöffner für Carpentier und entscheidend für die literarische Entwicklung des kubanischen Romanciers. Im von Asturias mitinitiierten Magischen Realismus – der übergangslosen Verbindung realistischer und magisch-mythischer Elemente, die in einer Durchlässigmachung, wenn nicht Aufhebung der Grenzen von Raum, Zeit und Bewusstseinsebenen resultiert – fand Carpentier die adäquate Ausdrucksweise für das *real maravilloso*, das für ihn alltägliches lateinamerikanisches Erleben sowie originär lateinamerikanischer (literarischer) Selbstausdruck war.

Nach dem Zweiten Weltkrieg, nachdem er zwischenzeit-
lich nach Kuba zurückgekehrt war – unter anderem zur Re-
cherche für seine einflussreiche musikologische Studie –, ließ
sich Carpentier in Venezuela nieder, das zum Vorbild für das
fiktive *setting* seines nach *Das Reich von dieser Welt* bedeutendsten Roman wurde, nämlich für *Die verlorenen Spuren* (*Los pasos
perdidos*, 1953). Während ersterer einen magisch-realistischen
historischen Roman konstituiert, der den langen Weg Hai-
tis exemplarisch am Schicksal des schwarzen Sklaven Ti Noël
nachzeichnet, ist letzterer eher als eine autobiographisch inspirierte Zeitreise durch die Mythologien der Welt zu bezeichnen
und situiert sich im Spannungsfeld zwischen abendländischer
Zivilisation und ›primitiven‹ afro-indianischen Kulturen[1]. *Die
verlorenen Spuren*, dieser höchst komplexe Roman, in den der
Musikologe Alejo Carpentier auch vielschichtige musikalische
Referenzen einflicht, kann zweifellos als das Meisterwerk des
máximo novelista bezeichnet werden.

Alejo Carpentier war, auf vielen Ebenen, ein Unabhängig-
keitsdichter. Nicht nur trieb er theoretisch und praktisch die
Emanzipation der lateinamerikanischen Literatur von euro-
päischen Vorbildern voran, sondern machte auch konkret die
Wege des Kontinents in die politische Unabhängigkeit und hin
zur allumfassenden Freiheit und Toleranz zum Thema seiner
Romane – Wege, die weltweit nicht auch nur ansatzweise zu
Ende gegangen sind. Und natürlich wusste der Kulturkritiker
Alejo Carpentier, dass seine Utopie des kulturellen Mestizismus
genau das war: eine Utopie. Wenn er auch den kubanischen
Protagonisten seines dritten großen Romans, *Explosion in der Kathedrale* (*El siglo de las luces*, 1962), nach seiner Reise durch das
Zeitalter der Kolonisation[2] zum Schluss kommen lässt: »Wir
Weißen sind die größten Bestien in der Geschichte der Menschheit« – so zeigt er doch warnend in seinen Werken, dass die Unabhängigkeit von den Kolonialmächten oft nur die Herrschaft
neuer Despoten nach sich zieht. Deren gewalttätige Willkür hatte der Romancier, der insgesamt 25 Jahre seines Lebens im Exil
verbrachte, selbst erlebt. Erst nach der Kubanischen Revolution
von 1959 kehrte Carpentier in seine Herzensheimat zurück. Un-

---

[1] vergl. *Kindlers Neues Literatur Lexikon*. Chefredaktion Rudolf Radler.
München: Kindler 1988/1998. Band 3. S. 659ff.
[2] Der spanische Originaltitel ›Das Jahrhundert der Aufklärung‹ ist
höchst ironisch gemeint.

ter Fidel Castro (*1926) bekleidete der *máximo novelista* für den Rest seines Lebens wichtige Posten im Kulturbereich – zunächst als Literaturprofessor an der Universität von Havanna, dann als Staatssekretär und Leiter des kubanischen Staatsverlags. Schon 1966 allerdings kehrte Carpentier als Kulturattaché nach Paris zurück, wo er bis zu seinem Tod lebte und schrieb.

Wichtige Werke:

El reino de este mundo (Das Reich von dieser Welt, 1949)
Los pasos perdidos (Die verlorenen Spuren / Die Flucht nach Manoa, 1953)
El Acoso (Finale auf Kuba / Hetzjagd, 1956)
El siglo de las luces (Explosion in der Kathedrale, 1962)
Concerto barroco (Barockkonzert, 1974)
El arpa y la sombra (Die Harfe und der Schatten, 1979)

DING LING (JIANG BINGZHI)

(1904–1986)

Fräulein Sophia – Weiblicher Freigeist am Rande des Verstummens

Ding Ling, eigentlich Jiang Bingzhi, war und ist die außerhalb Chinas bekannteste literarische Stimme aus dem Reich der Mitte. In ihrer Heimat selbst gehört ›Fräulein Sophia‹ nach wie vor zu den populärsten Autoren überhaupt. Die Konstante in ihrem Werk, das von Anarchismus über kommunistischen Revolutionseifer bis hin zur unsicheren Schwebe zwischen Sozialistischem Realismus und wacher Gesellschaftskritik reicht, ist ihr engagierter Feminismus, der weibliches Erleben im China des 20. Jahrhunderts ausdrucksstark zur Sprache bringt, Jahren der Mundtotmachung zum Trotz.

Der entscheidende Einflussfaktor in Ding Lings Leben war ihre eigenständige, progressive Mutter, die ihrer Tochter die Tür zu einem Leben frei von den erstickenden traditionellen Geschlechterkonventionen der chinesischen Gesellschaft öffnete und deren Suche nach Möglichkeiten weiblicher Selbstverwirklichung tatkräftig unterstützte. Nach dem Tod des Vaters 1911 wuchs Ding Ling im liberalen Umfeld der von der Mutter gegründeten, an westlichen Vorbildern orientierten Schule auf. Schon als junge Frau trat sie in die Fußstapfen ihrer Mutter, die aktiv für die Rechte von Frauen gekämpft hatte, und machte sich auf in das Neuland weiblicher Identitätssuche in einem China, das im Aufbruch in die Moderne begriffen war. 1922 ging Ding Ling von der heimatlichen Provinz Hunan nach Shanghai, um an der dortigen Universität zu studieren, und danach nach Beijing/Peking. Dort lernte sie den linken Arbeiterdichter Hu Yepin (1903–1931) kennen und lieben und begann zu schreiben, inspiriert von europäischen Romanen wie etwa *Madame Bovary* (1856/57) von Gustave Flaubert (1821–1880) und dem Klima das Experimentierens, das die chinesische Moderne kennzeichnete. Mit ihrem bahnbrechenden Kurzroman *Das Tagebuch der Sophia* (*Shafei nüshi de riji*, 1926/28), das bis heute ihr bedeutendstes Werk geblieben ist, wurde sie über Nacht zur berühmten Schriftstellerin, auch wenn oder gerade weil die Offenheit, mit der Ding Ling weibliche Sexualität thematisiert, als skandalös betrachtet wurde. Es folgten Jahre der intensiven literarischen Produktivität, in denen Ding Ling eine Reihe von Kurzgeschichten und Novellen verfasste, die die Möglichkeiten und Problematiken weiblicher Identität austesten. Sie zeichnen sich durch einen anarchistischen Individualismus aus, der Ding Ling nötig erschien, um Frauen aus dem engen Kontext des traditionellen Familienverbands herauszulösen. Diese Haltung sollte der Schriftstellerin später zum Verhängnis werden.

Mit dem *Tagebuch der Sophia* führte Ding Ling eine ganz neue Art von Protagonistin in die chinesische Literatur ein, die selbst im experimentierfreudigen Klima dieser Zeit einen radikalen Schritt darstellte. Die ›Heldinnen‹ Ding Lings, wie sie auch in ihrem ersten Erzählband *In der Finsternis* (*Zai heian zhong*, 1928) auftreten, sind wagemutig, eigenständig und leidenschaftlich – aber sie sind auch orientierungslos, da sie alle Brücken traditioneller Verhaltensmuster, Denkweisen und Wertorientierungen hinter sich abbrechen wollen. Mit selbstgewählten westlichen Namen versehen, versuchen sie, in der anonymen Großstadt eine am Westen orientierte Existenz zu führen, und befinden sich auf der Suche nach einer eigenen, authentischen Identität, bei der sie aber nicht nur auf äußere (gesellschaftliche Konventionen), sondern auch auf innerpsychische Widerstände stoßen. Paradigmatisch für diese haltlosen, suchenden jungen Frauen ist die tuberkulosekranke Sophia, deren (auch sexuelle) Selbstfindung zwischen zwei Männern – die die traditionelle Wertewelt und den ›wert-losen‹ entstehenden Kapitalismus repräsentieren – schließlich im völligen Rückzug endet. Dieser kann aber als

Identitätskonstruktion jenseits aller männlich vorstrukturierten Muster gesehen werden. Sophia selbst jedenfalls tut genau das:

> *Glücklicherweise geht mein Leben in dieser Welt ausschließlich mich et-*
> *was an, bin ich auch noch so maßlos damit umgegangen. [...] Ich will mit der*
> *Bahn in den Süden fahren, an einen Ort, wo mich niemand kennt, und dort*
> *den Rest meines Lebens verschwenden. So erwächst meinem Herzen aus dem*
> *Schmerz eine Begeisterung.*

Trotz ihrer Sympathien für sowohl Feminismus als auch Anarchismus und ihrer Beziehung mit dem Kommunisten Hu Yepin war Ding Ling in dieser ihrer Frühphase eher als unpolitisch zu bezeichnen – bis ihr Lebensgefährte im Jahr 1931 von den Guomindang, Mitgliedern der regierenden Nationalistischen Partei Chinas, hingerichtet wurde. Von da an wurde Ding Ling zur leidenschaftlichen Revolutionärin: Ihre 1931 verfasste Erzählung *Überschwemmung* (*Shui*) – in der sie sich um einen neuen, einfachen literarischen Stil bemühte, mit dem Ziel, die bäuerliche Bevölkerung zu erreichen – verarbeitet eindrucksvoll das Leiden und die Rebellion von Bauern während einer Überschwemmungskatastrophe und wurde später als Modell des Sozialistischen Realismus gefeiert; 1932 wurde Ding Ling Mitglied der Kommunistischen Partei; und die inzwischen zweifache Mutter[1] beteiligte sich aktiv am antijapanischen Widerstandskrieg. Dies führte dazu, das Ding Ling 1933 von den Guomindang entführt und unter Hausarrest gestellt wurde, bis sie 1936 entkommen und sich als Soldat verkleidet zum Hauptquartier der Roten Armee in Yan'an durchschlagen konnte. Dort wurde sie zur aktiven und leidenschaftlichen Teilnehmerin der Kommunistischen Revolution, auch in der Hoffnung, so an einer Gesellschaft mitzubauen, in der die Gleichberechtigung der Frau selbstverständlich sein würde. Ding Ling betätigte sich etwa als Redakteurin der kommunistischen Zeitschrift *Jiefang ribao* (›Tagesblatt der Befreiung‹) und hatte mehrere Ämter im Kultursektor inne. Doch ihre Unterstützung der kommunistischen Sache war keineswegs unkritisch. Sie setzte nun ihr phänomenales erzählerisches Talent ein, um ihren freigeistigen Ansichten Gestalt zu verleihen; die Erzählung *Im Krankenhaus* (*Zai yiyuan zhong*, 1942) brachte ihr zusammen mit ihrem feministischen *zawen* (Essay) *Gedanken zum 8. März* (*San bajie yougan*,

---

[1] Ding Ling hatte einen Sohn mit Hu Yepin und eine Tochter mit dem Übersetzer Feng Dan, mit dem sie 1931 bis 1935 zusammen war. 1942 schließlich heiratete die Schriftstellerin den Drehbuchautor Chen Ming.

1942)[1] eine Disziplinierung von Seiten der Partei ein. Im Zuge der ›Ausrichtungskampagne‹, die die utilitaristische Kunstauffassung der Partei festschreiben sollte, wurde Ding Ling zum ›Studium der Bauern‹ aufs Land geschickt, und schließlich passte die meisterhafte Erzählerin ihren Stil der offiziellen Linie an. Das Ergebnis dieses Schrittes war der große sozialistisch-realistische Roman *Sonne über dem Sanggang* (*Taiyang zhao zuo Sanggnhe shang*, 1948), mit dem Ding Ling internationale Anerkennung erlangte und der 1951 als erster chinesischer Roman mit dem Stalin-Preis ausgezeichnet wurde. Dieser einzige umfangreichere Romans Ding Lings kreiert ein lebendiges zeitgeschichtliches Panorama aus der Furcht und Hoffnung der Bauern während der Bodenreformmaßnahmen, an denen die Schriftstellerin selbst teilgenommen hatte. Die hochgeehrte Ding Ling nahm nun nach Gründung der Volksrepublik China einflussreiche politische Ämter ein. Doch der ›Waffenstillstand‹ zwischen der freigeistigen Schriftstellerin und der Partei währte nicht lange. Nach der Hundert-Blumen-Kampagne, während der Mao Zedong (1893–1972) zur offenen Kritik aufgerufen hatte, wurde Ding Ling wegen ihres in Essays und Erzählungen zu Papier gewordenen immer kritischen Geistes der Linienuntreue und des extremen Individualismus beschuldigt. Ihr so essentiell wichtiges *Tagebuch der Sophia* wurde ihr zum Vorwurf gemacht und als Beweis für ihre Unmoral angeführt; es folgten Amtsenthebung, Parteiausschluss, Schreibverbot, Umerziehung durch Arbeit und sogar eine fünfjährige Inhaftierung während der Kulturrevolution. Erst im Jahr 1979 wurde Ding Ling offiziell rehabilitiert, ihre Werke standen nicht länger auf dem Index, und sie konnte wieder publizieren. Und so bedeutete zwar, wie Judith Ammon schreibt, »die Mundtotmachung« Ding Lings »für die moderne chinesische Literatur den Verlust ihrer vielleicht bedeutendsten Stimme«[2] – und doch trug diese ausdrucksstarke, große Erzählerin, so darf man schon allein in Hinblick auf ihren internationalen Bekanntheitsgrad sagen, den letztendlichen Sieg davon.

---

[1] In diesem wichtigen Essay klagt Ding Ling die patriarchalen Strukturen an, die auch im Kommunismus weiterbestünden und Frauen ein eigenständiges, freies Leben verwehrten.

[2] Judith Ammon: »Ding Ling (eigtl. Jiang Bingzhi)". in: Axel Ruckaberle (Hg.): *Metzler Lexikon der Weltliteratur*. Stuttgart/Weimar: Metzler 2006. Band 1. S. 375.

Wichtige Werke:

Shafei nüshi de riji (Das Tagebuch der Sophia, 1926/28)
Zai heian zhong (In der Finsternis, 1928)
Shui (Überschwemmung, 1931)
Muqin (Jahreszeiten einer Frau, 1933)
Wo zao xiancun de shisou (Aufenthalt im Dorf der Morgenröte, 1940)
Sambajie yougan (Gedanken zum 8. März, 1942)
Zai yiyuan zhong (Im Krankenhaus, 1942)
Taiyang zhao zai sangganhe shang (Sonne über dem Sanggan, 1948)

PABLO NERUDA (NEFTALÍ RICARDO ELIECER REYES Y BASOALTO)

(1904–1973)

Metaphernflut – Heros und Handwerker

An die Wort- und Bildgewalt des Chilenen Pablo Neruda kommt kaum ein anderer Lyriker heran – und bei einem Genre, das so vielen großen Sprachfantasten als Spielplatz gedient hat, dient und immer dienen wird, will das durchaus etwas heißen. Liebe, Natur, Poesie und zeitgeschichtliche Politik sind die großen Themen Nerudas; letzteres hat ihm sowohl zum Teil harsche Kritik und poetische Verachtung eingetragen als auch den Nobelpreis für Literatur (1971) und den Titel eines »Dichters der verletzten Menschenwürde« (Schwedische Akademie). Viele Bücher des Chilenen sind zu *Bestsellern* geworden, was höchst ungewöhnlich für lyrische Werke ist; Neruda ist nach wie vor einer der populärsten lateinamerikanischen Literaten überhaupt.

Das Œuvre Pablo Nerudas – so vielgestaltig, teilweise sogar in sich widersprüchlich, es ist – ist in seiner Gesamtheit eine Hymne an das Leben, wenn der Ton seiner Lyrik zu Zeiten auch pessimistisch, verzweifelt, ja, apokalyptisch ist. Die Konstante in Nerudas Schreiben ist die atemberaubende, suggestive Bildlichkeit seiner Sprache, deren Dichte und Originalität ihresgleichen sucht, und die Präsenz eines übermächtigen lyrischen Ichs. Dieses wird durch die messerscharfe poetische Selbstreflexion des Dichters zwar bewusst analysiert, aber alles andere als negiert. Bis zuletzt versuchte Neruda, in seiner Lyrik sowohl die romantisch-symbolistische Tradition des Poeten als inspirierter Seher und Prophet als auch das marxistische Dogma vom Dichter als ›Handwerker‹ miteinander zu vereinen. So reicht die Lyrik des Chilenen vom Episch-Heroischen bis zum sozialen Engagement – nicht selten innerhalb ein und desselben Gedichtes. Das Gesamtwerk des Nobelpreisträgers jedenfalls ist schon allein von seinem Ausmaß her von epischen Dimensionen, und auch sein Stil wird von diesem monumentalen Modus des Schreibens dominiert. Pablo Neruda, so könnte man sagen, schrieb nicht einzelne Gedichte, er schrieb ganze Lyrik-Bücher; seine Gedichtsammlungen bilden immer eine zusammenhängende, bewusst durchkomponierte Einheit. Der berühmteste dieser Zyklen ist der *Große Gesang* (*Canto General*) von 1950, ein hoch komplexes lyrisches Epos, das die untergegangenen Hochkulturen Lateinamerikas heraufbeschwört und ein bildreiches Panorama der Geschichte des Kontinents entwirft; John Deredita bezeichnet dieses epochale Werk Nerudas in Evozierung der Bibel als das ›Buch der Bücher‹ des Chilenen[1]. Der *Große Gesang* bildet zusammen mit den drei symbolistisch-modernistischen Bänden von *Aufenthalt auf Erden* (*Residencia en la tierra*, 1933–47) den Kern des Neruda'schen Œuvres, das gleichwohl keinesfalls auf diese vier, wenn auch höchst bedeutenden, Bücher reduziert werden darf. Es entstand über einen Zeitraum von über 50 Jahren und entwickelte sich vom verzweifelten, auf sich zurückgeworfenen Individualismus hin zur ritualhaften, und doch singulären ›Mitteilung dessen, was wir sind‹ (Neruda) – wobei das ›wir‹ unser allgemeines Menschentum und das allumfassende, gemeinsame Schicksal der gesamten Menschheit meint. Grob lässt sich diese poetische Entwicklung Nerudas in drei Phasen einteilen: von der subjektivistisch-symbolistischen Frühphase voller Angst und Pessimismus, aus der der *Aufenthalt auf Erden* entsprang, über die marxistischen Phase der sozial engagierten *poesía sin pureza* (›unreinen Dichtung‹), die Neruda im Gegensatz zur sogenannten *poésie pure* (›reine Dichtung‹, d. h. Dichtung allein um der Dichtung willen) entwarf und die im *Großen Gesang* gipfelte, bis hin zur prophetisch-romantischen Spätphase, während der der Dichter sowohl autobiographische Texte verfasste – prominent darunter die lyrischen Memoiren

---

[1] John Deredita: »Pablo Neruda«. in: Frank N. Magill (Hg.): *The Nobel Prize Winners*. Pasadena, California/Englewood Cliffs, New Jersey: Salem Press 1987. Band 3. S. 815–26. hier: S. 822.

Memorial von Isla Negra (*Memorial de Isla Negra*, 1964) – als auch prophetisch-apokalyptische Epen wie etwa *Weltende* (*Fin del mundo*, 1969), in denen er ein düsteres Bild des 20. Jahrhunderts und einer möglichen Zukunft malt. – Leben und Werk bilden im Fall Pablo Nerudas eine manchmal problematische, aber in jedem Fall unauflösliche Einheit. Weder Persönliches noch Politisches noch Ideologisches verbannte der Chilene aus seinen Gedichten, was ihm nicht selten zum Vorwurf gemacht wurde. Besonders die Texte aus seiner mittleren, marxistischen Schaffensperiode wurden und werden oft als (abschreckende) Beispiele der Überwältigung der Poesie durch Politik genannt; von anderen wiederum wird Neruda, genau wegen dieser Gedichte, als soziales und politisches Gewissen Chiles und als Symbol des Liberalismus hochgehalten. Der Nobelpreisträger selbst jedenfalls sagte von sich einmal: »Ich habe mein Leben lang immer nur dasselbe gemacht – Dichten.«

Geboren wurde Pablo Neruda als Neftalí Ricardo Eliecer Reyes y Basoalto in der südchilenischen Stadt Parral, wuchs jedoch im ländlichen Temuco auf. Dort genoss er eine ausgezeichnete Ausbildung, die sein poetisches Talent förderte; unter anderem fand er in der Lehrerin Lucila Godoy y Alcayaga (1889–1957) eine Mentorin, die unter dem Namen Gabriela Mistral als Dichterin weltberühmt und im Jahr 1945 zur ersten lateinamerikanischen Literaturnobelpreisträgerin werden sollte. Schon im Alter von 13 Jahren veröffentlichte der junge Neftalí erste Gedichte und schrieb ab 1920 unter dem Pseudonym Pablo Neruda, das er dem tschechischen Dichter Jan Nepomuk Neruda (1834–1891) zu Ehren gewählt hatte. Der junge Lyriker machte sich schnell einen Namen und wurde, wie im damaligen Süd-amerika für renommierte Literaten üblich, in diplomatischen Dienst genommen. Im Zuge dessen wurde er zunächst in den Orient (nach Birma, Sri Lanka, Java und Singapur) geschickt – eine Zeit der dunklen Verzweiflung für Neruda, aus der seine ersten weltberühmten Gedichte im subjektivistisch-symbolistischen, düster-bildgewaltigen Stil entsprangen. Entscheidend ändern sollte sich das Leben und Schreiben des Chilenen im Jahr 1935, mit seiner Entsendung als Konsul nach Madrid. Die Begegnung mit republikanischen spanischen Dichtern wie Federico García Lorca (1898–1936) und die Ereignisse um den Militärputsch General Francos (1892-1975) und den Spanischen Bürgerkrieg machten aus dem Subjektivisten Neruda einen politisch engagierten, marxistischen Schriftsteller. Insbesondere die Ermordung García Lorcas durch fanatische Falangisten machte es für den chilenischen Dichter unmöglich, in seiner Lyrik *nicht* politisch zu werden – ein Engagement, das sich nicht allein auf das geschriebene Wort beschränkte. 1945 wurde Neruda Mitglied der Kommunistischen Partei Chiles und bald zum Staatsfeind erklärt; 1948/49 unternahm der Dichter eine abenteuer- und entbehrungsreiche Flucht über die Anden nach Argentinien. Bis 1952 blieb Neruda im Exil. Wachsende Berichte über die Gräuel des Stalinismus führten zu einer Mäßigung der marxistischen Ideologie des Lyrikers und zu der zweiten Zäsur in seinem poetischen Werk, das von da an wieder einen persönlicheren Charakter annehmen sollte. Sein politisches Engagement jedoch gab der Dichter nicht auf; nach Chile zurückgekehrt, wurde er 1969 sogar zum Präsidentschaftskandidaten der Kommunistischen Partei ernannt, verzichtete jedoch, um den Wahlkampf des Sozialisten Salvador Allende (1908–1973) mit (geschriebenem) Wort und Tat zu unterstützen. Als Präsident Allende 1973 im Zuge des Militärputsches zum Selbstmord gezwungen wurde, überlebte der vom Krebsleiden geschwächte Pablo Neruda seinen Freund nur um zwei Wochen. Die Beerdigung des großen Dichters, dessen Erinnerung das Militär auszulöschen gedachte, wurde zum ersten großen Protest gegen das diktatorische Regime.

Angesichts des Status Pablo Nerudas als großer politischer wie episch-apokalyptischer wie subjektivistisch-symbolistischer Dichter wird oft vergessen, dass der Chilene auch ein großartiger Liebeslyriker war. In seinem Leben wie in seiner Poesie spielten die Frauen und die Liebe – Neruda war allein dreimal verheiratet, von zahlreichen Affären ganz zu schweigen – eine nicht zu unterschätzende Rolle. Das Lieben wie das Geliebt-Werden, das Ver- wie das Entlieben sind eines der großen Themen seiner unvergleichlichen Dichtung:

> *Ja, ich liebe sie nicht mehr, doch wie liebte ich*
> *sie, damals. Zum Wind wurde meine Stimme, um*
> *ihr Ohr zu berühren … Ja, ich liebe sie nicht,*
> *oder liebe ich sie noch immer? So kurz dauert die*
> *Liebe und so lang das Vergessen.*

Wichtige Werke:

Viente poemas de amor y una canción desperada (Zwanzig Liebesgedichte und ein Lied der Verzweiflung, 1924–32)
Residencia en la tierra (Aufenthalt auf Erden, 1933–47)

Canto General (Der große Gesang, 1950)
Odas Elementales (Elemtare Oden, 1954)
Memorial de Isla Negra (Memorial von Isla Negra, 1964)
Fin del mundo (Weltende, 1969)

PARVIN E'TESAMI

(1906/07–1941)

Die Farben des Wissens – Die Großdichterin

Von vielen wird Parvin E'tesami als die ›Großdichterin‹ der Farsi-Literatur bezeichnet. Sie, die nur 35 Jahre alt wurde, gehört zu den meistverehrten Literaten des Iran. Ihre schlichten, aber kraftvollen Verse machen sie zu der wohl größten Lyrikerin im klassischen persischen Stil.

Parvin E'tesami, in ihrer Heimat bei ihrem Vornamen genannt, wurde im Jahr 1906 oder 1907 – die Angaben gehen dahingehend auseinander – im iranischen Tabriz geboren. Die Familie zog jedoch nach bald Teheran, unter anderem, um ihrer Tochter eine angemessene Ausbildung zu ermöglichen, wie sie für eine iranische Frau, vor allem der damaligen Zeit, mehr als ungewöhnlich war. Die treibende Kraft hinter Parvins literarischer wie Allgemeinbildung war ihr Vater Yusuf E'tesami alias E'tesam al-Mulk (oder ol-Molk), der weithin als Literat und Philosoph anerkannt war. Er schickte seine Tochter unter anderem auf das Teheraner American College for Girls, an dem die Dichterin auch einige Jahre als Lehrerin tätig war, ehe sie beschloss, sich ganz und gar ihrer Poesie zu widmen. E'tesam al-Mulk selbst brachte Parvin von frühester Kindheit an mit der klassischen arabischen und persischen Literatur in Berührung – entscheidende Erfahrungen für die künftige Dichterin, denen sie ihre geschliffene poetische Meisterschaft mitverdankte. Ihr erstes Gedicht im klassischen persischen Stil verfasste Parvin im Alter von acht Jahren – und erregte damit bereits die Aufmerksamkeit der intellektuellen Kreise Teherans. Das Haus E'tesam al-Mulks war ein wichtiger Ort der Zusammenkunft für die liberalen Intellektuellen und Literaten der Stadt. Parvin war eine rege Teilnehmerin an diesen Treffen, im Rahmen derer nicht nur über Literatur, sondern auch über die soziale und politische Situation des Landes diskutiert wurde, nicht zuletzt über die allgegenwärtige Unterdrückung durch die Obrigkeit. Diese Themen spielen eine große Rolle in der sozial engagierten Lyrik Parvins, die als eine der großen Moralistinnen ihres Landes geachtet wurde und wird. Die Dichterin vereinte und vereint Freigeist und die Zurückhaltung einer strenggläubigen Muslima in einer Person und wurde schon zu ihren Lebzeiten als beides verehrt. 1935/36, nachdem sie 1934 für einige Monate verheiratet gewesen war, kam Parvins *Diwan*[1] heraus, ihre erste Gedichtsammlung. Bis dahin waren ihre Gedichte hauptsächlich in der von ihrem Vater gegründeten Literaturzeitschrift *Bahar* erschienen – E'tesam al-Mulk bildete in jeder Hinsicht das Bindeglied zwischen Parvin und der männlich dominierten Außenwelt. Sein Tod im Jahr 1938 traf die Dichterin ungleich schwerer als das Scheitern ihrer Ehe vier Jahre zuvor; sie verlor sowohl ihren kongenialen Vater und Mentor als auch ihr Tor zur intellektuellen Welt des Irans. Parvin überlebte E'tesam al-Mulk nur um Weniges; im Alter von 35 Jahren starb die große Dichterin an Typhus. Sie ist in der Heiligen Stadt Qom begraben.

Die Verse Parvin E'tesamis sind von einer großen Schlichtheit, in der gerade ihre Schönheit und Kraft begründet liegt. Gleichzeitig sind sie an konkrete zeitgeschichtliche Problematiken gebunden: Liberalismus, Bildung, Frauenrechte, Ausbeutung und Unterdrückung dominieren Parvins Gedichte thematisch. Mit ihrer ruhigen, klaren Stimme wurde die Dichterin zur Mahnerin. Dabei wählte sie für sich und ihre so wichtigen Themen die Form des Zwiegesprächs – ein Stil der persischen Lyrik, der auf eine lange Tradition zurückblicken kann, die bis ins 11. Jahrhundert zurückreicht. Parvins Gedichte kontrastieren in einem lyrischen Dialog These und Antithese miteinander, um schließlich in der eine moralische Schlussfolgerung enthaltenden Synthese zu gipfeln. So befinden sich etwa ein Richter und ein Dieb im Zwiegespräch gegenseitiger Anklage oder etwa auch ein Knoblauch und eine Zwiebel, wie in dem folgenden kleinen Stück:

Der Knoblauch zu der Zwiebel
Weg mit dir, du riechst so schlecht!
Du stinkst! Das ist mir gar nicht recht!

---

[1] ›Diwan‹ ist persisch für ›Schreibzimmer/ Sammlung beschriebenen Papiers‹ und bezeichnet traditionellerweise eine Gedichtsammlung oder auch das lyrische Gesamtwerk eines Dichters.

Gerade eine solche Auseinandersetzung zweier unbelebter Objekte, die auf menschenalte Probleme oder ganz aktuelle soziale Missverhältnisse verweist, ist typisch für die Moralistin Parvin, die auch mit Humor nicht geizt. Doch – und dies wird nicht selten übersehen – hat Parvin neben dieser eher unpersönlichen Lyrik auch sehr unmittelbare Verse verfasst, die mit dem Herzblut ihrer Autorin geschrieben zu sein scheinen. Das gilt besonders für jene Gedichte, in denen sie sich für die Stellung der iranischen Frau stark macht, wie etwa die folgenden, die Parvin in ihrer ganzen schlichten Meisterschaft zeigen:

So mancher Mann trat auf als ihr Hirte,
Und in einem jeden verbarg sich ein Wolf.
Im großen Rund des Lebens war dies der Frauen Los:
Gedrängt zu werden in eine Ecke, enggedrückt.
Des Wissens Licht enthielt man ihrem Auge vor.
Nicht Unterlegenheit und Faulheit war ihres Unwissens Grund.
Kann eine Frau denn weben ohne Spindel und ohne Faden?
Wer kann schon ein Bauer sein, der nichts zu säen und zu ernten hat?
Das Feld des Wissens brachte reiche Frucht,
Doch die Frauen hatten nie einen Anteil an diesem Überfluss.
Eine Frau lebte in einem Käfig, und sie starb in einem Käfig.
Der Name dieses Vogels im Rosengarten blieb auf immer ungenannt.
Eine Frau voller Reinheit und Würde kann nie gedemütigt werden.
Denn über das, was rein ist, hat die Unreinheit keine Macht.
Keuschheit ist der Schatz, die Frau sein Wächter, die Gier der Wolf.
Wehe ihr, die keine Kenntnis hat von dem, was zum Schutz des Schatzes nötig ist.
Wandle auf geradem Pfad, denn auf krummen Wegen
Findest du keinen Proviant und keinen Führer, nur die Reue.
Herzen und Augen brauchen einen Schleier, den Schleier der Keuschheit.
Ein abgetragener chador[1] *ist nicht die Grundlage des Glaubens im Islam.*

Parvin, die eine derart privilegierte Erziehung genossen hatte, wurde, gerade nach ihrer Scheidung, zum Sprachrohr der iranischen Frauen. Ihre allererste Forderung war das Recht auf Bildung, die sie selbst genossen hatte, deren Notwendigkeit sie in ihrer Lyrik sich selbst gegenüber sprachstark affirmiert:

Nicht, weil sie Ohrringe trägt und Ketten und Korallenbänder,
Kann eine Frau sich als groß erachten.

---

[1] iranischer Ganzkörperschleier

177

Die Hände und der Hals einer guten Frau, oh Parvin,
Verdienen die Juwelen des Wissens, nicht der Farbe.[1]

Wichtige Werke:

Diwan mit 210 Gedichten (1935/54)

TENNESSEE WILLIAMS (THOMAS LANIER WILLIAMS II.)

(1911–1983)

Erinnerungsstücke – Von Glasmenagerien, Straßenbahnen und Blechdachkatzen

Tennessee Williams ist der wohl wichtigste (US-)amerikanische Dramatiker überhaupt[2]. Im Laufe seines bewegten Lebens verfasste er über 70 Bühnenstücke; mit dreien davon hat sich Williams unauslöschlich in das kulturelle Gedächtnis der Welt eingeschrieben: *Die Glasmenagerie* (*The Glass Menagerie*, 1944), *Endstation Sehnsucht* (*A Streetcar Named Desire*, 1947) und *Die Katze auf dem heißen Blechdach* (*Cat on a Hot Tin Roof*, 1955).

Autobiographische Bezüge durchziehen das Werk Tennessee Williams' nicht wie ein, sondern wie viele rote Fäden. Das heißt nicht, dass sich Ereignisse und Personen aus den Dramen des Bühnenschreibers eins zu eins auf seine Biographie übertragen lassen, sondern vielmehr, dass die prägenden Faktoren seines Lebens in seine Stücke eingeflossen sind: die engen Verbindungen zu den amerikanischen Südstaaten, wo Williams den Großteil seines Lebens verbrachte, und deren konfliktreiche Geschichte und Gegenwart, welche sich im Bühnenraum seiner Stücke kristallisiert; auf unterschiedliche Weise dominante Frauen- und Männerfiguren, wie er sie in seiner Mutter und seinem Vater von Kindheit an erlebte und zwischen denen sich in

---

[1] Die Gedichte von Parvin E'tesami sind von mir ins Deutsche übertragen aus der Übersetzung ins Englische von Heshmat Moayyed. vergl. http://www.angelfire.com. Leider existieren nur wenige Übersetzungen der Verse dieser großen Farsi-Lyrikerin in westliche Sprachen.

[2] Tennesssee Williams verfasste auch Lyrik und narrative Texte, die jedoch bei Weitem nicht die Bedeutung seiner Bühnenstücke erreicht haben.

Williams' Dramen regelrechte Geschlechterkriege entwickeln; die radikale – und zu ihrer Zeit schockierende – Thematisierung von triebhafter und ungezügelter wie entfremdeter und unterdrückter Sexualität in seinen Werken, für deren Problematik der bekennende Homosexuelle wohl besonders sensibilisiert war; und all die Formen des Wahnsinns, die sich in seinen ›verlorenen Menschen‹ manifestieren und sie zu so unvergesslichen wie archetypischen Figuren werden lassen – Wahnsinn, der seine geliebte Schwester Rose dahinraffte und dem anheimzufallen der Schriftsteller selbst sein Leben lang fürchtete.

Tennessee Williams wurde als Thomas Lanier Williams II. in Columbus, im Bundesstaat Mississippi, geboren. Mütterlicherseits entstammte er einer alteingesessenen, angesehenen Südstaatenfamilie; seine Mutter, Edwina Williams, war eine jener zugleich zarten und arroganten, in einer überlebten Vergangenheit verhafteten *Southern Ladies*, wie Williams sie etwa in Gestalt der zur Ikone gewordenen Blanche DuBois aus *Endstation Sehnsucht* in ihrer ganzen gebrochenen Ambivalenz auf die Bühne brachte. Der Vater Cornelius Williams wiederum war ein reisender Handelsvertreter, der gegen seine Frau und seine Kinder jene aggressive Männlichkeit an den Tag legte, die ebenfalls berühmterweise ihren Weg in die Stücke seines Sohnes gefunden hat, am prominentesten in der Gestalt von Blanches (begehrtem?) Widersacher Stanley Kowalski, den Marlon Brando (1924–2004) in der kongenialen Verfilmung von Williams' bedeutendstem Stück (1951) unsterblich gemacht hat. Der junge Thomas Lanier verbrachte seine Kindheit in verschiedenen Bundesstaaten des amerikanischen Südens; im Alter von acht Jahren erkrankte er an Diphterie, wovon er ein lahmes Bein zurückbehielt – aber was auch dazu führte, dass seine Mutter dem zur Untätigkeit gezwungenen Jungen eine Schreibmaschine schenkte und so den literarischen Ambitionen ihres Sohnes Tür und Tor öffnete. In den 1930ern studierte Williams an verschiedenen Südstaaten-Universitäten Literatur und Theologie – und erhielt von seinen Mitstudenten wegen seines starken, aber melodischen Akzents den Spitznamen ›Tennessee‹. 1940 – Williams hatte sich inzwischen in New Orleans niedergelassen, das lange Zeit sein Hauptwohnsitz bleiben sollte – wurde dann das erste Drama des jungen Schriftstellers in New York aufgeführt, wenn auch mit sehr geringem Erfolg[1]. Das sollte

---

[1] Es handelte sich um das Stück *Die Schlacht der Engel (Battle of Angels)*, das William schließlich 1957 in das Stück *Orpheus steigt herab (Orpheus de-*

jedoch nicht so bleiben: 1944 feierte Williams mit der *Glasmenagerie* seinen Durchbruch und wurde zu einer Zentralgestalt von sowohl Broadway als auch Hollywood. Die Reihe der Namen von Schauspielerlegenden, die mit Bühnen- oder Filmadaptionen seiner Stücke in Verbindung stehen, kann fast beliebig fortgesetzt werden; unter ihnen sind neben Marlon Brando Katharine Hepburn (1907–2003), James Dean (1931–1955), Paul Newman (*1925) und Elizabeth Taylor (*1932). So wurde Williams, fast nebenbei, auch zu einer treibenden Kraft in der Entwicklung des (amerikanischen) Films. Nach 1960 jedoch fiel der Schriftsteller in eine tiefe Lebenskrise, ausgelöst und vorangetrieben durch seinen schwindenden literarischen Erfolg, durch den Tod seiner Schwester Rose nach langen Jahren der Schizophrenie, Paranoia und schließlichen (durch eine Operation hervorgerufenen) Apathie und nicht zuletzt durch den Tod von Williams' Sekretär Frank Merlo, der seit 1947 der Lebensgefährte des Bühnenautors gewesen war. Der ohnehin lebenslang von schweren Depressionen geplagte Williams verfiel nach Merlos Tod phasenweise Alkohol und Drogen – und den Depressionen selbst. Am 24.2.1983 erstickte Tennessee Williams 71-jährig in seinem Zimmer im New Yorker Elysee Hotel[1] an einem Flaschenverschluss, der in seine Luftröhre geraten war; die Ursache bleibt bis heute unklar.

Nicht nur als Stückeschreiber und als Förderer junger Talente beeinflusste Tennessee Williams die Entwicklung der US-amerikanischen Bühnenkultur nachhaltig; er war auch ein wirkungsmächtiger Dramentheoretiker. Vor allem seine Überlegungen zum sogenannten *memory play* (›Erinnerungsdrama‹) erwiesen sich auf die weltweite Entwicklung des Genres im 20. Jahrhundert einflussreich. Williams beschrieb die meisten seiner Dramen als *memory plays*; das prominenteste von ihnen ist *Die Glasmenagerie*, deren Geschehen aus der erinnernden, und damit unzuverlässigen, Perspektive Tom Wingfields ›erzählt‹ wird. Das *memory play* bedeutet also einen entscheidenden Schritt der ›objektiven‹ Gattung Drama hin zu Subjektivität, Innerlichkeit und Perspektivität. Das Geschehen wird, da Erinnerung, aus dem Bewusstsein einer Figur erzählt; die Bühne wird also zum Seeleninnenraum und das Stück zum – für Williams typischen

---

scending) umarbeitete, welches wiederum von manchen Kritikern als das poetischste Werk des großen Bühnenschreibers angesehen wird.

[1] Der Apartmentkomplex, in dem die Handlung von *Endstation Sehnsucht* spielt, heißt ironischerweise »Elysian Fields«.

– psychologischen Drama: das perfekte Medium für Williams' Hauptthematik der Realitätsflucht in Scheinräume der Verdrängung (oft von weiblicher Seite) oder in (selbst)destruktive überbordende Körperlichkeit (oft von männlicher Seite). Williams' Charaktere verlieren sich in Lebensangst und infolgedessen in der Lebenslüge. Das gilt auch für Blanche DuBois und ihren Schwager Stanley Kowalski – der zarten, manipulativen *Southern Lady* und den triebhaften polnischen Einwanderer aus *Endstation Sehnsucht* –, die sich in einem Kampf um Dominanz befinden, den Blanche schließlich, von Stanley vergewaltigt und sich in wirklichkeitsverneinenden Wahnsinn flüchtend, verliert. Williams' Blanche DuBois wurde, wie Werner Reinhart anmerkt, »zur facettenreichen nationalen Ikone, an der sich männliche Sexualphantasien und weibliche Erlösungshoffnungen kristallisieren konnten«[1] und, mit all ihrer Ambivalenz, zu einer der großen literarischen Frauenfiguren des 20. Jahrhunderts.

Wichtige Werke:

The Glass Menagerie (Die Glasmenagerie. Ein Spiel der Erinnerung, 1944)
A Streetcar Named Desire (Endstation Sehnsucht, 1947)
Caminó Real (Camino Real, 1953)
Cat on a Hot Tin Roof (Die Katze auf dem heißen Blechdach, 1955)
Orpheus Descending (Orpheus steigt herab, 1957)
Suddenly Last Summer (Plötzlich letzten Sommer, 1958)

JULIO CORTÁZAR

(1914–1984)

Das Rayuela-Prinzip – Die Suche nach der Plotlosigkeit

Julio Cortázar ist neben seinem Landsmann Jorge Luis Borges (1899–1986) der Meister der fantastischen Kurzgeschichte des 20. Jahrhunderts. Außerdem trieb der Argentinier in seinen ›Anti-Romanen‹ – allen voran sein ›interaktives‹ Meisterwerk *Rayuela* (1963) – das von Borges initiierte Konzept des ›labyrinthischen Texts‹ zu postmodernen Extremen

---

[1] Werner Reinhart. »Williams, Tennessee [Thomas Lanier Williams]«. in Axel Ruckaberle (Hg): *Metzler Lexikon der Weltliteratur.* Stuttgart/Weimar: Metzler 2006. Band 3. S. 444–47. hier: S. 446.

und wurde so zu einem der wichtigsten experimentellen Schriftsteller überhaupt.

Julio Cortázar war nicht nur auf der Ebene literarischer Sprache und Technik ein kompromissloser Revolutionär, sondern auch auf politischer Ebene. Der in Brüssel geborene Sohn argentinischer Eltern verbrachte über dreißig Jahre seines Lebens im Exil in Paris, kann aber nichtsdestotrotz – oder gerade deswegen – als eine Verkörperung des ›Landes seiner Väter‹ – der biologischen wie der literarischen – angesehen werden; in Cortázars Biographie wie in seinem Werk manifestiert sich nämlich genaue jener »Dualismus von europäischer und hispano-amerikanischer Kultur, mit dem sich auch die Kultur des Einwanderungslandes Argentinien beschreiben lässt«[1]. Des Weiteren bedeutete das europäische Exil des großen Schriftstellers nicht etwa eine Absage an seine lateinamerikanische Heimat, sondern war vielmehr Ergebnis seines umfassenden politischen und persönlichen Engagements für eine bessere Zukunft.

Julio Cortázar betrat argentinischen Boden zum ersten Mal im Alter von vier Jahren, als seine Eltern (zusammen mit dem kleinen Sohn) von ihrem ausgedehnten, geschäftlich bedingten Europaaufenthalt in ihr Heimatland zurückkehrten. Der künftige Schriftsteller wuchs in einem Vorort von Buenos Aires auf. Cortázar arbeitete zunächst als Lehrer, während er gleichzeitig die Universität besuchte. Von 1944 an war er kurzzeitig Professor für Französische Literatur an der Cuyo Universität in Mendoza, bis er wegen seiner Teilnahme an Protesten gegen den Staatspräsidenten Juan Domingo Perón (1895–1974) inhaftiert wurde. Nach seiner Freilassung verließ Cortázar die Universität, um für einen Verlag in Buenos Aires in leitender Position zu arbeiten. Im Jahr 1951 ging der Querdenker dann aus Protest gegen Perón ins freiwillige Exil nach Paris, wo er bis zu seinem Tod lebte (1981 wurde der Schriftsteller französischer Staatsbürger). Dort arbeitete Cortázar bald sowohl für die UNESCO als auch als freiberuflicher Übersetzer. Er übertrug eine Reihe bedeutender, weltliterarischer englisch- und französischsprachiger Texte ins (argentinische) Spanisch, darunter *Robinson Crusoe* (1719) von Daniel Defoe (1660–1731) und die Werke des

---

[1] Gabriele Eschweiler: »Cortázar, Julio«. in: Axel Ruckaberle (Hg.): *Metzler Lexikon der Weltliteratur*. Stuttgart/Weimar: Metzler 2006. Band 1. S. 334–36. hier: S. 334f.

großen Fantasten Edgar Allan Poe (1809–1849)[1]; so wurde Julio Cortázar zu einem der wichtigsten literarischen Übersetzer des 20. Jahrhunderts. In seiner politischen Haltung blieb auch der Exilant Cortázar kompromisslos: Er unterstützte den Anti-Perónismus in seiner Heimat, die liberale Regierung Salvador Allendes (1908–1973) in Chile, die Kubanische Revolution und die Frente Sandinista de Liberación Nacional (Sandinistische Nationale Befreiungsfront) in Nicaragua durch zahlreiche Reisen nach Südamerika, durch sein Schreiben und teilweise auch finanziell. In den 1970ern wurde er Mitglied des Zweiten Russel Tribunals zur Untersuchung von Menschenrechtsverletzungen in Lateinamerika.

Breite literarische Aufmerksamkeit zog Cortázar erst nach seiner Emigration nach Frankreich auf sich; im Jahr 1951 erschien mit *Bestiarium* (*Bestiario*) seine erste Erzählsammlung. Die unter diesem Titel vereinten Geschichten waren bereits von Cortázars ganz eigenem, in mehr als einem Sinne fantastischen Stil geprägt, den er über die Jahre mit wachsender Meisterschaft und ungebrochener Experimentierfreude verfeinern sollte, bis er die narrative Form an den Rand ihrer Möglichkeiten führte – und darüber hinaus. Cortázar erzählt Geschichten, die in der ›realen‹ Welt zu beginnen scheinen und dann, ohne dass ein spezifischer Punkt des Übergangs festgemacht werden könnte, in das Reich des Fantastischen hinüberfließen – und erzählt sie nicht nur (wie seine großen modernistischen Vorgänger) der assoziativen Logik des menschlichen Bewusstseins, sondern der fast halluzinatorischen Nicht-Logik des Unterbewusstseins folgend. Nicht umsonst sagte das große Vorbild Jorge Luis Borges einmal über den Erzählstil seines Landsmanns: »Niemand kann den *plot* einer Cortázar-Geschichte nacherzählen. Wenn wir versuchen, eine von ihnen zusammenzufassen, müssen wir erkennen, dass unterwegs etwas Wertvolles verloren gegangen ist.« Cortázars Erzählen muss man Schritt für Schritt folgen – oder gar nicht.

Diesen ›Stil der Plotlosigkeit‹, der schon seine Erzählungen charakterisiert, trieb der große Experimentator Julio Cortázar mit seinen ›Anti-Romanen‹ schließlich an die Spitze. Sein erster veröffentlichter Roman, *Die Gewinner* (*Los premios*, 1960), orientiert sich noch am Prinzip seiner Kurzgeschichten: eine schein-

---

[1] Der ›Nachtseitenpoet‹ und *Master of Horror* Edgar Allan Poe ist neben Borges der wichtigste ›literarische Vater‹ Cortázars.

bar alltäglich-reale Situation – eine Gruppe von Lottogewinnern bricht zu einer Schiffsreise auf – verwandelt sich durch wachsende Absurdität in eine vielschichtige Narrenschiff-Allegorie, die (unter anderem) Peróns Argentinien repräsentieren kann, den Zustand der modernen Welt und eine individualpsychologische *conditio humana*. Mit seinem nächsten Werk *Rayuela* jedoch ging Cortázar einen entscheidenden Schritt weiter. Er wählte sich die Anti-Linearität endgültig zum radikal experimentellen Strukturprinzip und forderte so den aktiven Leser zum ›Komplizentum‹ (Cortázar) auf. Zwar ist eine ›lineare‹ Lektüre des ›Anti-Romans‹ von der ersten bis zu letzten Seite möglich – wie der Autor in der ›Gebrauchsanweisung‹ des Textes anmerkt; die Kapitel 57 bis 155 können in diesem Fall jedoch nur noch als unzusammenhängende Ergänzungen der Handlung der ersten 56 Kapitel gelesen werden. Oder aber der Leser lässt sich auf das ›*Rayuela*-Prinzip‹ ein, das auf den gleichnamigen Kinderhüpfspiel (zu deutsch: Himmel und Hölle) basiert, und ›hüpft‹, der ›Gebrauchsanweisung‹ folgend, kreuz und quer von Kapitel zu Kapitel, so dass ein Netzwerk von (Handlungs)Verknüpfungen entsteht, dessen Konstruktion in der Mitverantwortung des Lesers liegt. Diese neue Rezeptionserfahrung, die Cortázar in seinen folgenden ›Anti-Romanen‹ wie *62/Modellbaukasten* (*62. Modelo para armar*, 1968) und *Album für Manuel* (*Libro de Manuel*, 1973) noch radikalisiert, lässt den Leser zum einen den Schreibprozess geradezu ›nacherleben‹, und ist zum anderen ein perfektes literarisches Abbild der absoluten Selbstverantwortung des Menschen in einer fundamental ordnungslosen Welt, die Cortázar sein Leben lang propagierte. So sind die ›Anti-Romane‹ des Argentiniers – über ihre Thematik und Handlung hinaus – auch immer politisches Statement und nie reines Formexperiment. Außerdem sind sie – gerade in ihrer Plot- und Ordnungslosigkeit – Form gewordene metaphysische Suche nach etwas, das Cortázar ›das Zentrum‹ oder ›das Andere‹ nennt, wie sie der Protagonist von *Rayuela*, der hochgebildete argentinische Intellektuelle Horacio Oliveira, repräsentativ unternimmt und der dem *Rayuela*-Prinzip folgende Leser nachvollzieht, nacherlebt und nachschafft. Und so verwundert es wenig, dass der chilenische Nobelpreisträger Pablo Neruda (1904–1973) einmal über das Werk seines argentinischen Kollegen sagte: »Wer Cortázar nicht liest, der ist verloren.«

Wichtige Werke:

Bestiario (*Bestiarium*, 1951)
Los premios (*Die Gewinner*, 1960)
Historia de cronopios y famas (*Geschichten der Cronopien und Famen*, 1962)
Rayuela (*Rayuela. Himmel und Hölle*, 1963)
Todos los fuegos el fuego (*Das Feuer aller Feuer*, 1966)
62. Modela para armar (*62/Modellbaukasten*, 1968)
Libro de Manuel (*Album für Manuel*, 1973)

OCTAVIO PAZ

(1914–1998)

Der Wächter der Sprache – Analytische Poesie der Andersheit

Aus der Feder des Mexikaners Octavio Paz stammen einige der schönsten Gedichte Lateinamerikas, wie etwa *Zwischen Stein und Blüte* (*Entre la piedra y la flor*, 1941/76) und der berühmte *Sonnenstein* (*Piedra de sol*, 1957), der zweifelsohne unter die größten lyrischen Texte der Weltliteratur zu rechnen ist. Gleichzeitig war Octavio Paz, der im Jahr 1990 den Nobelpreis für Literatur erhielt, ein bedeutender Essayist; der Mexikaner hatte, wie sein argentinischer Schriftstellerkollege Julio Cortázar (1914–1984), bewundernd feststellte, die seltene Gabe »naht- und widerspruchslos ein poetisches Œuvre mit dem der analytischen Reflexion zu verbinden«. Denn all seiner poetischen Selbstreflexivität und analytischen Dichte zum Trotz ist Paz' Sprache zutiefst sinnlich; nicht umsonst nennt der große Mexikaner die Poesie »eine Erotisierung der Sprache«.

»Wächter der Sprache« sollten die Dichter sein, forderte Octavio Paz, und dementsprechend stellte er selbst die Sprache an sich in den Mittelpunkt seines lyrischen Werkes. Diese poetische Selbst-Bewusstheit ist die Konstante in dem umfangreichen Œuvre des Nobelpreisträgers, das sich von seinen Jugendgedichten bis zu seinem Alterswerk über einen Zeitraum von mehr als 60 Jahren erstreckt und eine Reihe von Wandlungen durchlief. Überdies nahm es so divergente Einflüsse wie Surrealismus, Existentialismus, Buddhismus, Hinduismus, moderne Malerei (z. B. Kubismus) und alte aztekische Kunst in sich auf. Dieser protäische Charakter von Paz' lyrischem Gesamtwerk übertrug sich auch auf das einzelne Gedicht; unermüdlich überarbeitete der ›Wächter der Sprache‹ seine Texte, manchmal über Jahrzehnte hinweg, wie etwa im Falle von *Zwischen Stein und Blüte*; das die Diskriminierung der Indio-Bauern thematisierende Gedicht wurde 1941 zum ersten Mal veröffentlicht, seine letzte Fassung jedoch erst 35 Jahre später. Für Octavio Paz definiert sich Lyrik über diese inhärente Unfertigkeit, denn »jedes Gedicht ist der Entwurf eines anderen, das wir niemals schreiben werden …« Und gleichzeitig ist es erst der individuelle Leser, der, jeder für sich, das Gedicht auf seine Weise vollendet; dazu Paz: »Jeder Leser sucht etwas in einem Gedicht. Und es ist nicht Anmaßung, dieses Gesuchte dann auch darin zu finden; es ist schon längst darin aufgehoben.« Poesie ist für Octavio Paz Mittel einer Erkenntnis des eigenen Selbst, welche die bloße Ratio, die bloße Reflexion übersteigt. Die Grunderfahrung des menschlichen Seins ist nach Paz eine existenzielle Einsamkeit, die von der fundamentalen Spaltung jedes Einzelnen in ein Selbst und ein Anderes herrührt. Nur in Augenblicken der ›Andersheit‹ geschieht eine Verschmelzung oder zumindest eine Verbindung zwischen den beiden Hälften des Selbst – Augenblicke, die einzufangen zu versuchen die Grundaufgabe jedes lyrischen Textes ist, denn:

Zwischen dem was ich sehe und was ich sage
Zwischen dem was ich sage und was ich verschweige
Zwischen dem was ich verschweige und was ich träume
Zwischen dem was ich träume und was ich vergesse:
Poesie.

So werden *soledad* (›Einsamkeit‹) und *otredad* (›Andersheit‹) zu Zentralbegriffen[1] nicht nur von Paz' lyrischem, sondern auch seines essayistischen Werkes[2]. Etwa erklärt er in seinem überragenden buchlangen Essay *Das Labyrinth der Einsamkeit* (*El laberinto de la soledad*, 1950) das Wesen der Mexikaner: Das ›Mexikanertum‹ basiert Paz zufolge auf der grundlegenden Einsamkeitserfahrung der Wurzellosigkeit, die bedingt ist durch die verbissene Ablehnung sowohl des indianischen als auch des spanischen Erbes. Diese wiederum gründet in dem Urtrauma

---

[1] vergl. *Kindlers Neues Literatur Lexikon*. Chefredaktion Rudolf Radler. München: Kindler 1988/1998. Band 13. S. 36ff.

[2] Paz essayistisches Werk ist ähnlich facettenreich wie seine Lyrik. Im Laufe seines Lebens setzte sich der große Mexikaner etwa mit der Politik seines Heimatlandes, mit Sozialismus, Religion und (neuplatonischer) Philosophie auseinander, mit Sexualität und Erotik und – natürlich – mit Poesie.

der *chingada* (›Vergewaltigung‹), die die Eroberung der azte-
kischen Erde durch den Conquistador Hernán Cortés (1485–
1547) bedeutete und bedeutet. Auch Paz' lyrisches Meisterwerk
Sonnenstein zentriert sich um die Begriffe der *soledad* und der
otredad. Wie das epochale *Wüste Land* (*The Waste Land*, 1922) des
US-Amerikaners/Briten T. S. Eliot (1888–1965), mit dem es auf
einer Stufe steht, ist Paz' monumentales Langgedicht eine poetische Manifestation der modernen Lebens- und vor allem Zeiterfahrung[1]. Es kontrastiert mit reicher Bildhaftigkeit den Fluss
der chronologischen Zeit mit den jenem enthobenen Momenten
von *amor* (›Liebe‹), in denen sich die *otredad* kristallisiert.

Die poetische Karriere des ›Sprachwächters‹ begann im Alter
von 19 Jahren, mit der Veröffentlichung seines ersten Gedichtbandes *Feldmond* (*Luna silvestre*, 1933)[2]. Bereits vier Jahre später
war der in Mexiko Stadt geborene Sohn einer ausgesprochen
intellektuellen Familie als Dichter derart bekannt, dass ihn der
hochverehrte chilenische Poet Pablo Neruda (1904–1973) zum
Zweiten Internationalen Kongress Anti-Faschistischer Schriftsteller in das bürgerkriegszerrissene Spanien einlud, wo Paz
die großen republikanischen Literaten seiner Zeit kennenlernte,
Freundschaften schloss und Inspirationen sammelte. Ein Jahr
später heiratete Octavio Paz Elena Garro (1920–1998)[3], die heutzutage allgemein als eine der größten Schriftstellerinnen der
mexikanischen Geschichte angesehen wird, und gründete die
poetische Zeitschrift *Taller* (›Werkstatt‹). 1945 begann Paz' Karriere als angesehener Diplomat. Zuvor hatte er – mit Hilfe des
Guggenheim-Stipendiums – in den USA sein Jura- und Philo-
sophiestudium beendet, das er 1937 abgebrochen hatte, um auf
der mexikanischen Halbinsel Yucatán eine Sekundarschule für
indianische Kinder zu gründen (*Zwischen Stein und Blüte* ist aus
den Erfahrungen dieser Zeit entstanden). Es war die Konfrontation mit den mexikanischen Auswanderern in den Vereinigten
Staaten, die Paz dazu brachte, seine große Studie über den me-

---

[1] Der Titel *Sonnenstein* verweist auf das altmexikanische Sonnenrad,
ein Steinkalender, der die Einheit von Ort und Zeit verkörpert und auf
dem Zyklus der Venus basiert. Der Sonnenstein-Kalender lieferte Paz das
Strukturprinzip für sein Poem.

[2] Das frühe Interesse des jungen Octavio an Literatur im Allgemeinen
und Lyrik im Besonderen wird gerne der extensiven Bibliothek seines
Großvaters, des Romanciers Ireneo Paz (1836–1924), zugeschrieben.

[3] Die Ehe mit Garro wurde 1959 geschieden, 1965 heiratete Paz zum
zweiten Mal.

xikanischen Charakter in Form des *Labyrinths der Einsamkeit* zu verfassen. Paz erfüllte seinen diplomatischen Dienst zunächst in Paris; die intellektuelle Kultur der französischen Hauptstadt sollte ihn, sein Denken und seine Dichtung entscheidend beeinflussen. Weitere zentrale Anregungen, die Paz' Schreiben in neue Richtungen lenken sollten, kamen aus Asien, vor allem Indien und Japan, wo er sich 1952 ein Jahr lang aufhielt – Einflüsse, die sich noch vertieften, als der Dichter 1962 zum mexikanischen Botschafter in Neu-Delhi ernannt wurde. Nach dem Massaker an demonstrierenden Studenten am 2.10.1968 in Mexiko (während der Olympischen Spiele) legte Paz jedoch seine diplomatischen Ämter aus Protest nieder und kehrte erst nach zweijährigem selbstgewählten Exil in sein Heimatland zurück, wo er wieder als Verleger und natürlich weiterhin als Essayist und Dichter tätig war. Seine politische Position blieb heikel, da sein wachsender Konservatismus – ausgelöst durch die Enttäuschung über den Kommunismus der Sowjetunion und Kubas – ihn den linksgerichteten Dichtergefährten seiner Jugend entfremdet hatte und den Protest der jungen Linken Mexikos auslöste, während seine liberalen Zeitschriften von der mexikanischen Regierung misstrauisch beäugt wurden. Paz' Poesie jedoch war und ist über jeden Zweifel erhaben.

Wichtige Werke:

Bajo tu clara sombra y otors poemas sobre España (*Unter deinem hellen Schatten und andere Gedichte über Spanien*, 1937)
Entre la piedra y la flor (*Zwischen Stein und Blüte*, 1941/76)
El laberinto de la soledad (*Das Labyrinth der Einsamkeit*, 1950)
El arco y la lira (*Die Harfe und die Leier*, 1956)
Piedra de sol (*Sonnenstein*, 1957)
El mono gramático (*Der sprachbegabte Affe*, 1974)

ANNE HÉBERT

(1916–2000)

Abstieg in Königsgräber – Québec'sche Schreckgestalten

Anne Hébert gehört ganz an die Spitze der großen frankokanadischen Literaten. Mit ihren dunklen Texten – den berühmt gewordenen Romanen, aber auch ihrer eindringlichen Lyrik und den wenig bekannten Dramen – legt sie das ›finstere Herz‹ Québecs bloß und enthüllt das Unheimliche im Freud'schen Sinne: das ›Heimelige‹, das Eigene, das verdrängt wurde und un-eigen (›un-heimlich‹) gemacht und so zum mit Schrecken behafteten Anderen wurde. Héberts Werke konstituieren die grauenvolle Wiederaneignung dieses unheimlich Eigenen und werden somit zu Reisen in die dunkelsten Bereiche der kollektiven wie der individuellen Psyche, wie sie in ihrer Intensität kaum zu übertreffen sind.

Anne Hébert wurde im québecischen Dorf Saint-Catherine-de-Fossambault geboren, wo sie allen Angaben zufolge eine behütete und glückliche Kindheit verbrachte. Ihr Vater Maurice-Lang Hébert, selbst Lyriker und Literaturkritiker, förderte das früh ersichtliche literarische Talent seiner Tochter nach vollsten Kräften. Zum größten Einfluss für die junge Poetin wurde allerdings ihr Cousin, der renommierte Dichter Hector de Saint-Denys Garneau (1912–1943). Dessen Tod an Herzversagen im Alter von nur 31 Jahren war eine traumatische Erfahrung für Anne Hébert. Während ihr erster Gedichtband, *Les songes en équilibre* (›Die Träume im Gleichgewicht‹, 1942), ein Jahr vor Garneaus Tod erschienen, noch von einer romantisch-ganzheitlichen Harmonie von Ich und Kollektiv (Gesellschaft, Tradition etc.) geprägt ist, scheinen ihre darauffolgende Werke – beginnend mit *Le torrent* (›Der Sturzbach‹, 1950), einer Sammlung von Kurzgeschichten, und *Le tombeau des rois* (›Das Grab der Könige‹, 1953), ihrem zweiten Gedichtband – die dunkle, zerrissene Lyrik ihres Cousins in sich aufzuheben. Doch wo Garneaus Verse die unentrinnbare Gefangenschaft des Ich in verinnerlichten Widersprüchen mit bedrückenden Todesbildern dokumentieren, wagt Hébert in ihren Texten den Abstieg in die Düsternis des Ichs, der zugleich zum Abstieg in ein schreckenbehaftetes kollektives Bewusstsein wird, aber nichts weniger als überlebensnotwendig ist. Der große Durchbruch gelang Anne Hébert mit dem symbolstarken Roman *Kamouraska* (1970), der ihren Ruf als Erzählerin des inneren Horrors begründete. Zu diesem Zeitpunkt lebte die Schriftstellerin schon fast 20 Jahre in Paris, sozusagen im ›freiwilligen Exil‹. Erst Ende der 1990er Jahre, als sie von ihrer tödlichen Krebserkrankung erfuhr, kehrte die Kanadierin nach Québec zurück, das so prominent in ihren Texten gegenwärtig ist – als *setting*, aber noch viel wichtiger als grundlegende Metapher des krankhaft Verdrängten.

Was sich in Garneaus zerrissener Lyrik genauso wie in den ›psychoanalytischen‹, ja, (selbst)therapeutischen Texten seiner berühmten Kusine manifestiert, gründet zu einem Großteil in dem frankokanadischen Trauma der halb-freiwilligen ›Ghettoexistenz‹ in einem anglophon dominierten Land. Dieses führte, bis weit in die zweite Hälfte des 20. Jahrhunderts hinein, zu einer kollektiven Identitätskrise »eines québecischen Bürgertums, das der vom anglophonen Kapital schwungvoll vorangetriebenen Modernisierung durch den Rückzug zur bäuerlich-katholischen Überlebensideologie der ethnischen Minderheit standzuhalten sucht«[1]. Ergebnis war ein konservatives, repressives Klima und eine Gesellschaft, die ihre Mitglieder in starre, längst überkommene Normen einzuschnüren suchte. So ist es wenig verwunderlich, dass Héberts Texte voll sind von Symbolen der, gerade auch sexuellen, Repression wie Revolution und von dem geradezu selbstzerstörerischen Kampf junger Leute gegen die Tradition, die ihnen in vampirischer Manier die Lebenskraft aussaugt. Doch »das von den Ahnen besessene, vergewaltigte Ich«[2] kann sich in Héberts Texten in echt psychoanalytischer Manier nur Leben und geistige Gesundheit erhalten bzw. überhaupt erst erlangen, wenn es sich diesen Schreckgestalten stellt, die durch Erziehung und kulturelles Erbe unwiderruflich zu einem integralen Teil des Selbst geworden sind. Gesundung erfordert die Akzeptanz des Vergangenen in einem symbolischen Abstieg in die ›Königsgräber‹ des Ich, das heißt im therapeutischen Akt der Anerkennung und Wiederaneignung des Fremdgemachten und Verdrängten. Die Monster müssen nicht besiegt, sondern als Teil unserer selbst

---

[1] *Kindlers Neues Literatur Lexikon*. Chefredaktion Rudolf Radler. München: Kindler 1988/1998. Band 7. S. 498.
[2] Kindlers, Band 7, S. 499.

angenommen werden – das ist die Reise, die Héberts Protagonisten und lyrische Ichs in gewaltvollen Orgien des Schreckens
hinter sich bringen müssen, und die Kraft der Reintegration ist
jenes ›Mysterium des Wortes‹, das dem dritten Lyrikband der
Kanadierin (*Mystère de la parole*, 1960) seinen Titel gibt. Und so
bezeichnen die zahlreichen (weiblichen) Schreckgestalten (Vam-
pirinnen, Hexen, Teufelsbräute etc.), die Héberts Romane bevöl-
kern, nicht nur die lebensfeindliche Kraft der oppressiven Tradition, sondern auch etwas Anderes, Älteres, das in noch tieferen
Schichten vergraben liegt und in seiner archaischen, vitalen wie
schreckenerregenden Ursprünglichkeit die Verdrängungskraft
genau dieser gesellschaftlichen Oppression hervorrief. So erhält
etwa die Protagonistin von *Kamouraska* einen symbolstarken Einblick in das individuelle wie das kollektive Ich und deren krank-
haften Verdrängungsmechanismen:

Auf einem unfruchtbaren Feld unter den Steinen hat man eine
schwarze Frau ausgegraben: lebend, einer wilden und fernen Zeit ent-
stammend, auf seltsame Weise erhalten. Man hat sie in der kleinen
Stadt freigelassen. Dann hat sich jeder daheim verbarrikadiert, so groß
und tief war die Angst vor dieser Frau. Jeder sagte sich, dass der Le-
benshunger dieser vor so langer Zeit lebendig Begrabenen wüten und
nagen musste, war er doch in Jahrhunderten gewachsen.

Diese weiblichen Dämonen, die Tod und elementare Lebenskraft in sich vereinen und letztendlich die Verdrängung der
unauflöslichen Verbindung dieser beiden Lebenskomponenten,
von Eros und Thanatos, um Freudianisch zu sprechen, symbo-
lisieren; die Oppressivität einer erstarrten Gesellschaft und die
daraus resultierende Destruktivität; die Hoffnung auf Rettung
in der sprachlich-literarischen Konfrontation mit dem grauen-
haften Anderen, das das verdrängte Eigene ist – all dies sind
Konstanten in Anne Héberts Werk. Sie zeichnen auch jene Romane aus, die das québecische *setting* verlassen, wie etwa der
in Paris spielende Vampirroman *Héloïse* (1980) oder die multi-
perspektivische Mord- und Vergewaltigungsgeschichte von *Les*
fous de Bassan (*Die Basstölpel*, 1982), die in einer kleinen englischsprachigen Gemeinde in der Gaspé an der Atlantikküste spielt
(und so sozusagen die Situation der französischsprachigen
Minderheit in Kanada umkehrt). Nicht immer, ja, sogar sehr
selten, gelingt Héberts Protagonisten die erfolgreiche Reintegration des Anderen-Eigenen und die Aussöhnung von Selbst
und Kollektiv. Dies ist eher ein Akt, der im Schreiben und Lesen stattzufinden verspricht, also auf der Ebene von impliziter

Autorin und implizitem Rezipienten[1]. So erhalten Héberts Texte therapeutische Funktion; sie sind wortgewordene Psychoanalyse, die die Bewältigung des kollektiven Traumas Québecs versucht und dabei Allegorien schafft des Kampfes des (modernen) gebrochenen Ich mit den Monstern aus den Königsgräbern der eigenen Psyche.

Wichtige Werke:

Le tombeau des rois (1953)
Mystère de la parole (1960)
Kamouraska (1970)
Les enfant du sabbat (1975)
Les fous de bassan (1982)

Isaac Asimov

(1920–1992)

Kosmische Korkenzieher – The Good Doctor *oder Der große Erklärer*

Isaac Asimov soll einmal über die Motivation seiner schriftstellerischen Tätigkeit gesagt haben:»Ich schreibe aus demselben Grund, aus dem ich atme: weil ich sterben würde, wenn ich es nicht täte.« – Eine derartige Aussage mindert vielleicht das Erstaunen darüber, dass fast 500 Bücher aus der Feder des in Russland gebürtigen US-Amerikaners stammen, der somit zu den produktivsten Autoren der Literaturgeschichte gehört. Dank seiner ungeheuren Schaffenskraft und seiner umfassenden Bildung wurde der Biochemiker und Schriftsteller zu einem der größten *Science-Fiction*-Autoren und zum wohl in jedem Sinne erfolgreichsten Verfasser ›populärwissenschaftlicher‹ Texte der Welt.

»Die einzelne *Science-Fiction*-Geschichte mag den blinderen Literaturkritikern und Philosophen unserer Tage so trivial vorkommen wie eh und je. Aber der Kern der *Science Fiction*, ihre

---

[1] ›Impliziter Autor‹ und ›impliziter Leser‹ meint die Repräsentationen von Autor und Leser, die in den Text eingeschrieben sind, nicht die jeweiligen tatsächlichen Personen.

Essenz, ist unabdingbar geworden für unsere Errettung, wollen wir denn je errettet werden.« – Isaac Asimov wurde nie müde, die existenzielle Bedeutung zu betonen, die dem von ihm gewählten Genre für das fortschreitende 20. Jahrhundert, ja, die Zukunft der Menschheit, in seinen Augen zukam. Wieso schrieb der Autor, der sich der ›science‹ (Wissenschaft) im fiktionalen wie im nicht-fiktionalen Medium widmete, der *Science Fiction* eine derart ›menschenrettende‹ Funktion zu? Dazu Asimov: »Der entscheidender Faktor in unserer heutigen Gesellschaft ist Veränderung, kontinuierliche Veränderung. Wir können keine verantwortungsvolle, verständige Entscheidung mehr treffen, ohne nicht nur die Welt zu bedenken, wie sie ist, sondern wie sie sein wird. Dies wiederum bedeutet, dass unsere Staatsmänner, unsere Geschäftsleute, dass ein jeder sich eine Art des Denkens zu eigen machen muss, wie sie die *Science Fiction* auszeichnet.« Asimov war also der festen Überzeugung, dass die *Science-Fiction*-Literatur, die mögliche Zukunftsszenarien für die Menschheit durchexerziert und ausprobiert, einen ›Spielplatz‹ konstituiert, im Rahmen dessen ein antizipatorisches Denken und Handeln eingeübt werden kann, dass das Morgen und dessen – positive wie negative – Möglichkeiten bereits in die Entscheidungen des Heute einzubeziehen in der Lage ist[1]. In besonderem Maße gilt dies für die sogenannte *Social Science Fiction* – ein Begriff, der von Asimov geprägt wurde für die sich in den 1940ern und 1950ern unter seiner Federführung entwickelnde Subgattung der ›Zukunftsliteratur‹, die sich mit der möglichen Funktionsweise zukünftiger (menschlicher) Gemeinschaften, mit der Konfrontation der Menschheit mit immer neuen Problemkomplexen und ultimativ mit der *conditio humana* auseinandersetzt. Als absoluter Klassiker dieses Subgenres gilt Asimovs 32. veröffentliche Kurzgeschichte *Und Finsternis wird kommen (Nightfall*, 1941)[2], von vielen als das bedeutendste, wenn nicht gar beste *Science-Fiction*-Werk angesehen, das je geschrieben wurde. *Und Finsternis wird kommen* erzählt von Lagash/Kalgash, einem Planeten in einem System mit sechs Sonnen, auf dem dementsprechend nie Nacht herrscht – außer alle 2.049 Jahre, wenn es zu einer totalen Son-

---

[1] Angesichts der Probleme, mit denen sich die Menschheit am Beginn des 3. Jahrtausends konfrontiert sieht, erscheint Asimovs Maxime, eine derartige antizipatorische Denkweise biete die einzige Rettung für die Menschheit, mehr als einleuchtend.

[2] Im Jahr 1990 erschien der Roman *Einbruch der Nacht (Nightfall)*, zu dem Asimov die Kurzgeschichte ausgebaut hatte.

nenfinsternis kommt, ein Ereignis, das den Bewohnern des Planetens zu Beginn der Erzählung unbekannt ist, dessen Vorboten die Wissenschaftler von Lagash/Kalgash vor verwirrende Rätsel stellt und dessen Eintreten die Gesellschaft des Planeten in Hysterie und Chaos stürzt. Wie für Asimov typisch, sind auch in *Und Finsternis wird kommen* die wissenschaftlichen Details – etwa der äußerst komplexe Aufbau des sechssternigen Sonnensystems – auf fundierte und ausgesprochen faszinierende Weise ausgebaut. Der Professor für Biochemie verstand es stets, aufgrund seines immensen Wissens seine Geschichten auf solidesten wissenschaftlichen Fundamenten aufzubauen und zugleich seine Leser dank seines ungeheuren ›Erklärertalents‹ nicht nur für seine Erzählungen, sondern auch genau für diese wissenschaftlichen Zusammenhänge zu begeistern. Dieses Talent kam auch in den zahlreichen nicht-fiktionalen, populärwissenschaftlichen Veröffentlichungen des *Good Doctor*, wie Asimov von seinen Fans genannt wurde, zum Tragen. ›*The Great Explainer*‹ (›der große Erklärer‹, ein weitere Spitzname Asimovs) schaffte es in beiden Modi, komplexe wissenschaftliche Zusammenhänge nachvollziehbar darzustellen. Er selbst sagte über sich:»Ich habe die Gabe, ein Dutzend langweilige Bücher zu lesen und dann ein einziges, interessantes Buch daraus zu machen.«

Weitere Klassiker der *Science-Fiction*-Literatur, die aus Asimovs Feder stammen, sind zum einen die ›Roboterserie‹, beginnend mit der Kurzgeschichtensammlung *I, Robot* (›Ich, Roboter‹, 1950), und die ›*Foundation*-Serie‹ (beginnend 1951). Mit letzterer begründete Asimov das Subgenre der *Future History* (›zukünftige Geschichte‹), indem er in der Ursprungstrilogie[1] und sukzessive folgenden weiteren Bänden die gesamte Geschichte eines (zukünftigen) galaktischen Imperiums vor dem Leser ausbreitete. Mit seinen Robotergeschichten wiederum beeinflusste Asimov die zukünftige Darstellung dieser fast-menschlichen Zentralfigur der *Science Fiction* nachhaltig, nicht nur durch die wissenschaftlichen und technischen Grundlagen, die seine Erzählungen lieferten, sondern auch durch die Etablierung der ›Drei Gesetze der Robotik‹:

---

[1] Die *Foundation*-Trilogie besteht aus den Titeln *Der Tausendjahresplan* (*Foundation*, 1951), *Der galaktische General* (*Foundation and Empire*, 1952) und *Alle Wege führen nach Trantor* (*Second Foundation*, 1953).

1. Ein Roboter darf keinen Menschen verletzen oder durch Untätigkeit einen Menschen zu Schaden kommen lassen.

2. Ein Roboter muss den Befehlen von Menschen gehorchen, es sei denn, diese Befehle kollidieren mit dem Ersten Gesetz.

3. Ein Roboter muss den Fortbestand seiner eigenen Existenz sichern, es sei denn die Selbsterhaltung kollidiert mit dem Ersten oder dem Zweiten Gesetz.

Mit seinen Werken wandelte Isaac Asimov das Gesicht der *Science Fiction* in Literatur wie Film für immer. Gleichzeitig trug er wesentlich zu deren Anerkennung als ›hohes‹ literarisches Genre bei. Dabei war es über die ›Heftchengeschichten‹, die lesen zu dürfen der junge Isaac harte Kämpfe mit seinem Vater ausfocht, dass der zukünftige Erfolgsautor Herz und Seele an dieses Genre verlor. Seine erste Geschichte *Cosmic Corkscrew* (›Der kosmische Korkenzieher‹) schrieb Asimov im Alter von 17 Jahren und präsentierte sie, um Porto zu sparen, persönlich dem Herausgeber des *Science-Fiction*-Magazins *Astounding Science Fiction*, John W. Campbell (1910–1971). Dieser, selbst *Science-Fiction*-Autor, druckte besagtes erstes Werk Asimovs zwar nicht, stand dem jungen Literaten jedoch in seiner weiteren Entwicklung mit Rat und Tat zur Seite. Bald wurde Asimov zum erfolgreichen Autor und verlor sein Herz mehr und mehr an das Schreiben, so dass er 1958 schließlich seinen Posten als Professor für Biochemie an der Boston University ganz aufgab zugunsten einer Existenz als freier Schriftsteller. Von 1950 an widmete Asimov sein Schreib- und Erklärtalent auch der ›Populärwissenschaft‹ und startete so eine weitere, ungeheuer erfolgreiche Karriere, die zeitweise sogar seine Tätigkeit als *Science-Fiction*-Autor in den Hintergrund drängte (erst in den 1980ern verlagerte sich Asimovs Schwerpunkt wieder von den Sachbüchern hin zur Fiktion) und im Zuge derer er seine Interessen und Kompetenzen sukzessive ausbaute. Begann Asimovs Laufbahn als Sachbuchautor mit Büchern über sein Fachgebiet Biochemie, so widmete er sich auch bald der Geschichte (etwa des Römischen Reiches und des Alten Ägypten) und verfasste schließlich sogar Literaturführer, z. B. zur Bibel, zum Werk William Shakespeares (1564-1616) und zu John Miltons (1608–1674) epochalem Epos *Das verlorene Paradies* (*Paradise Lost*, 1667/74).

Wichtige Werke:

Nightfall (*Und Finsternis wird kommen*, 1941)
I, Robot (1950)
Foundation (*Der Tausenjahresplan*, 1951)
Foundation and Empire (*Der galaktische General*, 1952)
Second Foundation (*Alle Wege führen nach Trantor*, 1953)
The Caves of Steel (*Die Stahlhöhlen*, 1954)
The Naked Sun (*Die nackte Sonne*, 1957)

CLARICE LISPECTOR

(1920/25–1977)

Die vierte Dimension – Die Stille im Wort und das Geheimnis des Selbst

Mit ihren Erzählungen der Innerlichkeit begründete Clarice Lispector eine neue Richtung in der brasilianischen Literatur des 20. Jahrhunderts – und sie tat es in sehr jungen Jahren. Ihre Romane werden zu Recht den großen modernistischen Werken Virginia Woolfs (1882–1941) an die Seite gestellt. Wie die hochverehrte Engländerin selbst ist auch Clarice Lispector zu einer Verkörperung weiblichen Schreibens geworden. Zudem hat sie die portugiesische Sprache bereichert wie selten ein Autor vor und nach ihr.

Über das Geburtsjahr von Clarice Lispector gibt es unterschiedliche Angaben; manche Quellen nennen 1920, andere 1925. Ihr Geburts*ort* ist dagegen weniger kontrovers: Clarice Lispector wurde als Tochter einer jüdisch-ukrainischen Familie im Schtetl von Tschetschelnik geboren. Doch bereits mit zwei Monaten gelangte die zukünftige Schriftstellerin nach Brasilien, wo sich die Familie in Recife niederließ, im armen, kargen Nordosten des Landes – eine Region, mit der sich Clarice Lispector Zeit ihres Lebens aufs Tiefste verbunden fühlte, so wie das Portugiesische für immer die ›Sprache ihres Herzens‹ blieb[1]. Nach dem frühen Tod der Mutter zog der Vater mit den drei Töchtern nach Rio de

---

[1] Obwohl im Haushalt der Lispectors vermutlich Jiddisch gesprochen wurde und Clarice sich im Laufe ihres Lebens fließendes Englisch, Französisch, Italienisch und Deutsch aneignete, blieb das Portugiesische die einzige Sprache, in der die Schriftstellerin schrieb und erzählte.

Janeiro, wo Clarice Jura studierte. 1944, kurz nach der Heirat mit ihrem Studienkollegen Maury Gurgel Valente, veröffentlichte Clarice Lispector mit *Nahe dem wilden Herzen* (*Perto do coração selvagem*) ihren ersten Roman und löste eine Sensation aus. Ob die debütierende Schriftstellerin zu diesem Zeitpunkt nun 24 oder erst 19 Jahre alt war – die Tatsache, dass eine so junge Frau einen Roman zu schreiben in der Lage war, der so anders war als alles, was die brasilianische Literatur bis zu diesem Zeitpunkt kannte, löste allgemeines Staunen und Begeisterung aus. Ihr Stil der psychologischen Innenschau, getragen von impressionistischen Wahrnehmungsmustern und dem Stil des *stream of consciousness*[1], unterschied sich radikal von dem in Brasilien der Zeit üblichen *regoinalismo* (›Regionalismus‹), der versuchte, die soziale Realität Brasiliens eins zu eins nachzubilden, und dabei doch zu leicht ins Pathetische und Verklärende verfiel – ein Stil, den Lispector in seiner ganzen selbstgerechten Bürgerlichkeit noch in ihrem letzten, für sie untypischen Roman *Die Sternstunde* (*A hora da estraela*, 1977) mit einer bitterbösen Subtilität karikiert. *Nahe dem wilden Herzen* läutete eine entscheidende Wende innerhalb der brasilianischen Literatur ein und zog auch bald internationale Aufmerksamkeit auf sich. Der assoziative, achronologische Stil Lispectors wurde als Beispiel modernen, weiblichen Schreibens gefeiert in der Nachfolge der beiden großen Vorreiterinnen in diesem Bereich, Virginia Woolf und Katherine Mansfield (1888–1923) – nur hatte Clarice Lispector zu dem Zeitpunkt der Abfassung ihres Erstlingsromans noch keinen einzigen Text der beiden modernistischen Gigantinnen gelesen. Ausschließlich ihren eigenen poetischen und narrativen Instinkten folgend, hatte die junge Schriftstellerin ein Werk geschaffen, das moderne wie weibliche Welterfahrung aufs Feinfühligste kristallisiert, die Komplexität der menschlichen Innenwelt in eine Erzählung gießt und dabei die Sprache an die Grenzen des Möglichen führt.

Kurz nach der Veröffentlichung von *Nahe dem wilden Herzen* trat Maury Gurgel Valente in den diplomatischen Dienst ein.

---

[1] Durch den *stream of consciousness* (›Bewusstseinsstrom‹), der in erster oder dritter Person gehalten werden kann, versucht ein Autor, die Perspektive seiner Figur(en) direkt zu vermitteln und dabei den assoziativen Gängen des menschlichen Bewusstseins zu folgen, das zwischen Wahrnehmungen, Gedanken und Erinnerungen oszilliert. So fließen Vergangenheit, Gegenwart und Zukunft, innere und äußere Welt übergangslos ineinander.

Clarice Lispector folgte ihrem Mann nach Europa (die Familie lebte 1945 bis 1949 in Italien und in der Schweiz) und von 1952 bis 1959 in die USA. Während dieser Zeit war Clarice Lispector als Journalistin tätig und verfasste weitere Romane und Kurzgeschichten, die sie in der Regel mit ihrer leichten Schreibmaschine auf den Knien schrieb, während sie auf ihre beiden Söhne aufpasste. Im Jahr 1959 jedoch war die Ehe von Maury Gurgel Valente und Clarice Lispector zu Ende. Die Schriftstellerin kehrte zurück nach Rio de Janeiro, wo sie sich weiterhin ihren literarischen und journalistischen Tätigkeiten widmete. Selbst nachdem sie sich ihre Schreibhand schwer verletzte, als sie mit einer angezündeten Zigarette in der Hand einschlief, gab sie ihr Handwerk nicht auf, bis sie im Jahr 1977 an Krebs verstarb.

Alles von Clarice Lispector Geschriebene – ob journalistische Artikel, Kinderbücher, Romane oder Kurzgeschichten – trägt den Stempel des ihr eigenen Stils: assoziativ, psychologisch, reflexiv und stets eher fragend als antwortend. Ihrer Prosa ist eine lyrische Dichte zueigen und eine ebenso lyrische Unmittelbarkeit, ihr Medium ist der *stream of consciousness*, der auf die Kondensation des gegenwärtigen Augenblicks im Wort gerichtet ist, auf das momentan Wahrgenommene, Gedachte, Gefühlte. Wie der überragende Modernist James Joyce (1882–1941), der zu ihrem großen Vorbild wurde, stellt die Brasilianerin das Konzept der Epiphanie in den Mittelpunkt ihres Schaffens, das im Falle Lispectors bedeutet, eine augenblickshafte Erkenntnis in der Kunst im wahrsten Sinne des Wortes ›aufzuheben‹[1]. Mit dieser Art des Schreibens begab sich Clarice Lispector, wie sie selbst sagte, auf die Suche nach dem ›Geheimnis des Selbst‹ am Rande der Sprache. Denn im Falle von Lispectors Prosa ist das, was ein Wort *nicht* sagt, mindestens genauso wichtig wie das, was es sagt. Die Brasilianerin schreibt auf den ›Zwischenraum‹ hin, auf die Stille zwischen Mensch und Wort, auf den Moment, in dem das Wort Bedeutung erhält. Schreiben ist der Augenblick vor dem Sprung, wie Lispector etwa in ihrem Roman *Der Apfel im Dunkeln* (*A maçã no escuro*, 1961) beschreibt:

> *Um ihn herum wehte jene Leere, in der sich jemand wiederfindet, der sich anschickt, etwas zu schaffen. [...] Und, wie ein alter Mann, der nie gelernt hat zu lesen, maß er die Entfernung ab, die ihn von den Worten trennte.*

---

[1] ›Aufheben‹ ist hier im Sinne von ›in sich aufnehmen und bewahren‹ gemeint.

In ihrer Suche nach dem Selbst über das Medium das Erzählens erschuf sich Clarice Lispector, wie sie selbst sagte, unentwegt neu. Doch sie goss auch ihr ganzes Selbst in ihr innerweltliches Schreiben hinein; für Lispector gab es keine Grenze zwischen Ich und Wort. Ihr Erzählen versucht immer, das Denken an sich zu greifen, und somit letztendlich auch das Schreiben selbst. Diese Suche nach dem Alles im Dazwischen kann innerhalb der Sprache nie zu ihrem Ziel gelangen, das wusste auch Clarice Lispector. Ihre Bücher sind immer radikal offen, so etwa *Uma Aprendizagem ou O livro dos Prazeres* (›Eine Lehre oder Das Buch des Vergnügens‹, 1969), das mit einem Komma beginnt und mit einem Doppelpunkt endet. So schuf Clarice Lispector am Rande der Sprache eine Moderne ganz eigener weiblicher, brasilianischer Prägung, die, wie die Schriftstellerin und Literaturwissenschaftlerin Hélène Cixous (*1937) voller Begeisterung spekuliert, wohl auch entstanden wäre, »wenn Kafka eine Frau gewesen wäre; wenn Rilke eine brasilianische, jüdische, ukrainisch-stämmige Frau gewesen wäre; wenn Rimbaud eine Mutter gewesen und fünfzig Jahre alt geworden wäre; wenn Heidegger in der Lage gewesen wäre, aufzuhören, deutsch zu sein, und das Buch der Erde geschrieben hätte«[1].

Wichtige Werke:

Perto do coração selvagem (*Nahe dem wilden Herzen*, 1944)
A cidade sitiada (*Von Traum zu Traum*, 1949)
A maçã no escuro (*Der Apfel im Dunkeln*, 1961)
A hora da estrela (*Die Sternstunde*, 1977)

---

[1] vergl. Hélène Cixous. *A hora de Clarice Lispector*. Rio de Janeiro: Exodus, 1999. (meine Übersetzung)

Ephraim Kishon (Ferenc Hoffmann)

(1924–2005)

Das Blaumilch-Prinzip – Der Alltagssatiriker

Ephraim Kishon ist einer, wenn nicht *der* weltweit bekannteste Satiriker des 20. Jahrhunderts. Vor allem in Deutschland ist der ›Alltagssatiriker‹ nach wie vor ein *Bestseller*. Seine *Familiengeschichten* sind – nach der Bibel – das meistverkaufte Buch in hebräischer Sprache.

»Ich bin kein Schriftsteller. Ich bin nur Humorist«, sagte Ephraim Kishon einmal über sich selbst, ehe er augenzwinkernd hinzufügte:»Erst wenn man stirbt, wird man ein Schriftsteller.« Der weltweite Erfolg Kishons jedenfalls spricht seine eigene Sprache: Er wurde in inzwischen 37 Sprachen übersetzt, und die Gesamtauflage seiner Werke überschreitet die 40 Millionen, der weitaus größte Anteil davon in deutscher Sprache. Der ungarisch-israelische Schriftsteller hat sich den Deutschen ›in die Lachmuskeln‹ geschrieben, und gehört hierzulande zu den meistgelesenen Schriftstellern überhaupt. Aus Kishons Feder stammen über 50 Werke: satirische Romane, Kurzgeschichten, Dramen und Filmdrehbücher. Bei der Umsetzung der letzteren führte der Humorist in den meisten Fällen Regie, was ihm zwei Oskarnominierungen und drei Golden Globes einbrachte.

Der ›Alltagssatiriker‹ wurde, wie er selbst sagte, zweimal geboren: Einmal 1924 als Ferenc Hoffmann in Budapest, und 1949 als Ephraim Kishon bei seiner Einwanderung nach Israel. Der junge Ferenc wuchs zunächst in einer vollständig assimilierten jüdisch-ungarischen Familie auf, die weder Jiddisch noch Hebräisch sprach. Bald jedoch wurden die mit dem Einfluss der Nationalsozialisten verbundenen Restriktionen für Juden in Ungarn für die Familie Hoffmann spürbar: Ferenc wurde nach seinem ausgezeichneten Abitur 1941 aufgrund der Rassengesetze ein Universitätsstudium verweigert, und er begann eine Lehre als Goldschmied. Binnen Kurzem wurde seine gesamte Familie deportiert, der zukünftige Satiriker selbst 1944 in ein slowenisches Arbeitslager; bis auf die engste Familie (die Eltern und die Schwester) fielen all seine Angehörigen dem Holocaust zum Opfer. Ferenc selbst überlebte zum einen dank einer Reihe glücklicher Zufälle – etwa retteten ihn seine Schachkenntnisse, da der Kommandant eines der Arbeitslager auf der Suche nach einem adäquaten Gegner war –, zum anderen gelang ihm 1945 auf dem Transport in das Vernichtungslager Sobibor die Flucht. Nach dem Krieg kehrte Ferenc nach Budapest zurück und studierte an der Kunstgeschichtlichen Fakultät der Universität Budapest, genauer: an der Akademie für Metallskulptur – ein Interesse, das ihn sein ganzes Leben begleiten und schließlich zu einem regelrechten ›Kunstkrieg‹ anstacheln sollte[1]. Doch bald stieß ihn der sich in Ungarn etablierende Kommunismus ab, und 1949 floh er mit seiner Frau Chawa nach Israel. Nun begann das neue Leben als Ephraim Kishon; bei der Einwanderung nach Israel wurde der von Ferenc selbstgewählte Name ›Kishont‹ vom zuständigen Beamten kurzerhand zu ›Kishon‹ gekürzt, während ›Ferenc‹ berühmterweise mit der Begründung, diesen Namen gäbe es nicht, willkürlich durch ›Ephraim‹ ersetzt wurde. Nachdem der Neueinwanderer sich einige Zeit in einem Kibbutz als Elektriker, Landarbeiter und Latrinenputzer durchgeschlagen hatte, begann er schon bald, für die ungarischsprachige zionistische Zeitung *Uj Kelet* (›Neuer Mittlerer Osten‹) zu schreiben. In weniger als zwei Jahren lernte er so gut Hebräisch, dass er für die größte Tageszeitung in Israel, *Maariv* (›Abend‹), unter dem Namen Ghad Gadja (›Kleines Lamm‹) satirische Kolumnen verfassen konnte, die 30 Jahre lang täglich erscheinen sollten. Schon 1952 hatte Kishon in Israel seinen literarischen Durchbruch, und zwar mit dem Hörspiel *Der Blaumilchkanal* (*Ta'alat Blaumilkh*) und der späteren Sammlung satirischer Skizzen unter demselben Titel. Mit dem *Blaumilchkanal* etablierte der Satiriker seinen eigenen Stil, der so charakteristisch für ihn werden sollte: Der Name Ephraim Kishon steht für mit trockenem Humor erzählte Alltagssatiren um das ganz normale verrückte Leben in dem ›neuen Land‹ Israel, die sich aber ohne Probleme auf den alltäglichen Wahnsinn in Europa, ja, auf der Welt übertragen lassen. Vor allem international brachte diese Schreibweise Kishon größte Erfolge ein, ganz besonders seine *Familiengeschichten*, humoristische Erzählungen über das Leben

---

[1] Der Publizist Kishon ließ kaum eine Gelegenheit aus, gegen moderne Kunst im Stile Andy Warhols (1928–1987) und Joseph Beuys' (1921–1986) anzuschreiben, oder vielmehr gegen deren Propagierung durch die Kunstkritik, gegen das, was er »die Kunstmafia der Moderne« nannte.

seiner eigenen Familie. Diese gründete er 1959 in zweiter Ehe mit Sara Lipovitz, die Kishons Lesern als »die beste Ehefrau von allen« bekannt ist. Das Markenzeichen des gebürtigen Ungarn ist ein sanfter, plaudernder und selbstironischer Humor, der das tägliche Leben in Israel auf liebevolle Weise satirisiert. Kishon arbeitet nach dem, von ihm selbst sogenannten, Blaumilch-Prinzip, das seine Komik durch die Diskrepanz zwischen Sein und Schein und zwischen Ideal und Wirklichkeit erhält.

Viele seiner satirischen Skizzen inszenierte Kishon auch als Dramen, sowohl auf der von ihm im heimatlichen Tel Aviv gegründeten Kleinkunstbühne ›Die grüne Zwiebel‹ als auch international. 1963 wiederum begann er mit *Sallah Shabatti oder Tausche Wohnung gegen Tochter* (*Sallah Shabatti*) – basierend auf einer von Kishons Satiren über den im Staat Israel verpönten orientalischen Brauch des Brautkaufs und auf das Verhältnis von europäisch- und orientalischstämmigen Juden in Israel – eine sehr erfolgreiche Karriere als Filmemacher. Während sich Kishon so international einen wohlklingenden Namen machte – wobei er seinen großen Erfolg als Jude in Deutschland sowohl mit Ironie als auch mit Genugtuung betrachtete –, stand und steht in seinem Heimatland hauptsächlich sein publizistisches Wirken im Vordergrund. Zwischen Kishon, der aus seinem Zionismus und relativen Konservatismus keinen Hehl machte, und dem eher links gerichteten literarischen Establishment in Israel bestand ein Verhältnis gegenseitiger Geringschätzung, das dazu beigetragen haben mag, dass sich der Humorist 1981 im Schweizerischen Appenzell eine zweite Heimat aufbaute, auch wenn Tel Aviv sein Hauptwohnsitz blieb. Dort starb Ephraim Kishon 2005, drei Jahre nach »der besten Ehefrau von allen«, und ließ seine dritte Frau, die Wiener Schriftstellerin Lisa Witasek (*1956), drei Kinder und fünf Enkel zurück. Begraben ist der zweimal geborene Alltags- und Familiensatiriker auf dem Künstlerfriedhof in Tel Aviv.

Wichtige Werke:

Ta'alar Blaumilkh (Der Blaumilchkanal, 1952)
Familiengeschichten

ALLEN GINSBERG

(1926–1997)

Beat – Der Selige und der epische Schrei

Allen Ginsberg war die Gallionsfigur der rebellischen *Beat Generation* – der wichtigsten Anti-Establishment-Bewegung der 1950er Jahre in den USA – und, alles andere als passive, Ikone von gegenkulturellen Strömungen über vier Jahrzehnte hinweg. Er ist der wohl bedeutendste US-amerikanische Lyriker der zweiten Hälfte des 20. Jahrhunderts. Mit episch-revolutionären Gedichten wie *Das Geheul* (*Howl*, 1956) und *Kaddisch* (1961)[1] veränderte Ginsberg die Literaturlandschaft der Staaten, wenn nicht sogar der Welt, unwiderruflich.

Allen Ginsbergs *Geheul* ist eines der epochalen amerikanischen Gedichte des 20. Jahrhunderts, sowohl aus sich selbst heraus als auch von seiner Rezeptionsgeschichte her. Gero von Wilperts *Lexikon der Weltliteratur* beschreibt dieses Meisterstück folgendermaßen: »Das hymnisch-epische Gedicht *Howl* handelt von der Zerstörung des Menschen durch den Moloch der modernen technologischen Massengesellschaft und den Versuchen einer esoterischen Gruppe, in rauschhaften visionären Zuständen (Sex, Drogen, Alkohol, Jazz) zur Erkenntnis einer metaphysischen Wirklichkeit zu gelangen.«[2] *Das Geheul*, und in gewisser Weise auch Ginsberg selbst, ist die Kristallisation des US-amerikanischen Zeitgeists der zweiten Jahrhunderthälfte; dass der ›Beatnik‹ (wie die Vertreter der *Beat Generation* zunächst abfällig von ihren Gegnern genannt wurden) alles andere als das – gesellschaftliche wie literarische – Establishment repräsentierte, erscheint, wenn überhaupt, nur auf den ersten Blick als Wider-

---

[1] Ginsbergs *Kaddisch* (der Begriff bezeichnet ein jüdisches Trauergebet) konstituiert eine epische Totenklage auf seine Mutter Naomi Ginsberg – weniger auf deren Tod als auf deren von verschiedenen psychischen Krankheiten gezeichnetes Leben, das im Gedicht ihres Sohnes zur schockierenden Synekdoche (ein Teil steht für das Ganze) ihrer Zeit und Generation wird.

[2] Gero von Wilpert (Hg.): *Lexikon der Weltliteratur. Band I.* Stuttgart: Körner 1988. S. 578.

spruch dazu. Die Vertreter der *Beat Generation*, und mit ihnen Allen Ginsberg, waren die Vorreiter des unbändigen Aufbegehrens gegen verkrustete Strukturen jeglicher Art, das die 6oer Jahre des 20. Jahrhunderts prägte – ein Aufbegehren, das sich bei Ginsberg und ›den seinen‹ auch in der (scheinbar) chaotischen, am Jazz orientierten Form ihrer Lyrik manifestierte, ganz zu schweigen von der Thematik von Drogen, Sex und Anarchie, die Literatur wie Leben der ›Beatniks‹ dominierte. Ziel all dieser Erfahrungsmodi war letztendlich eine Erweiterung des Bewusstseins hin zu einem fundamentalen Anderen jenseits aller von der Gesellschaft gesteckten Grenzen. *Das Geheul* wurde zum Manifest dieser Revolte durch Lebensstil und Literatur; selbst der Titel des Gedichts ist programmatisch, denn, so Florian Werner, Ginsbergs Meisterwerk ist ein ununterbrochener »wortgewaltiger Aufschrei, dessen einzige metrische Beschränkung die Kapazität der menschlichen Lunge ist: Wie die von den ›Beatniks‹ verehrten Jazzmusiker kann der Sprecher jeweils nur zu Beginn einer Verszeile für einen kurzen Moment Luft holen, bevor er eine weitere Kaskade von anaphorisch verknüpften Bildern herausschleudert.«[1] Eine derartige aufschreiende Poesie brach jegliche althergebrachte Regel der Metrik und lyrischen Form, die beim damaligen literarischen wie akademischen Establishment der USA hoch im Kurs standen. Ginsbergs Verse werden nicht mehr zusammengehalten von irgendeiner Art von Metrum, das bei ihm innerhalb eines Herzschlags und beliebig oft wechseln kann, sondern nur noch vom Rhythmus, vom *beat*. Zugleich stellte sich der ›Beatnik‹ mit genau dieser Anti-Establishment-Lyrik in die exklusivste Tradition, die die US-amerikanische Lyrik zu bieten hat, nämlich in die von deren Begründer Walt Whitman (1819–1882) und seiner sich der Prosa annähernden Langzeilen. Zusammen mit dem Dichtervisionär William Blake und mit William Carlos Williams (1883–1963) – Ginsbergs literarischem Mentor, der Zeit seiner lyrischen Karriere bestrebt war, das Alltags-Amerikanisch in den Status einer poetischen Sprache zu erheben – ist Whitman der bedeutendste ›literarische Vater‹ des ›Beatnik‹. Denn auch Whitmans poetisches Selbstverständnis vom Dichter als die Masse Amerikas in sich aufnehmendes Über-Ich (im Nicht-Freud'schen Sinne) lässt sich bei Ginsberg und der

---

[1] Florian Werner: »Ginsberg, Allen«. in: Axel Ruckaberle (Hg.): *Metzler Lexikon der Weltliteratur*. Stuttgart/Weimar: Metzler 2006. Band 2. S. 25–27. hier: S. 26.

Allen Ginsberg

Beat Generation wiederfinden: Auf der einen Seite zelebrierten die
›Beatniks‹ die gesellschaftlich Ausgestoßenen – den Außenseiter,
den Kriminellen, den Verrückten und ultimativ den Dichter – als
beatific, als ›selig‹ im Sinne der Bergpredigt[1], und den Poeten
als Sprachrohr und Führerfigur dieser Auserwählten; sie propagierten also letztendlich ein Bild der *beat*-Poeten als von der
Mainstream-Gesellschaft abgehobene, elitäre Gestalten, die über
die Kunst, Drogen, Sexualität und Bewusstseinserweiterung die
moderne Entfremdung und Fragmentierung zu überwinden im
Stande sind. Auf der anderen Seite vertrat die Gruppe um Ginsberg ultimativ ein anti-elitäres Verständnis von Literatur, das in
jedem das Potential zum inspirierten Dichter sah, zum Grenzgän-
ger, zum ›Seligen‹. Gerade Ginsbergs lebenslange *Performances*
als Dichter – noch mehr als jede andere Art von Lyrik sind die
Verse des ›Beatnik‹ eine Poesie des *Hörens* – sprengten die Grenzen zwischen ›hoher‹ und Populärkultur, zwischen Dichtung
und liedhafter *Performance*. Dasselbe gilt für *Das Geheul* mit seinem ungeheuren populären Erfolg, der mit einer öffentlichen
Lesung durch den Autor im Oktober 1955 in der Six Gallery in
San Francisco begann und kein Ende zu finden schien. Des Weiteren arbeitete Ginsberg im Laufe seines Lebens mit einer Reihe
von Stars des Musik-Business zusammen, unter ihnen John Len-
non (1940–1980), Bob Dylan (*1941), Leonard Cohen (*1934) und
Bono (*1960), und war in den 1990ern ein gerngesehener Gast bei
MTV. Und spätestens mit seinem Gedichtband *Der Niedergang
Amerikas* (*The Fall of America: Poems of these States*, 1973) erhielt
der ›Beatnik‹ auch vom angefeindeten literarisch-akademischen
Establishment die ihm zustehende Anerkennung.

Die Geschichte von Ginsbergs literarischem Durchbruch
mit *Das Geheul* ist symptomatisch für die Beziehung zwischen
dem Rebellen und der Gesamtheit der US-amerikanischen Gesellschaft: Dem *Performance*-Erfolg folgte die Veröffentlichung
von Ginsbergs erster Gedichtsammlung *Das Geheul und andere
Gedichte* (*Howl and Other Poems*, 1956) durch den von Lawrence
Ferlinghetti (*1919) neugegründeten Verlag City Lights, wor-
aufhin der Verleger prompt wegen der Verbreitung obszönen
Materials angeklagt wurde (in erster Linie aufgrund des ho-
mosexuellen Gehalts von Ginsbergs Werk). In der folgenden

[1] vergl. Werner, S. 26. Laut Werner stammte der Begriff *beat* ursprünglich aus dem Jargon der New Yorker Unterwelt und bezeichnete die von
der Gesellschaft Ausgestoßenen.

Gerichtsverhandlung entschied der Richter jedoch zugunsten des Angeklagten und erklärte *Das Geheul und andere Gedichte* als nicht-obszönes Material; Ginsberg selbst wiederum war inzwischen – und nicht zuletzt *wegen* des Obszönitätsverfahrens – längst zum berühmten Dichter und zur kulturellen Ikone geworden. Ähnlich liest sich die gesamte Lebensgeschichte Allen Irwin Ginsbergs. Der Sohn des Dichters und Sozialisten Louis und der radikalen Kommunistin Naomi Ginsberg schlug zunächst einen alles andere als unkonventionellen Weg ein, als er sich an der New Yorker Columbia University immatrikulierte, um dort Jura zu studieren. Dort jedoch befreundete er sich schnell mit einer Gruppe junger Dichter, allen voran Jack Kerouac (1922–1969), der später zusammen mit Ginsberg zur Führungsfigur der ›Beatniks‹ werden sollte. Die Jahre an der Universität waren eine Zeit der Selbsterforschung für Ginsberg: des eigenen poetischen Talents, seiner bis dahin verschwiegenen Homosexualität und der Möglichkeit der Bewusstseinserweiterung durch Drogen[1], etwa durch das von den Navajo-Indianern zu religiösen Riten verwendete Peyote oder LSD. Die daraus erwachsende Assoziation mit (halb-)kriminellen Kreisen brachte dem jungen Ginsberg eine Anklage wegen Beihilfe zum Einbruch ein, der er sich durch Plädieren auf geistige Unzurechnungsfähigkeit entzog. Diese Erfahrung – inklusive eines Aufenthalts in einer Nervenheilanstalt – war traumatisch genug, um Ginsberg nochmals eine bürgerliche Existenz als Marktforscher versuchen zu lassen. Erst das Erlebnis einer Dichterlesung von William Carlos Williams brachte Ginsberg endgültig auf den Pfad des Dichters außerhalb der Schranken des Establishments: Er wurde zur Gallionsfigur der ›Beatniks‹ und in den 1960er der Anti-Kriegsbewegung und der *flower power* – ein Begriff, den Ginsberg selbst prägte. Bis zum Schluss blieb er seinem politisch-sozialen und poetischen Credo des ›absoluten Widerstands‹ (Ginsberg) treu, während er gleichzeitig zu einer der bedeutendsten literarischen wie kulturellen Präsenzen in den USA wurde und zu einem ihrer wichtigsten Repräsentanten.

Wichtige Werke:

Howl and Other Poems (*Das Geheul und andere Gedichte*, 1955/56)
Kaddish. For Naomi Ginsberg, 1894–1954 (*Kaddisch*, 1961)

---

[1] In (viel) späteren Jahren verwarf Ginsberg den Gebrauch von Drogen aufgrund seiner Reisen nach Indien und intensiver Beschäftigung mit dem Buddhismus zugunsten der Bewusstseinserweiterung durch Meditation.

The Fall of America: Poems of These States (Der Niedergang Amerikas, 1972/73)
Collected Poems, 1947–1980 (Gesammelte Gedichte, 1984)

GABRIEL GARCÍA MÁRQUEZ

(*1927/28)

Zaubermeister – Der Geschichtenerzähler und der Tod

Selbst unter all den großen lateinamerikanischen Erzählern, die gerade in der zweiten Hälfte des 20. Jahrhunderts die Welt so faszinierten – und nach wie vor faszinieren – ragt Gabriel García Márquez mit seinem narrativen Genie hervor. Mit seinem Roman *Hundert Jahre Einsamkeit (Cien años de soledad,* 1967) trug er entscheidend zu dem sogenannten *boom* der lateinamerikanischen Literatur bei. Das Meisterwerk des Kolumbianers ist unbestritten einer der wichtigsten Romane des 20. Jahrhunderts.

Den eigenen Angaben zufolge feierte Gabriel García Márquez am 6.3.2007 seinen 80. Geburtstag, offizielle Dokumente nennen als sein Geburtsjahr allerdings erst 1928. Sicher ist, dass er im kolumbianischen Aracataca geboren wurde, eine kleine Stadt nahe der karibischen Küste, die von zentraler Bedeutung für García Márquez' fiktionales Werk werden sollte. Wie der Schriftsteller in seiner Autobiographie mit dem bezeichnenden Titel *Leben, um davon zu erzählen (Vivir para contarla,* 2002) berichtet, war seine Geburt alles andere als komplikationsfrei: Der kleine Gabriel wurde fast von der eigenen Nabelschnur erwürgt und konnte nur durch Einreiben mit Rum gerettet werden. Ob diese initiationshafte Geburt und früheste Begegnung mit dem Tod ein biographisches Faktum ist oder eine narrative Selbstkonstruktion im Modus der Autobiographie ist im Falle von García Márquez nicht einmal zweitrangig. Denn wie die Figuren in seinen Romanen erweist sich auch der »Zaubermeister«, wie sich der Literaturnobelpreisträger des Jahres 1982 selbst einmal nannte, als Leser und Erzähler seiner selbst[1].

---

[1] vergl. *Kindlers Neues Literatur Lexikon.* Chefredaktion Rudolf Radler. München: Kindler 1988/1998. Band 6. S. 111.

Doch Gabriel García Márquez war und ist nicht ›nur‹ Geschichtenerzähler. Einen mindestens ebenso großen Teil seines
Lebens wie die Schriftstellerei nahm seine journalistische Tätigkeit ein – und beide Modi des Schreibens sind durchdrungen von
seinem unverhohlenem politischen Engagement, wenn auch keinesfalls auf selbiges zu reduzieren. Schon 1947, während seines
(bald abgebrochenen) Jurastudiums, veröffentlichte der zukünftige Nobelpreisträger erste Kurzgeschichten, nachdem ihm die
Lektüre von Franz Kafkas (1883–1924) *Die Verwandlung* (1912/15)
in einem geradezu epiphanischen Leseerlebnis die Augen für die
Möglichkeiten der Literatur geöffnet hatte. Gleichzeitig arbeitete
der ›Zaubermeister‹ als Journalist in Barraquilla, Cartagena und
Bogotá. 1955 veröffentlichte García Márquez dann seinen ersten
Roman *Laubsturm* (*La hojaraca*) und begann seine Tätigkeit als
Auslandskorrespondent der Zeitung *El Espectador*, in Zuge derer der junge Journalist Europa bereiste. Dort ›strandete‹ García
Márquez, als der *Espectador* auf Druck der kolumbianischen Regierung eingestellt wurde, und verbrachte die nächsten drei Jahre
in Paris. Somit begann das ruhelose Leben des ›Zaubermeisters‹
als Journalist und Schriftsteller; er lebte in Kolumbien, auf Kuba,
in den USA, in Mexiko und in Spanien, arbeitete als Korrespondent für die kubanische Presseagentur *Prensa Latina*[1], als Kolum-
nist und als Drehbuchautor und publizierte drei weitere Romane. Seinen internationalen Durchbruch als Schriftsteller jedoch
– und es war ein Durchbruch sondergleichen – erreichte García
Márquez mit seinem vierten Roman: *Hundert Jahre Einsamkeit*.
Das Buch wurde sofort bei seinem Erscheinen weltweit gefeiert
und ist heute das meistgelesene fiktionale Werk Lateinamerikas.
Dieser *Bestseller*-Erfolg erlaubte es García Márquez, sich völlig
seiner Schriftstellerei und journalistischen Tätigkeiten ganz im
eigenen Sinne zu widmen – und dies tut er bis auf den heutigen
Tag. So nutzte er etwa seine berühmt gewordene Rede zur Verleihung des Nobelpreises im Jahr 1982, um sein politisch-soziales
Hauptanliegen in viel beachtete Worte zu fassen: den alltäglichen
Horror und Kampf in Lateinamerika und die feste Überzeugung,
dass die Länder des Kontinents aus eigener Kraft (ohne Bevor-
mundung durch die ›Weltenlenker‹ USA und Europa) einen Weg
in eine bessere Zukunft finden müssen und werden.

---

[1] García Márquez, den eine enge Freundschaft mit Fidel Castro (*1926)
verbindet, trat stets als Verfechter der kubanischen Revolution auf.

Doch so wichtig García Márquez' Arbeiten als Journalist auch sind und als so unübersehbar seine politische Präsenz sich bis heute erweist, werden jene Aspekte dieser großen Persönlichkeit doch in den Schatten gestellt von der überragenden Bedeutung des Kolumbianers als Romancier. Dem ›Zaubermeister‹ gelingt es in seinen Werken, eine harmonische Einheit zu kreieren aus den literarischen Einflüssen von Franz Kafka, William Faulkner (1897–1962), Ernest Hemingway (1899–1961) und Joseph Conrad (1857–1924) auf der einen Seite und den alten Traditionen des Geschichtenerzählens, die er während seiner Kindheit in Aracataca im Haushalt seiner Großeltern mütterlicherseits aufgesogen hatte, auf der anderen. García Márquez' Schreiben trägt die Spuren sowohl der Berichte seines Großvaters über den schrecklichen kolumbianischen Bürgerkrieg Ende des 19. Jahrhunderts als auch der Geschichten seiner Großmutter und zahlreicher Großtanten, die voller Magie, Fantasie und Erinnerung waren. So führte Gabriel García Márquez den sogenannten ›Magischen Realismus‹ weiter, der von so bedeutenden Literaten wie dem Argentinier Jorge Luis Borges (1899–1986) und dem Guatemalteken Miguel Ángel Asturias (1899–1974) mitbegründet worden war. Seine Romane konstituieren Höhepunkte jener Form des Erzählens, die die Grenzen zwischen Fantasie und Realität, Traum und Wachen, linearer und zyklischer Zeit, Vergangenheit und Gegenwart, Erzählen und Leben in sich zusammenbrechen lässt und die lateinamerikanische Literatur des 20. Jahrhunderts so berühmt und faszinierend gemacht hat. Der Magische Realismus Márquez'scher Prägung ist allerdings weniger charakterisiert durch das Eindringen mythologisch-traumhafter Gestalten in die Sphäre der ›Wirklichkeit‹ – wie im Falle anderer Autoren –, sondern beseelt von dem Glauben, oder besser gesagt: dem Wissen, dass die alltägliche Realität Lateinamerikas nicht selten das unglaubliche Ausmaß von Fiktion annimmt, und der bewussten Auflösung jeglicher Trennung augenscheinlich separater Wirklichkeits- und Zeitebenen. So entpuppt sich in *Hundert Jahre Einsamkeit* das, was zunächst als Familienchronik von sieben Generationen erscheint, als mythisch-zyklisches Geschehen, das jegliches Konzept von Linearität und Kausalität aus den Angeln hebt. Die scheinbar chaotische Geschichte der Familie Buendía[1] im kolumbianischen Macondo – der dem heimatlichen Araca-

---

[1] Der Familienname evoziert den spanischen Gruß *Buenos días* (›Guten Tag‹).

Gabriel García Márquez

taca nachempfundene fiktive Ort, der von so großer Bedeutung in den Romanen García Márquez' ist – erweist sich als von einer Prophezeiung vorbestimmt, die erst der letzte Spross dieser von Vergessen, Einsamkeit und Tragik zerrütteten Familie zu entziffern lernt – in dem Moment, in dem er von seinem eigenen Tod liest und folgerichtig stirbt: Die Erzählung des eigenen Lebens lesen zu können, bedeutet die Nihilierung von Selbst und Zeit. – Dieser Kern von *Hundert Jahre Einsamkeit* ist eingebettet in eine extrem vielschichtige Erzählung, deren unterschiedliche Ebenen sich bis zur Unkenntlichkeit ineinanderweben und die nur mehrdeutig interpretiert werden kann.

Hundert Jahre Einsamkeit ist wohl eines der bedeutendsten Werke der Literaturgeschichte überhaupt – nicht zuletzt, da es entscheidend zur internationalen Anerkennung der lateinamerikanischen Literatur in ihrer ganzen Eigenständigkeit und Fruchtbarkeit geführt hat. Das Werk ragt selbst unter den zahlreichen Romanen eines so großen Geschichtenerzählers wie Gabriel García Márquez als Singularität hervor. Das zweite Buch des Kolumbianers, das in aller Welt bekannt ist, *Die Liebe zur Zeiten der Cholera* (*El amor en los tiempos del colera*, 1985), wiederum konstituiert die Rückkehr seines Autors zu einem traditionellen, ja, altertümlichen Erzählen und besticht durch die ungewöhnliche Liebesgeschichte eines in die Jahre gekommenen Paares, die von Alter und Vergänglichkeit handelt, aber eben auch von der Außer-Kraft-Setzung jeglicher Zeit durch liebende Zweisamkeit.

Wichtige Werke:

Cien anós de soledad (*Hundert Jahre Einsamkeit*, 1967)
El ontonó del patriarca (*Der Herbst des Patriarchen*, 1975)
Crónica de una muerte anunciada (*Chronik eines angekündigten Todes*, 1981)
El amor en los tiempos del colera (*Die Liebe in den Zeiten der Cholera*, 1985)
Vivir para contarla (*Leben, um davon zu erzählen*, 2002)
Memoria de mis putas tristes (*Erinnerung an meine traurigen Huren*, 2004)

Toni Morrison (Chloe Anthony Wofford Morrison)

(*1931)

Verwurzelung – Erzählung, weiblich, schwarz

Toni Morrison war im Jahr 1993 die erste schwarze Frau, die den Nobelpreis für Literatur erhielt. Dies ist in vieler Hinsicht bezeichnend; als Autorin, als Verlegerin, als Literatur- und Kulturkritikerin und als Person des öffentlichen Lebens hat Morrison mannigfaltig zur Konstitution der afro-amerikanischen kulturellen Identität und zu der Anerkennung wie der Entwicklung afro-amerikanischer Literatur beigetragen. Zugleich betont sie selbstbewusst ihre Rolle als weibliche wie als schwarze Schriftstellerin – als literarische Vertreterin marginalisierter Diskurse, die sie in Worte fasst, weniger, um gegen den dominanten (männlichen, weißen) Diskurs anzuschreiben, als um Alternativen zu kreieren und ein Bewusstsein für andere, multiple Erzählungen des Menschseins zu schaffen.

Tod, Liebe, Vergessen, Erinnerung, Leiden und Überleben – Toni Morrisons Erzählen kreist um die großen Themen der menschlichen Existenz, ›wölbt sich ihnen entgegen‹, um die Worte der Nobelpreisträgerin selbst zu benutzen. Und doch sieht Morrison die Universalität ihrer Geschichten in der Spezifität ihres Blickpunkts begründet. Dies mag widersprüchlich klingen, ist es aber nicht. Toni Morrisons Thema ist die Konstruktion afro-amerikanischer (kultureller) Identität in all ihrer Problematik, die Konfrontation mit der Gegenwart und mit der (traumatischen) Vergangenheit auf der Suche nach einer lebbaren Zukunft. Dabei schreibt sie ihrem Geschichtenerzählen die Funktion zu, die es seit den Anfängen menschlicher Kultur innegehabt haben muss: die Verwurzelung des Einzelnen und der Gemeinschaft im Boden des kulturellen Erbes – das heißt, die (prozesshafte) Beantwortung der Frage, wer wir sind, durch die Erinnerung an das, was wir waren. Dieses Sich-Erzählen des eigenen (gemeinschaftlichen wie individuellen) Seins ist eine grundmenschliche Handlung, an deren Ursprünge uns Toni

Morrison zurückführt in dem Versuch, die Identität einer Gruppe von Menschen zu konstruieren, die in der Vergangenheit so oft entwurzelt wurden und denen die Verwurzelung durch dominante Diskurse immer noch, wenn nicht verweigert, so doch schwer gemacht wird. Toni Morrisons elementarer Erzählkunst gelingt es, Entwürfe der Geschichte einer sehr spezifischen ethnischen Gruppe zu kreieren und deren (verdrängtes, sanktioniertes, marginalisiertes) kulturelles Erbe zu reaktivieren und zugleich neue Bilder universalen Menschseins zu malen, die die Kraft des Mythos in sich tragen.

Chloe Anthony Wofford, die als Toni Morrison berühmt werden sollte, wuchs in Lorain, im Bundesstaat Ohio, auf. Die kleine Stahlarbeiter-Stadt zeichnete sich durch eine ungewöhnliche hohe Diversität und dabei starken Zusammenhalt aus. Dennoch wurde die junge Chloe natürlich mit der alltäglichen afro-amerikanischen Realität in den USA der ersten Jahrhunderthälfte konfrontiert. Gleichzeitig – und das ist wichtig für Morrisons Leben wie für ihr Werk – vermittelte ihr ihre Familie von Geschichtenerzählern einen (und es gibt kein besseres Wort dafür) festverwurzelten Sinn ihres kulturellen Erbes, und damit ihrer selbst. Chloe wuchs mit der afro-amerikanischen Folklore – der Musik, den Ritualen und den Geschichten (den erfundenen wie erinnerten) – auf, die Toni Morrison später das Rohmaterial für ihre modernen, zeitlosen Mythen der kulturellen Selbstkonstitution liefern sollten. Sie kam aber auch von Kindheit an mit den großen Vertretern der Weltliteratur in Berührung; Jane Austen (1775–1817) und Lev Tolstoj (1828–1910) sollen ihre Lieblingsautoren gewesen sein. Es war auf der Howard University, dass Chloe, als Mitglied der Studentenschauspielgruppe The Howard University Players, zu Toni wurde. 1955 schloss sie ihr Studium der Englischen Literatur – inzwischen auf der Cornell University – mit einem MA ab und begann ihre akademische Karriere. Drei Jahre später heiratete sie den jamaikanischen Architekten Harold Morrison – eine Ehe, über die die Schriftstellerin ungern Worte verliert, außer, dass sie zu jener zutiefst unbefriedigenden Lebenssituation beitrug, die sie schließlich zum Schreiben brachte. Der eigentliche Bruch in Toni Morrisons Leben geschah 1964: Sie ließ sich von ihrem Mann scheiden und ging mit ihren beiden Söhnen nach New York, wo sie 1968 zur verantwortlichen Herausgeberin bei dem renommierten Verlag Random House wurde – eine Position, die Morrison zu nutzen wusste, um afro-amerikanischen Schriftstellern endlich Gehör und Leser zu verschaffen; der Beitrag, den die Nobelpreisträgerin als Verlegerin für die Entwicklung der afro-amerikanischen im Besonderen, aber auch der US-Literatur im Allgemeinen geleistet hat, kann kaum überschätzt werden. Das wohl wichtigste Buch, für dessen Herausgabe Morrison verantwortlich zeichnete, ist *The Black Book* (›Das schwarze Buch‹, 1974), das dreihundert Jahre afro-amerikanischer Geschichte in noch nie dagewesener Weise dokumentiert. Von 1970 an – mit dem Erscheinen ihres erstes Romans *Sehr blaue Augen* (*The Bluest Eye*) – war Toni Morrison auch als Schriftstellerin tätig und ihr Renommee wuchs beständig an. Im Jahr 1988 erhielt sie für *Menschenkind* (*Beloved*, 1987), ihr eindrucksvollstes Werk, den Pulitzer Prize – endlich, wie viele ihrer literarischen Kollegen meinten – und 1993 den Nobelpreis für Literatur[1]. Spätestens von diesem Moment an wurde Toni Morrison zu einer nicht wegzudenkenden (und immer kritischen) öffentlichen Präsenz in den USA.

Der Name Toni Morrison wird vor allem mit sechs Romanen in Verbindung gebracht: *Sehr blaue Augen*, *Sula* (1973), *Solomons Lied* (*Song of Solomon*, 1977), *Teerbaby* (*Tar Baby*, 1981), *Menschenkind* und *Jazz* (1992)[2]. Sie alle stellen die (Re)Kreation ›schwarzer Selbstheit‹ in den Mittelpunkt, und das auf inhaltlicher, formaler und metanarrativer Ebene. Morrisons Charaktere, ob männlich oder weiblich[3], sind auf der Suche – nach einer Form des Überlebens, nach einem Gefühl von Selbst und nach einer verlorenen Vergangenheit, die teils lebensnotwendigerweise verdrängt und überwunden, teils heilsam integriert werden muss. Und auch die Erzählung ist auf der Suche: nach einer adäquaten Sprache für afro-amerikanisches Erleben und das Trauma der Vergangenheit in Form von Heimatlosigkeit, Sklaverei, Gewalt und Diskriminierung – eine Sprache, die sich letztendlich nur selbst schaffen kann, aus dem Alten und dem Neuen, aus dem Ver-

---

[1] Gleichzeitig zu ihrer Schriftstellerkarriere nahm Toni Morrison auch ihre akademische Lehrtätigkeit wieder auf. Seit 1987 ist sie Goheen Professor of Humanities an der Princton University.

[2] Seit dem Erhalt des Nobelpreises hat Toni Morrison mit *Paradies* (*Paradise*, 1999) und *Liebe* (*Love*, 2003) zwei weitere Romane verfasst sowie zusammen mit ihrem Sohn Slade Morrison eine Reihe von Kinderbüchern.

[3] Morrison betont zwar ihre Perspektive als Autor*in*, und damit (als farbige Frau) in doppelter Hinsicht als Teil einer diskursiven Minderheit, bezieht aber männliches Erleben durchaus in ihre Romane mit ein; in *Solomons Lied* etwa steht jenes sogar im Mittelpunkt.

gessenen und dem Wiedererinnerten. Toni Morrison nutzt die Folklore ihrer Kindheit, um lyrische Erzählungen von immenser Dichte zu kreieren. So reaktiviert sie das halb-verdrängte, halb-sanktionierte kulturelle Erbe einer marginalisierten ethnischen Gruppe und hält gleichzeitig dem dominanten (weißen, männlichen) Diskurs mit seiner verknöcherten, gewaltvollen Sprache[1] pulsierende, neue Selbstentwürfe entgegen – und sichert damit die in ihren Augen lebenserhaltende Vitalität der Differenz.

Wichtige Werke:

The Bluest Eye (*Sehr blaue Augen*, 1979)
Sula (*Sula*, 1973)
Song of Solomon (*Solomons Lied*, 1977)
Tar Baby (*Teerbaby*, 1981)
Beloved (*Menschenkind*, 1987)
Jazz (*Jazz*, 1992)

KO UN (KO UN-T'AE)

(*1933)

Zehntausend Leben – Koreas kämpferischer Dichtermönch

Ko Un ist eine der unumstrittenen Zentralgestalten der asiatischen Literatur des 20. und des beginnenden 21. Jahrhunderts. Als Dichter, Mönch und politischer Aktivist setzte er sich ins (brandgefährliche) Zentrum der südkoreanischen Öffentlichkeit. Weder sein spirituelles noch sein persönliches noch sein poetisches Engagement scheint Grenzen zu kennen.

Ko Un, eigentlich Ko Un-t'ae, kann auf ein bewegtes Leben zurückblicken, das eng verschlungen ist mit der politischen Situation seines Heimatlandes. Er wurde in der Stadt Kunsan im heutigen Südkorea geboren, zu einer Zeit, da Korea unter japanischer Herrschaft stand. Nach eigener Angabe begann Ko Un mit sechzehn, sich literarisch zu betätigen, nachdem er eines Ta-

---

[1] In ihrer Nobelpreisrede legte Morrison eindrucksvoll dar, dass eingefahrene Sprachmuster, die Zentrum und Rand, gut und schlecht etc. unnachgiebig definieren, als Form der Gewalt wirken.

ges am Wegrand ein Buch gefunden hatte, das die erste Gedichtsammlung des sogenannten ›Leprapoeten‹ Han Hauni enthielt,
welche ihn zutiefst berührte. Doch zunächst warf der 1950 be-
ginnende Koreakrieg das Leben des werden wollenden Dichters
aus den Bahnen; Ko Un wurde in die Koreanische Volksarmee
zwangsrekrutiert und stürzte aufgrund der traumatischen Bür-
gerkriegserfahrungen in eine tiefe Lebenskrise. Diese gipfelte
in einem Selbstmordversuch durch Gift, der ihn auf einem Ohr
taub zurückließ. Ko Un fand erst wieder Stabilität, als er 1952
in ein buddhistisches Kloster eintrat. Dort widmete er sich der
Zen-Meditation und unternahm im Gefolge des hochverehrten
Meisters Hyobong als Bettelmönch Reisen durch das Land.
Gleichzeitig begann Ko Un von Neuem, Gedichte zu schreiben,
von denen er einige in der von ihm 1957 gegründeten *Buddhistischen Zeitung* veröffentlichte. Drei Jahre später erschien seine
erste Gedichtsammlung, und Ko Un war inzwischen sowohl in
buddhistischen als auch in literarischen Kreisen wohlbekannt.
1962 jedoch gab der dichtende Mönch seinem Leben aus eigenem
Antrieb eine neue Wendung: Er trat öffentlich aus seinem Orden
aus, um in die ›Diesseitigkeit‹ zurückzukehren und sich sowohl
seiner Dichtung als auch einem sozial wie politisch aktiven Leben zu verschreiben. Letzteres versuchte Ko Un zunächst als
Leiter einer Schule für sozial benachteiligte Kinder auf der Insel
Jeju, doch warf bereits die nächste persönliche Krise ihre Schatten voraus, die den Dichter erneut aus der Bahn werfen sollte.
Die Gedichte aus jenen Jahren sind bereits geprägt von einem
verzweifelten Gefühl der existenziellen Sinnlosigkeit, wie sie
sich etwa in dem Band *Pian Gamsung* (›Jenseits des Gefühls‹,
1967) manifestiert, der den Beginn von Ko Uns nihilistischer
Phase markiert. Ausgelöst wurde seine zweite große Persönlich-
keitskrise, wiederum nach eigenen Angaben, durch die Lektüre
des Romans *Der stille Don* (*Tichij Don*, 1928–1940/1953) des Rus-
sen Michail Šolochov (1905–1984), dessen ungeheuere Komplexität Ko Un in tiefe künstlerische Selbstzweifel und ein zerset-
zendes Gefühl der Unzulänglichkeit stürzte. Die Krise, die von
einer fieberhaften poetischen Produktivität auf der einen und
schwerem Alkoholmissbrauch auf der anderen Seite gekenn-
zeichnet war, kulminierte in einem erneuten Selbstmordversuch
des inzwischen nach Seoul zurückgekehrten Dichters im Jahr
1970, als Folge dessen Ko Un für 30 Stunden im Koma lag, ehe
er wieder erwachte. 1973 schließlich sah eine erneute Wende in
Ko Uns Leben, die ihm gleichzeitig half, seine schwere Krise

hinter sich zu lassen: Der Dichter begann, sich aktiv politisch zu engagieren, und wurde schon bald zu einer Zentralgestalt der demokratischen Bewegung in Südkorea. Ko Un wurde z.B. 1974 zum ersten Generalsekretär der ›Schriftstellervereinigung für Praktische Freiheit‹ und begleitete so gut wie jede Versammlung demokratischer Bewegungen mit seinen Gedichten, auch wenn letztere nur selten von direkt politischem Gehalt sind. Im folgenden Jahrzehnt sah sich Ko Un mit politischer Verfolgung, mehreren Inhaftierungen und sogar Folter konfrontiert. Nach dem Militärputsch von Chun Doo-Hwan (*1931) im Mai 1980 wurde Ko Un schließlich des Hochverrats angeklagt und zu 20 Jahren Haft verurteilt, 1982 jedoch im Zuge einer Generalamnestie begnadigt. Ein Jahr später begann mit der Heirat mit der Literaturprofessorin Lee Shanghwa, aus der die einzige Tochter Charyŏng hervorging, eine neue Phase im Leben Ko Uns, der für 50 Jahre lang ein ›einsamer Streiter‹ gewesen war. Sein neues Leben als Familienvater im ländlichen Ansŏng führte zur dichterisch produktivsten Phase Ko Uns, die bis heute noch nicht ihr Ende gefunden hat. Seit dieser Zeit arbeitet er an seinem im Gefängnis inspirierten Lebenswerk *Maninbo* (›Zehntausend Leben‹, seit 1986), von dem bis zum Jahr 2006 23 Bände erschienen waren. Bei dem monumentalen Gedichtzyklus handelt es sich um ein ehrgeiziges Projekt, mit dem sich Ko Un zum Ziel gesetzt hat, ein Porträt jedes Menschen zu entwerfen, der ihm je in seinem Leben begegnet ist.

Ko Uns inzwischen fast 150 Veröffentlichungen umfassendes Œuvre ist von einer ungewöhnlichen stilistischen Bandbreite und umfasst Epen, Romane, Dramen, Biografien, Essays und Übersetzungen chinesischer Poesie, vor allem jedoch Gedichte jeder vorstellbaren Stilrichtung und Thematik. Charakteristisch für Ko Un ist der Versuch, das Vergängliche, das Augenblickshafte festzuhalten – einen einmalig besuchten Ort, die kurze Begegnung mit einer Person, eine verfliegende Erinnerung. Auf Deutsch sind eine Auswahl seiner Gedichte zu finden in *Die Sterne über dem Land der Väter* – die Übersetzung von *Choguk-ui Boyl* (1984), eines der bekanntesten Lyrikbände Ko Uns – und dem Sammelband *Ein Tag voller Winde* (2002), der eine Auswahl der besten Texte des großen koreanischen Lyrikers enthält, dessen Name jedes Jahr aufs Neue fällt, wenn es um die Verleihung des Nobelpreises für Literatur geht.

Wichtige Werke:

Pian Gamsung (1967)
Choguk-ui Boyl (Die Sterne über dem Land der Väter, 1984)
Junwon Sipyun (1986)
Maninbo (seit 1986)
Baektusan (1987)

LEONARD COHEN

(*1934)

Stranger Songs *und* Beautiful Losers – *Der Dichterbarde*

Leonard Cohen, der international in erster Linie als großer Liedermacher bekannt ist, begann seine Karriere im heimatlichen Kanada als Dichter und Romancier. Mit seinem Skandalroman *Schöne Verlierer (Beautiful Losers,* 1966) sprengte er die Grenzen der traditionsgebundenen Literatur seines Landes und eröffnete ihr den unbegrenzten Raum der Postmoderne. Cohen gehört mit seinen Liebe, Sexualität, Tod, Gewalt und Spiritualität verwebenden Versen zu den bedeutendsten Lyrikern des Landes. In ihm hat die uralte Gestalt des Dichterbarden eine zeitgenössische Inkarnation gefunden.

For the Holy One dreams of a letter
Dreams of a letter's death.
Oh bless the continuous stutter
Of the word being made into flesh.[1]

So schreibt Leonard Cohen in seinem Song *The Window,* was Stephen Scobie in *The Canadian Encyclopedia* prompt kommentiert: »*Only Leonard Cohen could conceive the process of the Word being made Flesh as a stutter – and only Cohen could bless that insight.* – Nur Leonard Cohen ist imstande, den Prozess der Fleischwerdung des Wortes als ein Stottern wahrzunehmen – und nur Cohen ist imstande, diese Einsicht willkom-

---

[1] Denn der Heilige erträumt einen Buchstaben / Und träumt eines Buchstaben Tod. / Oh gesegnet sei das ungebrochne Stottern / Mit dem das Wort zu Fleisch wird. (meine Übersetzung)

menzuheißen.«[1] Cohens Lieder, so scheint es, sind, bei all ihrer teils schockierenden, teils rätselhaften Wort- und Bildmagie,
die sanftere Version der poetischen Welt seiner Gedichte und
vor allem seiner Romane, in denen Melancholie mit Anarchie
und einem abgrundtiefen schwarzen Humor verschmilzt auf
der Suche nach einer Transzendentalität hinter der Erkenntnis
der fundamentalen Gebrochenheit der Welt. Den Höhepunkt
dieser ›schwarzen Romantik‹ Cohens bildet der Roman *Schöne
Verlierer*, der radikal mit der in Kanada dominierenden realistischen Erzähltradition brach und zu dem – nicht ganz korrekten
– Eindruck beitrug, der kanadische Roman sei vom realistischen
Erzählen direkt zur Postmoderne vorgestoßen und habe dabei
die Moderne sozusagen übersprungen[2]. *Schöne Verlierer* schlug
wie eine Bombe in die kanadische Literaturlandschaft ein; der
›schwarze Romantiker‹ wurde von den einen enthusiastisch
als neuer James Joyce (1882-1941) gefeiert, während andere
von der Mischung expliziter Sexualität mit Cohens ganz eigener Art von ›multikultureller‹ Religion[3] schockiert waren und
dem Autor Blasphemie vorwarfen – von der Verwirrung über
die unkonventionelle, segmentierte Erzählform ganz zu schweigen. Scobie nennt *Schöne Verlierer* »*the most radical (and beautiful)
experimental novel ever published in Canada* – den radikalsten (und
schönsten) experimentellen Roman, der je in Kanada veröffentlicht wurde« – zugleich historisch und surreal, komisch und
extatisch, mystisch und pornographisch. Cohens Meisterwerk
ist der intensivste und ungeschminkteste Ausdruck der Weltsicht des ›Dichterbarden‹, die sich auch in seiner Lyrik und seinen Liedern manifestiert, manchmal in romantisch-mystizisti-
schen, manchmal in erschreckend krassen Bildern: Die Welt des
›schwarzen Romantikers‹ ist eine zutiefst gestörte, deren Syn-
eckdoche[4] – und harscher geht es kaum – Adolf Hitler ist, wie
Cohens dritter Gedichtband *Blumen für Hitler* (*Flowers for Hitler*,
1964) unmissverständlich klarmacht. Bestehen können in dieser

---

[1] Stephen Scobie. »Cohen, Leonard«. in: *The Canadian Encyclopedia*.
unter: http://thecanadianencyclopedia.com.
[2] vergl. Konrad Groß, Wolfgang Klooß und Reingard Nischik (Hg.):
Kanadische Literaturgeschichte. Stuttgart/Weimar: Metzler 2005. S. 151 und
S. 243.
[3] Der sich explizit zu seiner jüdischen Religion bekennende Cohen
beschäftigte sich Zeit seines Lebens auch intensiv mit antiken Mythologien, christlichen Traditionen und buddhistischen Lehren.
[4] literarisches Stilmittel des *pars pro toto*: Ein Teil steht für das Ganze.

absurden Welt, die selbst den Dichter zur hilflosen Ohnmacht verurteilt, nur jene *beautiful losers*, denen Cohens Meisterwerk gewidmet ist: die Gescheiterten und Leidenden, die eben durch ihre Marginalisiertheit und Ausgestoßenheit in die Lage versetzt werden, den Weg zur *sainthood*, zur Heiligkeit, einzuschlagen – ein Weg, der, über physische wie mystizierte Sexualität und Liebe zur Transzendenz von Ich und Welt führt[1]. Cohens Texte sind bevölkert von diesen bizarren Heiligen, weiblichen wie männlichen: Heiler, Krieger, Liebende, Zigeuner, Barden, Wahnsinnige, die mythologische mit zutiefst menschlichen Zügen vereinen – eine Grenze zwischen beidem existiert nicht für Cohen. Die vielgestaltigen Heiligen bilden die Konstante in Cohens Œuvre, von Gedicht über Roman bis Lied, von dem Liebesgedichtband *The Spice-Box of Earth* (›Die Gewürzbüchse der Erde‹, 1961), der den Ruf des Kanadiers als ›erotischer Melancholiker‹ begründete und das Konzept der *sainthood* etablierte, über die selbstzweiflerischen ›Anti-Gedichte‹ von *Die Energie von Sklaven* (*The Energy of Slaves*, 1972) und der autodekonstruktiven *Letzten Prüfung* (*Death of a Lady's Man*, 1978)[2] bis hin zu den reaffirmativen Gedichten von *Wem sonst als dir* (*The Book of Mercy*, 1984), in dem Cohen sozusagen sein poetisches Selbstbewusstsein mit aller Sprachmacht wiedergewinnt und eine neue spirituelle Ebene der Tranquilität zu betreten scheint.

Von frühester Jugend an hatte sich Leonard Cohen der Poesie verschrieben, von seiner Mutter voll und ganz unterstützt (Cohens Vater starb, als der kleine Leonard neun Jahre alt war). Auch sein Interesse an Musik zeigte sich schon früh, war für Cohen jedoch lange Zeit zweitrangig. Während er an der Mc-Gill University im heimatlichen Montreal studierte, publizierte der zukünftige literarische Rebell seine ersten Gedichte, ein Jahr nach seinem Abschluss erschien mit *Let Us Compare Mythologies* (›Lasst uns Mythologien vergleichen‹, 1956) sein erster Lyrikband. Dieser war, wie schon allein der Titel zeigt, bereits bezeichnend für die poetische Vorgehensweise, die Cohens gesamtes Werk im Kern charakterisieren sollte: die Schaffung einer bildstarken, eigenen Mythologie aus dem Bilderreichtum der großen Mythologien der Welt – im Fall dieses Erstlingswerk

---

[1] vergl. *Kindlers Neues Literatur Lexikon*. Chefredaktion Rudolf Radler. München: Kindler 1988/1998. Band 4. S. 74.

[2] Der Originaltitel ›Tod eines Frauenlieblings‹ ist selbstbezüglich zu verstehen; Cohens erotische Anziehungen auf Frauen ist legendär.

des eigenen jüdischen Erbes und dem Gedankengut der griechischen Antike. Spätestens mit der Veröffentlichung der intensiven Liebesgedichte der *Spice-Box*, die zu einem internationalen
Erfolg wurden, wurde Cohen zu einer literarischen Berühmtheit
mit byronesken Zügen, was durch den Skandalerfolg von *Schöne Verlierer* natürlich noch verstärkt wurde. Die 1960er wurden
zu der großen Zeit des Literaten Leonard Cohen, der zwischen
dem Bohème-Zentrum New York und der Abgeschiedenheit
der Ägäis-Insel Hydra hin- und herwechselte und alternierend
das Leben eines zurückgezogenen Dichters und eines skandal-
trächtigen Künstlers führte. Es waren seine Bekanntschaften mit
den zahlreichen Liedermachern der 1960er, die Leonard Cohen
schließlich zurück zur Musik führten – in einem Alter, das allein
den ›Neueinsteiger‹ schon zu einer singulären Erscheinung im
Musik-Business machte. Cohen brachte (und bringt) die dunkle
Melancholie und surreale Bildlichkeit seiner Poesie und Prosa
in seine Lieder und kreierte so mit seiner eigentümlichen, sono-
ren, fast monotonen Stimme eine eigene Art von Musik, die ihn
zu einer Kultfigur werden ließ. Immer wieder von Perioden der
Zurückgezogenheit unterbrochen – die 1990er etwa verbrachte
Cohen zu einem Großteil mit einer Gruppe buddhistischer
Mönche im kalifornischen Zen-Zentrum Mt. Baldy – überrascht
der ›Dichterbarde‹ bis heute immer wieder mit ungewöhnlichen
Liedern, die deutlich die Handschrift des Poeten tragen (Cohen
selbst macht wenig Unterschied zwischen seiner Literatur und
seiner Musik). Viele seiner Songs sind von zahlreichen großen
Stars neuinterpretiert worden, am häufigsten wohl das grandi-
ose *Hallelujah*, das Anfang des Jahrtausends zum besten kanadischen Lied aller Zeiten gewählt wurde.

Wichtige Werke:

The Spice-Box of Earth (1961)
The Favorite Game (*Das Lieblingsspiel*, 1963)
Beautiful Losers (*Schöne Verlierer*, 1966)
The Energy of Slaves (*Die Energie von Sklaven*, 1972)
Book of Mercy (*Wem sonst als dir*, 1984)

Ōe Kenzaburō

(*1935)

Wurzelsuche – Modelle der Gegenwart zwischen Autobiographie und Mythos

Als »grotesken Realismus« bezeichnet Ōe Kenzaburō seinen eigenen Stil und fasst so treffend die beiden Strömungen, die in seinem Œuvre zusammenlaufen. Während er in seiner Heimat nach wie vor als literarischer Sonderling und Bürgerschreck gilt, wird er international als einer der bedeutendsten Schriftsteller Japans überhaupt angesehen. Im Jahr 1994 wurde ihm der Nobelpreis verliehen für die Erschaffung einer Welt, »in der sich Leben und Mythos zu einem erschütternden Bild des Menschen in der Gegenwart verdichten« (Schwedische Akademie).

Sowohl in seinen Essays als auch in seinem Erzählwerk, das aus zahlreichen Romanen und Novellen besteht, distanziert sich Ōe Kenzaburō von der jahrhundertealten literarischen Tradition Japans und dessen gegenwärtiger *Mainstream*-Kultur. Sein Œuvre basiert vielmehr auf zwei sehr konträr erscheinenden Einflüssen: der von ihm geliebten westlichen Literatur – allen voran US-amerikanische, französische und deutsche Autoren – und der mündlichen Erzähltradition der Frauen seines Heimatdorfes.

Ōe Kenzaburō wurde in Ōse (heute Naikomachi), einem kleinen Dorf auf Shikoku, der kleinsten der vier Hauptinseln Japans, als drittes von insgesamt sieben Kindern einer angesehenen, alteingesessenen Samurai-Familie geboren. Das (traumatische) Ende des Zweiten Weltkriegs, die Kapitulation Japans, die Atombomben von Hiroshima und Nagasaki und das Ende das alten Kaiserreiches, das die Einführung der Demokratie und eine zunehmende Verwestlichung Japans mit sich brachte, bedeutete auch das Ende der alten Lebensweise und den Bruch der jahrhundertelangen Abgeschlossenheit auf Shikoku. Im Alter von achtzehn Jahren verließ der zukünftige Schriftsteller Ōe sein Heimatdorf zum ersten Mal – und ließ somit die traditionelle Lebensweise seiner Vorfahren hinter sich. Auf den Rat seiner Mutter hin – Ōes Vater war neun Jahre zuvor gestorben – ging der junge Kenzaburō nach Tōkyō, um dort zu studieren. Der zukünftige Nobelpreisträger entschloss sich für ein Studium der französischen Literatur, das er mit einer Dissertation über den großen Existentialisten Jean-Paul Sartre (1905–1980) abschloss, dessen Denken und Schreiben Ōes eigenes Werk stark beeinflussen sollte. Noch während seiner Studienzeit begann der junge Mann zu schreiben und erregte fast sofort Aufmerksamkeit; seine berühmte Erzählung *Der Fang* (*Shiiku*, 1958) brachte ihm den renommierten Akutagawa Preis ein. Die frühen Werke Ōes beschäftigten sich in erster Linie mit der – metaphysisch-mythischen – Bewältigung des Kriegsgeschehens und seiner Nachwirkungen und stellen Kinder und Jugendliche in den Vordergrund. In seinem ersten Roman *Reißt die Knospen ab* (*Memushiri Kouchi*, 1958) wird eine Gruppe ausgestoßener Jugendlicher zur Verkörperung von urtümlicher Lebenskraft – was sowohl gewalttätige Rohheit als auch eine überwältigende Unschuld einschließt –, aber schließlich von Krieg und Gesellschaft zugrundegerichtet.

Einen entscheidenden Einschnitt in Ōes Leben und Werk stellte die Geburt seines geistig behinderten Sohnes Hikari dar. In vielen seiner folgenden Romane steht die Figur eines geistig behinderten Kindes im Mittelpunkt und der innere wie äußere Kampf eines Vaters, mit der Existenz dieses Kindes zurechtzukommen. Dieser Kampf kann im fiktionalen Raum extrem gewaltvoll vor sich gehen – etwa in Ōes berühmtesten Roman *Eine persönliche Erfahrung* (*Kojintekina taiken*, 1964), der zwar mit der Annahme des »monströsen Babys« durch den Vater endet, aber das sexuelle wie angstvolle Aufbegehren des Protagonisten gegen die Geburt von »diesem Ungeheuer von Baby« sowie die erstickende Gesellschaft in einer Reihe von sexuellen wie moralischen, tatsächlichen wie in Betracht gezogenen Tabubrüchen inszeniert. Für Ōe selbst jedoch ist sein inzwischen 44jähriger Sohn, der nicht mit Worten kommunizieren kann, jedoch in Japan sehr erfolgreiche Musik komponiert, zu einer, wenn nicht der zentralen Gestalt in seinem Leben geworden.

Das nächste einschneidende Erlebnis im Leben des erfolgreichen Autors und Familienvaters war die Verleihung des Literaturnobelpreises im Jahr 1994 – die Ōes Plänen, im Alter von 60 Jahren mit dem Schreiben aufzuhören, einen entschiedenen Riegel vorschob. Anstelle des geplanten literarischen Rückzugs

Ōe Kenzaburō

folgte eine neue kreative Phase, die bis heute nicht zu Ende ist. Ōes Alterswerk bringt seine Mythen der Gegenwart zu einem narrativen Höhenpunkt, aber der Nobelpreisträger nahm auch ganz neue Projekte in Angriff. 1995 etwa veröffentlichte der Japaner *Gestern, vor 50 Jahren*, einen deutsch-japanischen Briefwechsel mit Günter Grass (*1927) – nur ein Beispiel für die enge Verbindung, die Ōe zu Deutschland pflegt.

Sexualität, Gewalt, Tabubrüche, Träume, Schmerz und zarte Hoffnung verweben sich in Ōes Romanen und Erzählungen zu einem grotesk-realistischem Netz aus Autobiografie und Mythos. Denn die Texte des Nobelpreisträger rekurrieren immer stark auf sein eigenes Leben, ob sie sich nun mit der Beziehung zu einem geistig behinderten Kind auseinandersetzen oder eine mythisierte Suche nach den Wurzeln in den Vordergrund stellen, wie z. B. der Zeitroman *Der stumme Schrei / Die Brüder Nedokoro*[1] (*Man'en gannen no futtobōru*, 1967), der in äußerst komplexer Form die Konfrontation zweier Brüder mit der Vergangenheit ihrer Familie und ihres Heimatdorfes auf Shikoku thematisiert und dabei Japans Geschichte wie Gegenwart aufzuarbeiten versucht. Doch die intensiven Metaphern, die Ōe meisterhaft verwendet, verhindern eine einfache Gleichsetzung seiner fiktionalen Kompositionen mit seinem Leben. Ōes Protagonisten mögen oftmals in einer ähnlichen Situation sein wie ihr Schöpfer und dessen innere Konflikte und tiefste Anliegen nach außen tragen, aber sie *sind* nicht Ōe, nicht einmal eine fiktionale Repräsentation des Romanciers. Nur selten wendet sich der Nobelpreisträger dem tatsächlichen autobiografischen Ich-Roman, der die japanische Literatur des 20. Jahrhunderts dominierenden Gattung des *shishōsetsu*, zu[2]. Seine Romane verdichten sich eher in ihrer oft archaischen Bildlichkeit zu Mythen der japanischen, ja, der universellen Gegenwart. Gleichzeitig bleibt Ōe der mündlichen Erzähltradition seines Heimatdorfes treu, deren ganz eigene Mythen und Geschichten seine Großmutter mit Meisterschaft wiedergab. Energisch verteidigte die alte Dame das überlieferte Kulturgut gegen die mit dem Bruch der Isolation nach Ende des Zweiten Weltkrieges eindringende ja-

[1] Der Familienname der Protagonisten bedeutet wörtlich »der Ort wo die Wurzeln sind«.
[2] Allerdings verfasste Ōe auch Romane in diesem Genre, etwa den Zyklus *Stille Tage* (*Shizukana seikatu*, 1990), in dem er aus der Perspektive seiner Tochter Mā-chan einen heiteren Blick auf das Leben der Schriftstellerfamilie wirft.

panische *Mainstream*-Kultur und hat in ihrem Enkel einen würdigen Nachfolger gefunden. Das Interesse an marginalisierten
Kulturen bleibt Ōe bis heute; er belebt deren Mythen in seinen
Erzählwerken neu und schafft aus einer Verschmelzung der alten Geschichten mit westlichen Erzähltraditionen neue Bilder
und Archetypen, die seine sehr persönlichen und doch verallgemeinerbaren Erfahrungen in die Form eines Gegenwartsmythos
gießen.

Wichtige Werke:

Memushiri kouchi (*Reißt die Knospen ab*, 1958)
Shiiku (*Der Fang*, 1958)
Kojintekina taiken (*Eine persönliche Erfahrung*, 1964)
Man'en gannen no fullobōru (*Der stumme Schrei / Die Brüder Nedokor*, 1967)
›*Rein tsurī*‹ *o kiku onnatachi* (*Frauen, dem* ›*Regenbaum*‹ *zugehörend*, 1982)
›*Sukuinushi*‹ *ga nagurareru made* (*Grüner Baum in Flammen*, 1993)
Vashirēshon (*Der schwarze Ast*, 1994)
Ōinaru hi (*Der atemlose Stern*, 1995)

ANITA DESAI

(*1937)

*Reisen in Licht und Dunkelheit – Individuell-kulturelle Studien
von weiblich-indischer Hand*

**Anita Desai ist die national und international wohl be- und
anerkannteste (englischsprachige) Schriftstellerin Indiens.
Ihre ungemein wichtige Rolle als (Mit)Begründerin der indischen Frauenliteratur kann kaum überschätzt werden; doch
obwohl ihre ersten Romane die Problematiken weiblicher
Erfahrung in Indien zwischen Tradition und Selbstverwirklichung in den Mittelpunkt stellen, kann ihr Œuvre nicht auf
eine rein feministische Thematik reduziert werden. Desais
ausgesprochen lyrische Werke sind letztendlich Entdeckungsreisen in die individuelle Psyche, in die eigene wie in fremde
Kulturen und – *last but not least* – in die Sprache selbst.**

Anita Desai, geb. Mazumdar, ist die Tochter eines bengalischen Geschäftsmannes und der deutschen Toni Nime und
wurde in Mussoorie geboren. Sie wuchs mehrsprachig auf; zu

Hause wurde Deutsch gesprochen, ansonsten Bengali, Urdū oder Hindi. Lesen und Schreiben lernte die junge Anita jedoch als erstes auf Englisch; deswegen, so die Autorin selbst, ist es diese Sprache, die sie mit dem geschriebenen Wort assoziiert und auf der sie bis heute ihre Werke verfasst. Schon als kleines Mädchen erkannte Anita, die ihre Familie als »great readers«, als ›große Leser‹ beschreibt[1], die Literatur als ihre Welt; im Alter von neun Jahren veröffentlichte sie ihre erste Kurzgeschichte. Später studierte sie Englische Literatur an der Universität von Neu-Delhi, und nach ihrer Heirat mit Ashvin Desai widmete sich die bald vierfache Mutter ganz der Schriftstellerei. 1963 erschien mit *Cry the Peacock* (›Schrei der Pfau‹) ihr erster Roman, der sie zu einer Zentralgestalt der englischsprachigen Frauenliteratur Indiens machte, ja, deren Entwicklung eigentlich erst (mit)initialisierte. Anita Desai etablierte sich schnell als Autorin und erregte bald auch internationale Aufmerksamkeit. Bewundert wird die lyrische Sprache ihrer Prosa bei gleichzeitiger Klarheit des Stils und ihr psychologisches Einfühlungsvermögen; beides weiß Desai einzusetzen, um die Innenwelt ihrer Charaktere auszuloten und sprachlich zu fassen. So gibt sie dem modernen weiblichen, indischen Erleben literarische Gestalt, wobei sie sich in ihren späteren Romanen allerdings auch gerne der schriftstellerischen Herausforderung stellt, die Perspektive des ›Anderen‹ einzunehmen; das heißt, sie stellt männliche Protagonisten und deren Erfahrungen in den Mittelpunkt ihrer Texte oder erforscht den Blick von ›Fremden‹ (etwa Deutschen oder US-Amerikanern) auf Indien und dessen Kultur. Anita Desai wurde mit zahlreichen internationalen Preisen ausgezeichnet und war und ist an einer Reihe von Universitäten als Gastdozentin tätig (etwa an der Cambridge University von 1986–87 und 1989). Seit 1993 gibt sie *Creative-Writing*-Seminare am Massachusetts Institute of Technology (inzwischen emeritiert) und anderen amerikanischen Universitäten und hat sowohl in Indien als auch in den USA ihren Wohnsitz, was sich in einer Ausweitung der thematischen Bandbreite ihrer Texte niederschlägt[2]. Während sie selbst allerdings immer noch trotz mehrmaliger Nominierung auf den renommierten Booker Prize warten muss, wurde im Jahr

---

[1] Magda Costa im Interview mit Anita Desai vom 30.01.2001, vergl. www.sawnet.org/books/writing/desai_interview.html.

[2] So spielt etwa ihr 2004 erschienener Roman *The Zig Zag Way* (›Der Zickzack-Weg‹) im Mexiko des 20. Jahrhunderts.

2006 ihre Tochter Kiran Desai (*1971) mit dem begehrten Preis ausgezeichnet.

Am bekanntesten ist Anita Desai wohl – gerade auch in Deutschland – für ihre Romane *Berg im Feuer* (*Fire on the Mountain*, 1977) und *Das helle Licht des Tages* (*Clear Light of Day*, 1980), die zusammen mit ihrem Erstlingswerk *Cry the Peacock* und mit *Where Shall We Go this Summer?* (›Wohin soll es diesen Sommer gehen?‹, 1975) zu ihren sogenannten *domestic novels* (›häuslichen Romanen‹) zählen. Jeder dieser Romane erforscht die Möglichkeiten weiblicher Selbstverwirklichung in einem Indien zwischen Tradition und Erneuerung und angesichts der Gefahr völliger Isolation von zwischenmenschlichen Beziehungen, die ein (zu) radikales Streben nach persönlicher Freiheit nach sich ziehen kann[1]. Desais Antwort auf die Frage nach einer Versöhnung von (weiblichem) Individuum und (patriarchal strukturierter) Gesellschaft ist häufig – zumindest innerhalb des Textes – eine negative; die Frauen zerbrechen an der Spannung zwischen Tradition und Individualismus, ein neuer Weg ist noch nicht gefunden. Erst *Das helle Licht des Tages* versucht einen Lösungsansatz im Aufbrechen der zwischenmenschlichen Isolation und in der Akzeptanz von Tradition und Geschichte als formende Kraft.

In ihren späteren Romanen löst sich Desai in einer bewussten Entscheidung von der Thematik ihrer *domestic novels*, um ein breiteres Spektrum an Sujets erforschen zu können und zu neuen psychologischen wie kulturellen ›Entdeckungsreisen‹ aufzubrechen. Ihr Roman *Der Hüter der wahren Freundschaft* (*In Custody*, 1984) etwa, der 1993 verfilmt wurde, taucht in die männlich dominierte Welt der untergehenden moslemischen Urdūkultur und -dichtung ein. Auch in späteren Büchern erforscht Desai den Kampf sowohl des männlichen als auch des weiblichen Individuums um Selbstausdruck in einer sich wandelnden und doch restriktiven Gesellschaft – sei es nun die indische oder die westliche Welt. So behandelt *Spiel der Dämmerung* (*Fasting, Feasting*, 1999) unter anderem die Erfahrung eines indischen Emigranten in den USA und kann somit als eine Kristallisation von Desais eigener, ›fremder‹ Perspektive auf ihre zeitweise Wahlheimat gesehen werden (was ein gewisses Maß an karikaturistischen

---

[1] Anders als die ersten beiden Romane verhandeln jedoch *Berg im Feuer* und *Das helle Licht des Tages* auch die unauflösliche Verbindung von Vergangenheit/Geschichte und Gegenwart und den Doppelcharakter von Zeit als zerstörende wie als bewahrende Kraft.

Elementen zwangsläufig mit sich bringt). *Baumgartner's Bombay*
(1988) und *Reise ins Licht (Journey to Ithaca,* 1995) wiederum stellen den Blick Fremder auf Indien in den Vordergrund, die Erfahrung deutsch-jüdischer Emigranten in ersterem, die Erlebnisse
deutscher ›Pilger‹ auf der Suche nach Erleuchtung in letzterem
Fall. Welche Perspektive aber auch immer sich Desai wählt, stets
ist ihr Stil geprägt von einer Art psychologischem Impressio-
nimus, der die Außenwelt durch den Blick eines Individuums
gefiltert präsentiert, und somit den Text zu einer klarsichtigen
Studie der Innenwelt der jeweiligen Charaktere werden lässt.
Desais lyrisch dichte Sprache webt eine farbige Atmosphäre
– auch wenn diese Farben oft im dunkleren Spektrum angesiedelt sind. Das Aufblitzen von Humor, das in keinem von Desais
Romanen und Kurzgeschichten fehlt, kann nicht über den über-
wiegenden Pessimismus ihrer Werke hinwegtäuschen, den die
Autorin selbst allerdings als ihre Art bezeichnet, der Wahrheit
ins Gesicht zu sehen[1].

Wichtige Werke:

Cry the Peacock (1963)
Fire on the Mountain (Berg im Feuer, 1977)
Clear Light of the Day (Das helle Licht des Tages, 1980)
The Village by the Sea (Das Dorf am Meer: Eine Familiengeschichte, 1982)
In Custody (Die Hüter der wahren Freundschaft, 1987)
Baumgartner's Bombay (Baumgarnter's Bombay, 1987)
Journey to Ithaca (Reise ins Licht, 1996)
Fasting, Feasting (Spiele in der Dämmerung, 1999)
Hill of Silver, Hill of Lead (2005)

MARGARET ATWOOD
(*1939)

Überleben – Kanadas Streiterin

**Margaret Atwood ist wohl die wichtigste Literatin, die Ka-
nada bis dato hervorgebracht hat. Als Meisterin der Lyrik und
Prosa, als unkonventionelle Literaturkritikerin und als charismatische Persönlichkeit des öffentlichen Lebens ist sie, selbstbewusst weiblich schreibend, im wahrsten Sinne des Wortes**

---
[1] vergl. Magda Costa im Interview mit Anita Desai

federführend in der Etablierung einer spezifisch kanadischen Literatur, die die Aufmerksamkeit der ganzen Welt auf sich zieht.

Wenig andere Gegenwartsautorinnen haben in den letzten Jahren die Aufmerksamkeit der breiten Öffentlichkeit sowie der akademischen Welt so auf sich gezogen wie Margaret Atwood. 2006 erschien sogar eine Aufsatzsammlung über die große Kanadierin in der Reihe der *Cambridge Companions*, der von der Cambridge University Press verlegten Literaturführer – eine Ehre, die nur wenigen lebenden Literaten zuteil wird. Das folgende Zitat der renommierten Kanadistin Reingard M. Nischik ist nur ein Beispiel für die Begeisterung, die die mit unzähligen Preisen ausgezeichnete Margaret Atwood nicht nur bei ihren einhelligen Bewunderern auslöst: »Mit ihren äußerst vielseitigen Talenten, die sich in einem umfangreichen Gesamtwerk niederschlagen, ihrer intellektuellen und sprachlichen Brillanz, ihrem kanadischen (literarischen) Nationalismus und zugleich global-politischen Bewusstsein, ihrer Gabe zur humorvoll ansprechenden, komplexen Tiefenschärfe und ihrer medienkompatiblen Persönlichkeit, die ihre zahlreichen öffentlichen Auftritte zu einem Ereignis werden lässt, ist A. die unbestritten bedeutendste und auch öffentlichkeitswirksamste Repräsentantin der kanadischen Literatur und eine der faszinierendsten zeitgenössischen Schriftstellerinnen überhaupt.«[1] Margaret Atwood hat das Talent, ›höchsten ästhetischen Anspruch‹ mit ›außergewöhnlicher sprachlicher und imaginativer Kraft‹ und ›unmittelbar zeitbezogener Relevanz‹ (Nischik) zu vereinen. Ihre Werke pulsieren, sind gleichzeitig in der Bodenständigkeit eines psychologischen Realismus verwurzelt und wagen die fantasievollen Höhenflüge moderner Märchen. Dabei basieren sie auf einem weiblichen Humanismus, der nie Engagement und Konfrontation scheut und nicht nur Atwoods Schreiben, sondern auch ihr Leben ausmacht.

»Ein Wort, gefolgt von einem Wort, gefolgt von einem Wort, ist Macht.« – Diesen Ausspruch Margaret Atwoods könnte man durchaus als Motto über das Wirken der großen Literatin schreiben. Denn Atwood ist von der sozial- und kulturkri-

---

[1] Reingard M. Nischik: »Atwood, Margaret [Eleanor]«. in: Axel Ruckaberle (Hg.): *Metzler Lexikon der Weltliteratur*. Stuttgart/Weimar: Metzler 2006. Band 1. S. 83–84. hier: S. 83.

tischen Funktion von Literatur überzeugt und führt ihre Worte wie ein Schwert. Dabei schreibt sich die als politische Aktivistin bekannte Autorin, neben allgemein menschenrechtlichen Anliegen, vor allem zwei Dinge auf die Fahnen: die Konstitution einer kanadischen kulturellen Identität und das feministische Ringen um eine selbstbewusste, emanzipierte, gleichberechtigte Weiblichkeit. Mit allen drei Modi ihres Schreibens – der Lyrik, der erzählenden Prosa und der literaturwissenschaftlichen Forschung[1] – tritt Atwood als Streiterin dieser doppelten Sache auf (wenn auch als ausgesprochen unkonventionelle): sei es mit der epochalen literaturkritischen Studie *Survival: A Thematic Guide to Canadian Literature* (›Überleben: Ein thematischer Führer durch die kanadische Literatur‹, 1972), in der sie die bis dahin fast ignorierte kanadische Literatur auf- und deren spezifische Merkmale herausarbeitete und mit der sie entscheidend zu deren ›Renaissance‹ in der zweiten Hälfte des 20. Jahrhunderts beitrug; sei es mit Werken wie der orwellesken weiblichen Dystopie[2] *Der Report der Magd* (*The Handmaid's Tale*, 1985) – Atwoods wohl bekanntestem Roman – oder der teils bitteren, teils absurd-komischen Kriminalgeschichte-/Satire *Alias Grace* (1996) um den historischen Fall eines Dienstmädchens, das im Kanada des 19. Jahrhunderts wegen Komplizenschaft am Mord ihres Arbeitgebers inhaftiert wurde und dessen psychischer Zustand sowohl von den Charakteren des Romans (satirisiert) als auch von der Autorin selbst durchleuchtet wird; sei es mit ihren Mensch und Natur verschmelzenden Gedichten, etwa Atwoods wohl bekanntester Gedichtsammlung *The Journals of Susanna Moodie* (›Die Tagebücher der Susanna Moodie‹, 1970), die aus dem Blickwinkel einer kanadischen Pioniersfrau aus dem 19. Jahrhundert geschrieben sind.

Ich pflanzte ihn in dieses Land
wie eine Flagge[3]

schreibt Atwood in Susanna Moodies Stimme über den Tod deren ertrunkenen Sohnes, und präsentiert so, in zwei Versen kondensiert, die Leben und Tod verschmelzende Verbindung

---

[1] Margaret Atwood brilliert inzwischen auch als Kinderbuchautorin mit Titeln wie *Prinzessin Prunella und die purpurne Pflaume* (*Princess Prunella and the Purple Peanut*, 1995) und *Rotznase Ramsay und die röhrenden Radieschen* (*Rude Ramsay and the Roaring Radishes*, 2005).
[2] negative Utopie
[3] meine Übersetzung

zwischen den Kanadiern und ihrem Land. Die Wildnis Kanadas ist einer der ›Hauptprotagonisten‹ in den Gedichten Atwoods, die, obwohl in Ottawa geboren, einen Großteil ihrer Kindheit in der sogut wie unberührten Natur des nördlichen Ontarios verbrachte (wegen der Tätigkeit ihres Vaters als Entomologe). Das Land erhält die Qualität eines mythischen Raumes in Atwoods Gedichten; für sie ist Kanada das ›unbekannte Land‹ (Atwood), dessen ›geistige Landkarte‹ zu entwerfen die Aufgabe seiner Schriftsteller ist. Ohnehin arbeiten Atwoods Gedichte stark mit mythischen Bildern, sowohl kultureller als auch persönlicher Natur. Typisch für die Lyrik der Kanadierin sind Variationen auf die Metamorphose von Mensch in Natur (Pflanze, Tier) und umgekehrt und auf den Abstieg in die und den sukzessiven Aufstieg aus der Unterwelt, auf den schon der Titel ihrer hochgelobten ersten Gedichtsammlung *Double Persephone* (›Doppelte Persephone‹, 1961) verweist und der ein uraltes Symbol sowohl für den poetischen Prozess als auch für das Eintauchen in die Tiefen der menschlichen Psyche und der Erinnerung konstituiert. Margaret Atwood refiguriert mit Meisterschaft das jahrhundertealte Kulturgut, das sie auch dank ihres beeindruckenden akademischen Hintergrunds auf beispielhafte Art und Weise im Griff hat; die Kanadierin studierte unter anderem an der University of Toronto und in Harvard und lehrte an verschiedenen Universitäten Englische Literatur, z. B. an der University of British Columbia, an der Sir George Williams University in Montreal und an der New York University.

Ein weiteres wichtiges Paradigma für Atwoods Gesamtwerk sind Volksmärchen, die Grimm'schen Märchen und die Kunstmärchen von Hans Christian Andersen (1805–1875), die oft um die Schicksale starker weiblicher Charaktere kreisen, die Atwood in ihren Werken verändernd aufgreift. Die Romane und Erzählungen der Kanadierin sind zu einem Großteil Text gewordenes Suchen nach weiblicher Identität, aber auch starke soziale Satiren. Denn, so die große Schriftstellerin selbst: »Bei einem Gedicht, da siehst du dir die Dinge an und denkst darüber nach, und dann legst du den Stein dahin zurück, wo du ihn weggenommen hast. Fiktion jedoch bedeutet, einen Stock zu nehmen und damit herumzustochern, um dann zu sehen, was passiert.« Trotz dieser ihrer expliziten Unterscheidung zwischen jenen beiden Modi des Schreibens, zwischen denen Atwood ihr Leben lang hin und her wechselt (sie begann im Alter von 16 Jahren zu schreiben), gelingt es der Kanadierin, die Lücke zwischen den beiden Gattungen mühelos zu schließen. Dies erreicht sie durch die lyrische Qualität, die gerade ihren kurzen Erzählungen zu eigen ist, auf der einen und durch ihre intensiven Prosagedichte auf der anderen Seite; ein Beispiel für letztere ist der folgende Ausschnitt aus den *Variationen auf das Wort ›Love‹*:

> *Und dann gibt's da noch uns*
> *beide. Dieses Wort*
> *ist viel zu kurz für uns, es hat*
> *nur vier Buchstaben, zu spärlich,*
> *um das tiefe, bloße*
> *Vakuum zwischen den Sternen zu füllen,*
> *die uns erdrücken mit ihrer Taubheit.*
> *Dieses Wort ist nicht genug, aber es muss*
> *ausreichen. Es ist ein einziger*
> *Vokal in dieser metallenen*
> *Stille, ein Mund, zum O*
> *geformt, immer und immer wieder, in Verwunderung*
> *und Schmerz, ein Atemzug, ein Finger,*
> *festgeklammert über dem Abgrund. Du kannst*
> *festhalten oder loslassen.*

Wichtige Werke:

The Journal of Susanna Moodie (1970)
Surfacing (Der lange Traum, 1972)
Survival: A Thematic Guide to Canadian Literature (1972)
The Handmaid's Tale (Der Report der Magd, 1985)
Good Bones (Gute Knochen, 1995)
Morning in the Burned House (Ein Morgen im verbrannten Haus, 1995)
Alias Grace (Alias Grace, 1996)
The Blind Assassin (Der blinde Mörder, 2000)

GAO XINGJIAN

(*1940)

Kalte Literatur – Die Flucht des Individuums in die Selbsterkenntnis

Gao Xingjian, der seit 1998 die französische Staatsbürgerschaft innehat, wurde im Jahr 2000 zum ersten chinesischstämmigen Literaturnobelpreisträger – eine Entscheidung, die hitzige (ästhetische, aber vor allem politische) Kontroversen

nach sich zog, welche ihrerseits den ungetrübten Blick auf das Werk des radikalen Individualisten, der als Übersetzer, Dramatiker, Romancier, Essayist und Tuschemaler unermüdlich wirkt, fast unmöglich machen.

Das Werk und Denken Gao Xingjians ist dezidiert westlich geprägt. Während seiner glücklichen Kindheit in Ganzhou (Provinz Jiangxi) brachte ihn die als Laienschauspielerin wirkende Mutter mit moderner (westlicher) Literatur und Musik in Kontakt und scheint damit den Lebensweg ihrer Söhne vorgezeichnet zu haben; während sich der jüngere Bruder der Musik zuwandte und heute als Komponist in Nanjing tätig ist, schrieb Gao Xingjian schon von Kindheit an und ging 1957 nach Peking, um dort am Fremdspracheninstitut Französische Sprache und Literatur zu studieren. Während der Kulturrevolution (1966–1967) wurde Gao Xingjian, der zu dieser Zeit alles von ihm bis dahin Verfasste aus Sicherheitsgründen verbrannte, zunächst zur Umerziehung aufs Land geschickt, dann der Redaktion der Propagandazeitschrift *La Chine en construction* (›China im Aufbau‹) und später dem Schriftstellerverband als Übersetzer und Dolmetscher zugeteilt. Erst von 1979 an konnte Gao Xingjian publizieren, in erster Linie Essays, Kurzgeschichten und Übersetzungen französischer Dramen, darunter Werke von Samuel Beckett (1906–1989) und Eugène Ionesco (1912–1994), die mit ihrem absurden ›Dramen über Nichts‹ einen entscheidenden Einfluss auf Gao Xingjians eigene Bühnenstücke haben sollten. Eine Anstellung am Volkskunsttheater Peking ermöglichte es dem künftigen Nobelpreisträger, seine ersten Dramen auf die Bühne zu bringen – und damit prompt einen Skandal nach dem anderen auszulösen. Sein zweites, becketteskes Stück *Die Busstation* (*Chezhan*, 1983), das als kritische Allegorie des ›Aufbruchs‹ nach der Kulturrevolution gelesen werden kann/muss[1], machte Gao Xingjian zwar berühmt, wurde aber schon nach drei Aufführungen abgesetzt, da es als politische Provokation gesehen wurde und seine formalen Experimente viel zu radikal mit allen (staatlich sanktionierten) Konventionen brachen. Auch

---

[1] In stark an Becketts *Warten auf Godot* (*En attendant Godot/Waiting for Godot*, 1953) erinnernder Manier warten in *Die Busstation* stark stilisierte Figuren auf ihr Gefährt, weil sie den falschen Versprechungen der Busgesellschaft glauben – ein, im Gegensatz zu Becketts sinnleerem und gerade deswegen vieldeutigem Warten, konkret politisch-allegorisch interpretierbarer Akt.

sein Stück *Die Wilden* (*Yeren*, 1985), das internationale Aufmerksamkeit auf sich zog und in dem Gao Xingjian seine eigene, sinnlich-abstrakte Theaterästhetik entwickelte, löste heftige Reaktionen innerhalb Chinas aus[1]. Beide Stücke wurden nur noch als abschreckende Bespiele im Rahmen der ›Kampagne gegen geistige Verschmutzung‹ gezeigt.

Doch bereits mit seiner ersten großen Veröffentlichung, ein essayistisches Buch über die Kunst des modernen Romans von 1981, in dem er eine Erneuerung des chinesischen Romans durch Integration westlicher Schreibverfahren vorschlug und mit dem er eine Debatte über den sozialistischen Roman und andere ›nationale Formen‹ auslöste, hatte sich Gao Xingjian, so der Literart selbst, zur Zielscheibe gemacht. Um sich dem eventuellen Zugriff der Autoritäten zu entziehen, aber auch wegen einer fälschlicherweise als Lungenkrebs diagnostizierten Krankheit, ging er im Jahr 1986 auf eine Reise entlang des Yangtze. Diese führte Gao Xingjian ins chinesische Hinterland, das von Revolution sowie Modernisierung noch so gut wie unberührt war, und erwies sich als eine ungeheuer wichtige Inspirationsquelle. Ihr entsprangen sowohl der Roman *Der Berg der Seele* (*Lingshan*, 1990), der zu Gao Xingjians bisherigem Meisterwerk werden sollte, als auch eine Reihe meisterhafter Tuschemalereien. Schon während einer Reise nach Berlin im Jahr zuvor hatte der Schriftsteller auch als hervorragender Maler internationale Aufmerksamkeit auf sich gezogen. 1987 folgte er in dieser Eigenschaft einer weiteren Einladung nach Deutschland – und kehrte nicht mehr nach China zurück. Ein Jahr später ließ sich Gao Xingjian als politischer Flüchtling in Paris nieder. Nach dem Massaker auf dem Platz des Himmlischen Friedens 1989 verfasste er zu diesem Thema das Theaterstück *Flucht* (*Toawang*, 1990), das ihn wegen seiner antipolitischen Ausrichtung bei Exilchinesen unbeliebt und in seinem Heimatland zu *persona non grata* machte. Seine Werke kamen in China auf den Index, was der Kontroversität der Verleihung des Literaturnobelpreises an Gao Xingjian,

---

[1] In diesem Stück thematisiert Gao Xingjian, wie Andrea Riemschnitter zusammenfasst, die »Aggressivität zivilisatorischer Weltaneignung« im privaten wie öffentlichen Raum, weitet seinen thematischen Fokus also vom Besonderen ins Allgemeinere aus – eine Entwicklung, die in seinem Œuvre insgesamt zu beobachten ist. (vergl. Andrea Riemschnitter: »Gao Xingjian«. in: Axel Ruckaberle (Hg.): *Metzler Lexikon der Weltliteratur*. Stuttgart/Weimar: Metzler 2006. Band 2. S. 6–7. hier: S. 7)

der seit 1998 französischer Staatsbürger ist, nicht gerade abträglich war.

Gao Xingjians Theaterästhetik zeichnet sich zum einen durch eine experimentelle Sinnlichkeit aus, die durch ungewöhnliche Kompositionen von Sprache, Farben und Klängen entsteht und neben *Die Wilden* auch das Ballet *Stadt der Toten* (*Mingcheng*, 1989) und die Oper *Schnee im August* (*Bayue xue*, 2002) charakterisieren; zum anderen verarbeitet der Exilchinese in abstrakten Dramen wie *Das andere Ufer* (*Bi'an*, 1986) sein Konzept der ›kalten Literatur‹, das heißt einer Literatur, die von jeglichem lebensweltlichen, außerindividuellen Bezug losgelöst ist. Seine bisherigen Meisterwerke lieferte der experimentelle Bühnenautor jedoch auf dem Gebiet des Romans ab, und zwar mit dem *Berg der Seele* und der *Die Bibel eines Einzigen* (*Yi ge ren de shengjing*, 1999), deren Titel allein schon ihren Fokus auf das innerindividuelle Erleben verraten. Im Zentrum der Romane steht ein einzelnes Ich, das sich in mehrere Personalpronomen – in ich, du, er – aufspaltet, während das plurale ›wir‹ aus dem Text verbannt bleibt. Im *Berg der Seele* wandert der so ganz für und in sich existierende, und doch in die pluralen Facetten seines Ich aufgespaltene Erzähler durch ein mythisiertes China, eine Reise in den Spuren des legendären Philosophen Laotse (soll im 6. Jahrhundert v. Chr. gelebt und gewirkt haben). Der Roman behandelt die an alte Traditionen anknüpfende Suche nach einer neuen Bewusstseinsebene der Selbsterkenntnis, die dem Autor selbst zufolge auch eine »Suche nach einer Sprache [ist], mit der sich das Individuum völlig frei ausdrücken kann«[1]. Mit der *Bibel eines Einzigen* wiederum kehrt Gao Xingjian in die konkrete Lebenswelt zurück, auch wenn es sich um die Welt der eigenen Erinnerung des Ich-Erzählers an die Kulturrevolution handelt, die dieser in der dritten Person wiedergibt.

Während das Komitee der Schwedischen Akademie die universelle Gültigkeit von Gao Xingjians von Form- und Identitätsexperimenten geprägtem Werk hervorhob und seine sprachliche Genialität pries, die dem chinesischen Drama und Roman neue Wege aufgetan habe, wurde die Verleihung des Nobelpreises an einen Exilchinesen häufig als eine rein politische Entscheidung angesehen, die der chinesischen Literatur und ihrem Ansehen in der Welt keinen Dienst erwiesen hätte. Dabei scheint diese

---

[1] Gespräch mit Gao Xingjian, geführt von Jean-Luc Douin für *Le Monde*, www.diplomatie.gouv.fr.

politische Kontroverse wenig gemein zu haben mit dem extrem individualistischen und existentiellen Charakter von Gao Xingjians ›kalter Literatur‹, die, so der Schriftsteller selbst, »nur die Stimme eines Individuums sein kann, […] eine Literatur zur eigenen, geistigen Rettung vor dem Ersticken durch die Gesellschaft«[1]. Denn Gao Xingjian geht es nicht in erster Linie um ein politisches Statement, sondern um die lebensnotwendige, identitätserhaltende Flucht in die Selbsterkenntnis über Literatur, Malerei und Musik.

Wichtige Werke:

Juedui xinhao (1982)
Chezhan (*Die Busstation*, 1983)
Yeren (*Die Wilden*, 1985)
Lingshan (*Der Berg der Seele*, 1990)
Bi'an (*Das andere Ufer*, 1986)
Yige ren de shengjing (*Die Bibel eines Einzigen/Das Buch eines einsamen Menschen*, 1999)

MAHMOUD DARWISH

(*1941/42)

Gegenwahnsinn – Zwischen Mythos, Poesie und Politik

Mahmoud Darwish ist der bedeutendste zeitgenössische Dichter Palästinas, wenn nicht sogar der gesamten arabischen Welt. Er gilt als ›Retter der arabischen Sprache‹, als Stimme des palästinensischen Volkes und als Kämpfer für die Freiheit – sei es die der Meinung, die der Imagination oder die der Menschen. Darwish hat seine Erfahrung der Heimatlosigkeit in einzigartige Gedichte verwandelt, in denen der Zustand des Exils zum Symbol, wenn nicht für *die*, so doch für eine *conditio humana* wird.

Werk und Leben Mahmoud Darwishs sind eng verknüpft mit der Geschichte seiner Heimat – und deren Verlust, deren Rückgewinnung und deren Unwiderbringbarkeit. Der Dichter wurde 1941 oder ˋ42 – die Angaben gehen auseinander – im

---

[1] Gespräch mit Gao Xingjian, geführt von Jean-Luc Douin

galiläischen Al-Barwa als Sohn einer gutsituierten, bäuerlichen Familie geboren. Während des Ersten Palästinenserkriegs floh die Familie in den Libanon, stahl sich aber ein Jahr später trotz israelischem Verbot in die Heimat zurück – eine Heimat, die nicht mehr existierte: Al-Barwa war dem Erdboden gleichgemacht worden, und die Darwishs lebten von diesem Zeitpunkt an als ›Flüchtlinge‹ am gesellschaftlichen Rand in israelischem Land. Dieses Trauma der Heimatlosigkeit bestimmt Mahmoud Darwishs Leben, Dichten und Sein. Selbst heute noch, da der Poet im palästinensischen Ramallah lebt, fühlt er sich als ewiger Exilant – ein Zustand, den er mittlerweile als Quelle seines dichterischen Schaffens, wenn schon nicht begrüßt, so doch zumindest als unwiderruflichen Teil seiner selbst, ja, der menschlichen Exis-tenz, (an)erkannt hat: »Das Exil ist mehr als ein geografisches Konzept. Man kann ein Exilant im eigenen Heimatland sein, in seinem eigenen Haus, in einem Zimmer. Es ist nicht einfach eine Palästinensische Frage. Kann ich sagen, dass ich süchtig nach dem Exil bin? Vielleicht. War nicht das Exil schon immer eine der Quellen des literarischen Schöpfungsgeistes? Wer in Harmonie mit seiner Gesellschaft lebt, seiner Kultur, mit sich selbst, der kann nicht schaffen. Und das wäre auch dann so, wenn dein Land das Paradies selbst wäre.«[1] Mahmoud Darwish hat sich längst »ein Land aus Worten« geschaffen[2] – der einzige Ort, an dem der ›ewige Exilant‹ eine Heimat finden kann und den er der alltäglichen gewaltsamen Zerrissenheit seines Volkes entgegensetzt. So baut Mahmoud Darwish mit an einer palästinensischen kulturellen Identität, zu deren wichtigsten Exponenten seine Gedichte gehören.

Das faktische Exil Mahmoud Darwishs begann im Jahr 1970, als er sich nach Kairo absetzte. Zuvor hatte der Dichter, seit 1961 Mitglied der Kommunistischen Partei Israels, in Haifa gearbeitet und war Redakteur verschiedener Zeitungen. Mehrmals wurde Darwish wegen seiner politischen, journalistischen und dichterischen Tätigkeiten verhaftet. Seit seinem Aufbruch nach Kairo hat Darwish israelischen Boden nur einmal wieder betreten. Und doch ist der Dichter – all seines Engagements für einen eigenständigen palästinensischen Staat und seinen eigenen traumatischen Erfahrungen zum Trotz – nichts weniger als

---

[1] vergl. www.mahmouddarwish.com
[2] So der Titel einer 2001 erschienenen arabisch-deutschen Gedichtsammlung Mahmoud Darwishs (*Wir haben ein Land aus Worten*).

anti-isrealisch eingestellt. So scheut er nicht davor zurück, in der von ihm 1981 gegründete *al-Karmel* – eine der wichtigsten arabischen Literaturzeitschriften überhaupt – Werke israelischer Schriftsteller vorzustellen. Das Hebräische, das er in seiner Jugend lernte, war für Darwish das Fenster zur Weltliteratur, die Sprache, über die er sich von der Thora bis zum großen lateinamerikanischen Versfantasten Pablo Neruda (1904–1973) all jene Texte erschloss, die neben der klassischen arabischen Literatur die Wurzeln seiner Dichtung bilden, mit der er die arabische Sprache zu neuen Gefilden führte. Der palästinensische Lyriker porträtiert in seiner Poesie alle Aspekte seiner Erfahrungen mit dem ›israelischen Anderen‹, vom Soldaten bis zum Freund – Rollen, die in Darwishs Gedichten schon einmal eine einzige Person in sich vereinen kann[1]. Diese seine Ambivalenz lässt den Dichter nicht selten an allen Seiten anecken, doch der Lyriker war schon immer seinen eigenen Prinzipien treu; als etwa Yasir Arafat (1929–2004) sich einmal über die Undankbarkeit des palästinensischen Volkes beschwerte, hielt ihm Darwish berühmterweise entgegen: »Dann geh und such dir ein anderes Volk.«

Von Kairo aus, wo er Leiter des Markaz al-abhath al-filastiniya wurde – des Palästinensischen Forschungszentrum der PLO –, ging Darwish nach Beirut. Dort erlebte er 1982 die Belagerung der Stadt durch die israelische Armee, deren ›Wahnsinn‹ (Darwish) er mit *Ein Gedächtnis für das Vergessen* (*Dākira li-l-nisyān*, 1987) eine Poetik des ›Gegenwahnsinns‹ entgegensetzte. Den Dichter selbst trieb die Erfahrung der Belagerung nach Paris und Tunis, wo er 1987 Mitglied des Palästinensischen Exilparlaments wurde, 1993 aber zurücktrat. Auch nach seiner Rückkehr nach Ramallah lehnte Darwish einen von Arafat angebotenen Posten in der Palästinensischen Regierungsbehörde ab. Der Lyriker, dessen Rolle als »Symbolfigur des palästinensischen Schicksals«[2] nicht überschätzt werden kann und dessen Lesungen in der arabischen Welt Hallen füllen, ist mehr als alles andere eine kulturelle Ikone, und sein politisches Wirken findet auf anderen Ebenen als den offiziellen statt. Seine Dichtung ist für Darwish Poesie, nicht Politik, auch wenn sie – zu seinem Är-

---

[1] vergl. Adam Shatz: *A Poet's Palestine As Metaphor*. 2001. unter: www.mahmouddarwish.com.

[2] Andreas Pflitsch: »Darwish, Mahmud«. in: Axel Ruckaberle (Hg.): *Metzler Lexikon der Weltliteratur*. Stuttgart/Weimar: Metzler 2006. Band 1. S. 355–56. hier: S. 355.

ger – oft anders gelesen wird: »Wenn ich ein Gedicht über meine Mutter schreibe, denken die Palästinenser, meine Mutter sei ein Symbol für Palästina. Aber ich schreibe als Dichter, und meine Mutter ist meine Mutter. Sie ist kein Symbol.«[1] Völlig abwegig allerdings ist eine politische Lesart von Darwishs Dichtung nun nicht; sie findet ihre Nahrung vor allem im Frühwerk des Poeten, etwa in *Awraq az-Zaitun* (›Ölbaumblätter‹, 1964), dem Gedichtband, der den jungen Mahmoud Darwish quasi über Nacht berühmt machte und in dem er sich selbst als Stimme des palästinensischen Volkes und durchaus als Märtyrerdichter konstituiert. Diese frühen rebellischen Gedichte der *Awraq az-Zaitun* wichen allerdings schnell einer, zunächst erzwungenen, symbolischen Verschlüsselung. Doch auch im Exil und selbst nach der Rückkehr nach Ramallah entwickelte sich Darwishs Dichtung stetig in Richtung Symbol und Mythos. In seinem Spätwerk webt der palästinensische Lyriker ein postmodernes Netz aus intertextuellen Verweisen auf die Ursprungsmythen, die im Herzen seines verlorenen Landes zusammenlaufen: Griechisches, persisches und biblisches Gedankengut dient dem Dichter dazu, in seiner Poesie das Neue zu fassen. Nichtsdestotrotz haben Darwishs Gedichte immer politisches Augenmerk auf sich gezogen und sowohl Bewunderung als auch Missfallen erregt. Doch der ›ewige Exilant‹ – und das ist das Entscheidende – macht diese Aussagen als Poet und nicht als Politiker. Dies mag einer der Gründe für die bewundernswerte Integrität sein, die Mahmoud Darwish noch vor allem anderen auszeichnet.

Wichtige Werke:

Awraq az-Zaitun (1964)
'Āšiq min Filaston (*Ein Liebender aus Palästina*, 1966)
Dākira li-l-nisyān (*Ein Gedächtnis für das Vergessen*, 1987)
Li-mādā tarakta al-hisnāna wahīdan (*Warum hast du das Pferd allein gelassen*, 1995)

---

[1] vergl. www.mahmouddarwish.com.

Isabel Allende

(*1942)

Paula – Weibliche Kraft und männliche Marotten

Die aus Chile stammende Isabel Allende, die seit dem Jahr 2003 die US-Staatsbürgerschaft innehat, ist eine der berühmtesten und meistgelesenen Schriftstellerinnen der Gegenwart. Ihr fällt ein Großteil des Verdienstes zu, einer breiten Öffentlichkeit den Zugang zu der faszinierenden Literatur Lateinamerikas erschlossen zu haben. Ihr Debütroman *Das Geisterhaus* (*La casa de los espíritus*, 1982) hat, zusammen mit der Verfilmung von Bille August (*1948) aus dem Jahr 1993, Kultstatus erreicht.

Isabel Allendes chilenische Wurzeln sind überall in ihrem Œuvre zu entdecken. »Schriftstellerin wurde ich, weil ich alles hinter mir gelassen hatte. Und Heimweh hatte. Diese Sehnsucht wollte ich verarbeiten. Das Schreiben hat mir das verlorene Land wiedergebracht«, sagt sie über die Motivation ihrer literarische Tätigkeit[1]. Es war im Jahr 1974, kurz nach Augusto Pinochets (1915–2006) Staatssteich, im Zuge dessen Salvador Allende (1908–1973), damaliger Regierungschef Chiles und der Onkel Isabels, zum Selbstmord gezwungen wurde, dass die damalige angesehene Journalistin Chile verließ und ins Exil nach Venezuela ging. Acht Jahre später erschien mit *Das Geisterhaus* ihr erster Roman, ein Stück Erinnerungsarbeit, das aufs Engste mit Allendes Heimatland und ihrer großen Familie verbunden ist[2]. Doch von Anfang an, so scheint es, war Isabel Allende auch Weltbürgerin: Als Tochter des Diplomaten Tomás Allende wurde sie im peruanischen Lima geboren. Die zweite Ehe ihrer Mutter mit dem Diplomaten Ramón Huidobro wiederum führte dazu, dass die junge Isabel nicht nur in Santiago de Chile, sondern auch in La Paz und Beirut aufwuchs. Nach Chile zurückgekehrt,

---

[1] vergl. Interview mit Isabel Allende in der *Berliner Morgenpost* vom 15.9.2006 (www.morgenpost.de)

[2] Nach den eigenen Angaben der Schriftstellerin entwickelte sich *Das Geisterhaus* aus einem Brief, den sie zum Anlass des Todes ihres Großvaters am 8.1.1981 an den Verstorbenen richtete.

arbeitete Allende zunächst für die UNO, dann als Fernsehjour-
nalistin und machte sich schnell einen Namen. Nach der Geburt
ihrer Tochter Paula im Jahr 1963 – Allende hatte ein Jahr zuvor
den Bauingenieur Michael Frías geheiratet – lebte die junge Familie zeitweise in Brüssel und Genf. 1967 gründete Allende die
feministische Zeitschrift *Paula*; die Emanzipation und Gleichberechtigung der Frau wurde zu ihrem obersten journalistischen
Anliegen. Sie unterstützte außerdem ihren linksgerichteten Onkel Salvador Allende. Ihre schriftstellerische Tätigkeit – Allende
veröffentlichte in dieser Zeit zwei Kindergeschichten, und vier
Theaterstücke aus ihrer Feder wurden auf die Bühne gebracht
– war angesichts dieses journalistisch-politischen Engagements
höchstens zweitrangig. Dies änderte sich mit der Erfahrung des
Exils – und mit dem Erfolg des *Geisterhauses*. Schon mit ihrem
Erstlingsroman wurde Isabel Allende zur weltweit gefeierten
Autorin und die Schriftstellerei zu ihrem hauptsächlichen,
wenn auch nicht einzigen, Lebensinhalt: »Ich schreibe jedes Jahr
ein Buch. Das erfordert mindestens sieben Monate totaler Kon-
zentration, zehn Stunden Schreiben am Tag. Und dann brauche
ich ja auch noch ein Leben.«[1] – Und dieses Leben widmet Isabel
Allende zu einem Großteil ihrer Familie; zum einen der, die sie
mit ihrem zweiten Mann Willie Gordon im kalifornischen San
Rafael gegründet hat, zum anderen ihrer Familie in Chile, zu
der sie bis heute eine enge Verbindung aufrechterhält.

›Die Familie‹ steht im Zentrum vieler Werke Allendes. *Das
Geisterhaus* – das die Autorin später mit *Fortunas Tochter* (*Hija de
la Fortuna*, 1999) und *Portrait in Sepia* (*Retaro en sepia*, 2001) zu
einer Trilogie erweiterte – erzählt die Geschichte von vier Generationen einer Grundbesitzerfamilie von der Jahrhundertwende
bis zum Staatsstreich Pinochets. Das Buch stellt somit – auch –
eine Verarbeitung der eigenen Familiengeschichte dar. Wie in ihrem zweiten Roman, *Von Licht und Schatten* (*De amor y de sombra*,
1984)[2], präsentiert Allende auch im *Geisterhaus* die harte Realität
im zerrissenen Chile vor und besonders nach Beginn der Diktatur. Die Handlung verschlingt sich in einen Teufelskreis von
Rache und Gewalt, der nur durch die von den weiblichen Haupt-
figuren getragenen Kraft der liebenden Vergebung gebrochen

---

[1] vergl. Interview mit Isabel Allende in der *Berliner Morgenpost* vom
15.9.2006 (www.morgenpost.de)
[2] Allende verarbeitet hier die Geschichte des ersten öffentlich aufge-
deckten Massakers während des Militärputsches vom September 1973.

werden kann. Diesen weiblichen Charakteren Allendes ist nicht selten eine magische Anderweltlichkeit zueigen, die mit dem oft krassen Realismus ihrer Darstellung von Gewalt und Leiden kontrastiert und gleichzeitig einen Gegenentwurf präsentiert zu dem harschen und sturen Patriarchat, das die Welt von Allendes Romanen so oft dominiert[1]. Und doch werden die Erzählungen der gebürtigen Chilenin getragen von ihrem ganz eigenen Humor. Allende befleißigt sich einer leichten Ironie, die selbst dem Leiden unterliegt, die Charaktere all deren Schwächen und Stärken zum Trotz dem Leser ans Herz legt und eine Lektüre voller Verständnis und Menschlichkeit geradezu verlangt. Das gilt in vielleicht noch größerem Maße für Allendes offen autobiografische Werke: die Erinnerungen an die Jahre der Kindheit und des Exils in der Form des Briefromans *Paula* (1994), den Allende an ihre 1992 an Porphyrie gestorbene älteste Tochter schrieb, und *Mein erfundenes Land* (*Mi país inventado*, 2003), in dem die Schriftstellerin über ihr Heimatland und ihre chilenische Familie ›plaudert‹. Der Titel dieses so persönlichen Buches macht deutlich, dass Allendes Chile, das sie über ihre Romane Lesern weltweit nahebringt wie es wohl selten einem anderen Autor mit seinem Heimatland gelungen ist, tatsächlich *Allendes* Chile ist: ein subjektiver Blick auf die Welt, auf ein Land und auf eine Familie, ein Bild, in dem Realität, Traum und Erinnerungen zu einem Ganzen verschmelzen, das unauflöslich ist und sein soll.

Allendes autobiografisch ausgerichtete Erinnerungsbewältigungen begründeten den Ruf der chilenisch-kalifornischen Schriftstellerin. Doch hat sich Allende, gerade in jüngerer Zeit, auch anderen Projekten zugewandt, wie etwa einer im Stil des Magischen Realismus gehaltenen Jugendbuchtrilogie und den historischen Romanen *Inés del alma mía* (›Inés meiner Seele‹, 2006) und *Zorro* (*El Zorro. Comienza la leyenda*, 2005). Letztere erwecken mit einer Fülle von farbenprächtig verpackten Informationen vergangene Epochen und Kulturen zum Leben. Gerade *Zorro* – der von den Anfängen des heldenhaften maskierten Rächers berichtet, und so Geschichte und Fiktion auf amüsante Weise vermengt – ist ein Musterbeispiel für Allendes leichte Ironie, die die Marotten patriarchaler, *männlicher* Männer mit ihrem

---

[1] Allendes Stil weist somit Anklänge des sogenannten Magischen Realismus auf, der so charakteristisch für die lateinamerikanische Literatur des 20. Jahrhunderts ist und in dem die Grenzen zwischen Magie und Realität bis zur Unkenntlichkeit und vor allem völlig mühelos verschwimmen.

Machismo und starker Frauen mit ihrer Romantik und ihrem
Eigensinn gleichermaßen offenlegt und schmunzelnd umspielt,
auch wenn es hier auf leichtherzigere Art und Weise geschieht
als in der magisch-realistischen Welt des *Geisterhauses*. Isabel Allende jedenfalls, ob leichtherzig oder erinnerungsarbeitend, hat
noch lange nicht zu Ende geschrieben.

Wichtige Werke:

La casa de los espiritus (Das Geisterhaus, 1982)
De amor y de sombra (Von Liebe und Schatten, 1984)
Eva Luna (Eva Luna, 1987)
Paula (Paula, 1994)
La ciudad de las bestias (Die Stadt der wilden Götter, 2002)
Mi país inventando (Mein erfundenes Land, 2003)

SALMAN RUSHDIE

(*1947)

Satanskinder – Der Stigmatisierte zwischen Politik und Magie

**Salman Rushdie ist eine Zentralgestalt der Weltliteratur der
Gegenwart. Mit seinem Werk, in dem die Grenzen zwischen
Geschichte und Mythos, Realität und Magie verschwimmen,
prägte er die Entwicklung des postmodernen Romans entscheidend. Rushdie ist ein Vorreiter der ›postkolonialen‹ Suche
nach eigenen Stimmen. Das Meisterwerk *Mitternachtskinder*
(*Midnight's Children*, 1981) gehört zu den bedeutendsten Büchern des 20. Jahrhunderts. In den Brennpunkt der Zeit rückte
der ›Sprachzauberer‹ jedoch mit der Veröffentlichung der *Satanischen Verse* (*The Satanic Verses*, 1988), aufgrund derer Ayatollah Khomeini (1902–1989) die *fatwa* ausrief, das heißt Rushdies Todesurteil aussprach und die Muslime auf der ganzen
Welt zur Vollstreckung aufforderte.**

Ahmed Salman Rushdie stammt aus einer liberalen muslimischen indischen Mittelklassefamilie. Er ging sowohl in Bombay als auch im englischen Rugby zur Schule und studierte am
zur Cambridge University gehörigen King's College Geschichte.
Kurzzeitig lebte er mit seiner Familie in Pakistan, kehrte jedoch
1964 nach England zurück, wo er zunächst für eine Werbe-

agentur tätig war. Sein erster Roman von 1975, *Grimus* – eine Mischung zwischen *Science Fiction*, literarischem Pastiche und Mythos –, erregte noch wenig Aufmerksamkeit. Ganz anders Rushdies zweiter Roman: *Mitternachtskinder*, ein individuell-mythologisches Panorama der Geschichte Indiens seit der Staatsgründung am 15.8.1947, wurde zu einem durchschlagenden Erfolg – und ist es bis heute geblieben. Das Buch wurde nicht nur in seinem Erscheinungsjahr mit dem renommierten Booker Prize ausgezeichnet, sondern 1993 zum Booker of Bookers gekürt, das heißt zum besten Buch der bis dahin 25 Preisträgerwerke. Doch selbst der Triumphzug der *Mitternachtskinder* verblasst im Vergleich zu dem, eher kulturellen denn literarischen, Erdbeben, das die *Satanischen Verse* auslösten. Die Darstellung des Propheten Mohammed, der als ›Mahound‹[1] als Charakter im Roman auftritt, die Reduktion der Offenbarung des Koran zum Mythos und die Profanierung des Heiligen zum Gegenstand literarischen Spiels im Allgemeinen wurde Rushdie als Blasphemie vorgeworfen. Der Roman, der im Grunde das Erleben von Migranten in der westlichen Welt zu fassen sucht, wurde in Indien, Pakistan, Südafrika, im Iran und fast allen arabischen Ländern verboten und in Großbritannien von ansässigen Muslimen öffentlich verbrannt. Bei Verlagen, die die *Satanischen Verse* veröffentlichten, gingen Bombendrohungen ein. Ihren Höhepunkt, aber noch lange nicht ihr Ende[2], fand die Rushdie-Affäre mit Ausrufung der *fatwa* am 14.3.1989. Der Schriftsteller und sein Werk gerieten in den Mittelpunkt einer Diskussion um Redefreiheit und Religion, in der die kulturellen Fronten unverrückbar schienen; die eigentlichen *Satanischen Verse*, ihr literarischer Gehalt und ihre zentrale Thematik des Heim- und Selbstfindens gingen dabei fast unter; Rushdie selbst, so sein britischer Schriftstellerkollege Martin Amis (*1949), »*vanished into the front page* – verschwand hinter der Titelseite«. Doch Rushdie, der seit der Ausrufung der *fatwa* im Geheimen, in steter Unrast und unter hohen Sicherheitsvorkehrungen lebt, ließ sich nicht ›verschwinden‹. Als Romancier, Essayist und Kulturkritiker bleibt er im Mittelpunkt der kulturellen Landschaft der Gegenwart, aus der er nicht wegzudenken ist – und das schließt Auftritte wie im

---

[1] Es handelt sich dabei um eine unschmeichelhafte mittelalterliche Umformung des Namens Mohammed.

[2] Erst im Jahr 2005 bestätigte Ayatollah Ali Khamenei (*1939) die *fatwa*.

Film *Bridget Jones – Schokolade zum Frühstück* (2001) ein, der paradigmatisch ist für Rushdies Weigerung, in mehr als einem Sinn in der Schockwelle der *Satanischen Verse* ›unterzugehen‹. Salman Rushdie, der zu Ehren seines diesjährigen 60. Geburtstages von Queen Elizabeth II. (*1926) in den Ritterstand erhoben wurde, ist zu einem – durchaus romantisierten – Archetyp des Schriftstellers im 21. Jahrhundert geworden, der an allen Aspekten der Welt teilhat und doch immer von ihr abgehoben bleibt.

Als in Indien (Bombay, heute Mumbai) geborener Schriftsteller, der die britische Staatsbürgerschaft innehat und seit der Ausrufung der *fatwa* ein Nomadenleben führt, steht Salman Rushdie zwischen den Welten – und dies schlägt sich sowohl in Thematik, Stoff und Stil seiner Texte als auch in deren Rezeption nieder. Von dem Kulturkonflikt ganz abgesehen, in dessen Mahlstrom sich Rushdie mit den *Satanischen Versen* schrieb, werden seine Texte je nach kulturellem Referenzrahmen mit unterschiedlichen Bedeutungen aufgeladen – Bedeutungen, die im Werk Rushdies, der sowohl von westlichen Modernisten wie James Joyce (1882–1941), Gabriel García Márquez (*1927/28) und Günter Grass (*1927) als auch von der indischen mündlichen und mythologischen Erzähltradition beeinflusst ist, zweifelsohne alle angelegt sind. Die Romane des ›Sprachzauberers‹ sind ein Amalgam der Kulturen; nicht nur spielen sie sowohl in Indien als auch im Westen, sondern greifen, unabhängig von ihrem *setting*, mythologische, religiöse und literarische Symbole, Gestalten und Motive aus zahlreichen Kulturkreisen auf und verweben sie miteinander zu einem neuen, komplexen Muster. Diese narrative Verfahrensweise, die Ebenen von Fiktion und Realität, von Mythos und Geschichte, von Traum und Wachen ineinanderblenden lässt und das Konzept ›Wirklichkeit‹ nicht obsolet werden lässt, aber vieldeutig macht, ist zum einen zutiefst postmodern, das heißt Teil – und in Rushdies Fall ein entscheidender, konstitutiver Teil – des ästhetischen Spiels und der Reflexion über das Wesen von Fiktion mit den Mitteln der Fiktion selbst, die die Literatur der letzten Jahrzehnte des 20. Jahrhunderts dominieren. Zum anderen – und dies ist weniger ein Widerspruch zur als eine Ergänzung der integrativen ›postmodernen Poetik‹ – geht Rushdies komplexe mythologische Erzählweise, die von vielen dem Magischen Realismus zugerechnet wird[1], aus seinen indischen

---

[1] Romane des Magischen Realismus, der ursprünglich in Lateinamerika entstanden ist und zu dessen herausragenden Vertretern Gabriel

Wurzeln hervor, aus einer spezifisch indischen, sinnlichen Wahrnehmungsweise, die Analogien zwischen nach außen hin unverbundenen und unvereinbaren Dingen herstellt in der Suche nach Formen und Mustern, die die Wirklichkeit zusammenhalten. In dieser versuchten Verbindung von Eigenem und Fremden – das in gewisser Weise auch das Eigene ist bzw. zum Eigenen gemacht werden muss – ist Rushdie federführend in der Bewegung der postkolonialen Literatur, in Zuge derer die ehemaligen (gerade auch britischen) Kolonien in der Suche nach den eigenen Wurzeln sich von der so lange aufoktroyierten imperialen Kultur losschreiben. Dies führt aber zu guter Letzt weniger zu einer Nihilierung denn zu einer Integration der westlichen Kultur. Für die postkoloniale Literatur gilt zwar: »*The Empire Writes Back*« – wie Rushdie selbst in einem bedeutenden Artikel in der *Times* vom 3.7.1982 schrieb und so das Schlagwort dieser Bewegung prägte. Doch gerade auch der ›Sprachzauberer‹ bejaht und begrüßt den interkulturellen Austausch und die kulturelle Offenheit, die das Erbe des Empire sind. Diese mögen zwar zu kulturellen wie persönlichen Identitätskrisen und zu einer Fragmentierung wie Pluralisierung der Welt führen, eröffnen aber gleichzeitig dem einzelnen Individuum die Möglichkeit, seine eigene Geschichte, ja, seine eigene Welt neu zu erzählen. – Denn darum geht es Rushdie letztendlich: Mit einer neuen Sprache neue ›Karten‹ der Realität zu schaffen, neue Verständnismodi der Welt. In dieser Kreation neuer Welterklärungsmodelle ist Rushdies Erzählen, das alte Mythologien (und Religionen) ineinander verwebt, selbst wieder mythologisches Erzählen, wenn auch zutiefst individuell, völlig unverbindlich und radikal skeptizistisch; denn, wie Rushdie selbst sagt: »None of this is quite true; all of it is true enough.«[1]

Wichtige Werke:

Midnight's Children (*Mitternachtskinder*, 1981)
Shame (*Scham und Schande*, 1983)
The Satanic Verses (*Die satanischen Verse*, 1988)

García Márquez gehört, heben die Trennung zwischen fantastischem und realistischem Erzählen auf; mythologisch inspirierte, fantastische Gestalten und Vorkommnisse dringen in ein grundsätzlich realistisches *setting* und Geschehen ein, ohne dessen Realismus-Anspruch aufzuheben; statt dessen wird eine neue Wirklichkeitsebene des ›Dazwischen‹ kreiert.

[1] »Nichts davon ist ganz wahr; und es ist alles wahr genug.« (meine Übersetzung)

Orhan Pamuk

Harun and the Sea of Stories (*Harun und das Meer der Geschichten*, 1990)
The Moor's Last Sigh (*Des Mauren letzter Seufzer*, 1995)
The Ground Beneath her Feet (*Der Boden unter ihren Füßen*, 1999)
Fury (*Wut*, 2001)
Shalimar the Clown (*Shalimar der Narr*, 2005)

ORHAN PAMUK

(*1952)

Kulturverflechtung zwischen Orient und Okzident – Der (unfreiwillige) Mittler

Orhan Pamuk ist zweifellos einer der am höchsten angesehenen Schriftsteller der Gegenwart weltweit. Er wurde, gerade auch in Deutschland, mit zahlreichen renommierten Preisen ausgezeichnet, im Jahr 2006 schließlich mit dem Nobelpreis für Literatur. Obwohl Pamuk, wie er immer wieder betont, sich selbst nicht als ›Brückenbauer‹ versteht, wird er als Mittler zwischen Orient und Okzident, zwischen der Türkei und Europa gerühmt; so ehrte ihn die Schwedische Akademie als Schöpfer neuer Sinnbilder »für Streit und Verflechtung der Kulturen«. Pamuks Romane jedenfalls konstituieren eine einzigartige Melange von westlichen und orientalischen Traditionen. Im Mai 2007 wurde Orhan Pamuk die Ehrendoktorwürde der Freien Universität Berlin verliehen.

»Mein Thema ist die Seele des Menschen«, sagt Orhan Pamuk über das Sujet seines Œuvres und beansprucht so eine allgemein-menschliche Ausrichtung für sein Schreiben. Doch gleichzeitig sind die Romane des Nobelpreisträgers (selbst jene, die nicht in der Stadt am Bosporus spielen) aufs Engste verflochten mit seiner Heimatstadt Istanbul, die Pamuk zutiefst geprägt hat. Mit Ausnahme der Jahre 1985 bis 1988, in denen der Schriftsteller in New York weilte und als Gastdozent an der Columbia University tätig war, verbrachte und verbringt Orhan Pamuk sein Leben im Istanbuler Viertel Nisantasi und lebt heute wieder im Haus seiner Kindheit. Die traditionell westliche Orientierung seines Heimatviertels sowie seiner wohlhabenden bürgerlichen Familie sind Pamuk zur zweiten Natur geworden; gleichzeitig ist der Schriftsteller fest verwurzelt in der orientalistischen Tradition seines Landes. Die Zerrissenheit zwischen Abend- und

Morgenland, die die Türkei seit Jahrhunderten prägt, löst sich in der Gestalt Orhan Pamuks sowie in seinen Werken in einer Verschmelzung der Kulturen auf, die Grenzen jedoch weniger überbrückt als verschwimmen lässt und die üblicherweise angenommene krasse Gegensätzlichkeit von Westen und Osten in Frage stellt. Pamuks Stil mischt europäisches Literaturgut von Dante Alighieri (1265-1321) über die deutsche Romantik und Fëdor Dostoevskij (1821-1881) bis hin zu Umberto Eco (*1932) mit der fast vergessenen sufischen, d. i. islamisch-mystischen Tradition. Gleichzeitig stellt er genau die Zerrissenheit zwischen Orient und Okzident, die sein Erzählstil aufhebt, in den Mittelpunkt vieler seiner Romane, die somit ein Panorama der türkischen Gesellschaft jenseits der Polarität von islamistischem Traditionsverharren und progressiver Weltoffenheit präsentieren.

Orhan Pamuks Tätigkeit als Schriftsteller begann im Alter von 22 Jahren mit einer dezidierten Entscheidung für das Leben eines freien Literaten. Zuvor studierte der zukünftige Nobelpreisträger Architektur und Journalismus und hegte berühmterweise von Kindheit an den Wunsch, Maler zu werden. Pamuk selbst begründete diesen Sinneswandel mit der Überzeugung, »Schreiben sei die Möglichkeit, mit Worten die Stimme zu erheben« – und Pamuk erhob und erhebt mit seinen Romanen seine ganz eigene poetische Stimme in einem Land, das nach seinen eigenen Worten »überpolitisiert« ist. So soll dem Schriftsteller zufolge sein Roman *Schnee* (*Kar*, 2002), in dem er einen Mikrokosmos der türkischen Gesellschaft entwirft und mit dem er weltweite Aufmerksamkeit erregte, sein einziger politischer Roman bleiben. Es erscheint fast ironisch – oder vielleicht auch folgerichtig, denn gerade durch seine betonte Nicht-Politik ist Pamuk alles andere als ein *un*politischer Autor –, dass der Nobelpreisträger in den Mittelpunkt politischer Kontroverse geriet: Eine Bemerkung in einem Interview mit dem Züricher *Tagesanzeiger* vom 5.2.2005, in der Pamuk auf den Genozid von Kurden und Armeniern in der türkischen Vergangenheit hinwies (ohne allerdings dieses Wort zu gebrauchen), brachte dem Schriftsteller einen Prozess wegen ›Verunglimpfung des Türkentums‹ ein, der jedoch im Jahr 2006 eingestellt wurde. Dabei verortet sich Orhan Pamuk selbst eher außerhalb aktueller politischer Diskurse (auch wenn er gegen den ›Krieg gegen den Terrorismus‹ und gegen die *fatwa* gegen Salman Rushdie [*1947] sprach und sich für den EU-Beitritt der Türkei einsetzt).

Vielmehr steht er für ein allgemeines Engagement für Menschenrechte und Freiheit. In allererster Linie, das betont Pamuk selbst, ist er Schriftsteller jenseits jeder aktuellen Tagespolitik. Da mag es bezeichnend erscheinen, dass sich der Nobelpreisträger nach der radikalen Entscheidung zum freien Literatentum erst einmal für Jahre zurückzog, um in ruhiger Abgeschlossenheit nichts anderes zu tun als zu schreiben. 1982 dann erschien sein Erstlingswerk *Cedvet Bey ve Oğullari* (›Cedvet Bey und seine Söhne‹), in dem er die Istanbuler Alltagsrealität im Viertel Nisantasi nachzeichnet – eine Thematik, die sein jüngstes Werk, *Istanbul – Erinnerung an eine Stadt* (*Istanbul – Hatiralar ve Şehir*, 2003), wiederaufgreift. Jenes konstituiert eine faszierende Mischung zwischen Autobiografie, poetischer Skizze und Essay. Zwischen dem Erstlingswerk und den *Erinnerungen an eine Stadt* liegen – getreu Pamuks Motto »Alle vier Jahre einen Roman« – Abenteuerromane, Künstlerromane, historische Romane und der ›politische‹ Roman *Schnee*. Allesamt sind diese Texte von einer spannenden Handlung getragen und gleichzeitig reich an literarischen Verweisen und intertextuellen Spielen, mit denen Pamuk seine ihm eigene, mühelose ›Verflechtung‹ von Orient und Okzident erreicht. Berühmte Romane Pamuks sind: *Die weiße Festung* (*Beyaz Kale*, 1985), ein historischer Roman über die Erlebnisse eines jungen Venezianers am osmanischen Hof und über dessen Doppelgänger, ein islamischer Gelehrter, als dessen Sklave der junge Ich-Erzähler endet; *Das schwarze Buch* (*Kara Kitap*, 1990) über die Suche eines Istanbuler Anwalts nach seiner vermissten Frau in den Straßen der Stadt am Bosporus, deren Gegenwart und Vergangenheit bildreich und anrührend zum Leben erweckt wird; und *Das neue Leben* (*Yeni Hayat*, 1994), einer der meistgelesenen Romane der türkischen Literatur überhaupt, eine abenteuergeladene Geschichte über ein mysteriöses Buch und eine mysteriöse Suche.

Wichtige Werke:

Beyaz Kale (*Die weiße Festung*, 1985)
Kara Kitap (*Das schwarze Buch*, 1990)
Yeni Hayat (*Das neue Leben*, 1994)
Benim Adum Kurmizi (*Rot ist mein Name*, 1998)
Kar (*Schnee*, 2002)
Istanbul – Hatiralar ve Şehir (*Istanbul – Erinnerung an eine Stadt*, 2003)

LITERATUR

Emmerich, Reinhard (Hg.): *Chinesische Literaturgeschichte*. Stuttgart/ Weimar: Metzler 2004.

Gray, Jeffrey (Hg.): *The Greenwood Encyclopedia of American Poets and Poetry*. Westport, Connecticut/London: Greenwood Press 2006.

Groß, Konrad/Klooß, Wolfgang/Nischik, Reingard (Hg.): *Kanadische Literaturgeschichte*. Stuttgart/Weimar: Metzler 2005

Kester-Shelton, Pamela (Hg.): *Feminist Writers*. Detroit u. a.: St. James Press 1996.

Kindlers Neues Literatur Lexikon. Chefredaktion Rudolf Radler. München: Kindler 1988/1998.

Magill, Frank N. (Hg.): *The Nobel Prize Winners. Literature. Volume 1–3*. Pasadena, California/Englewood Cliffs, New Jersey: Salem Press 1987

Mylius, Klaus: *Geschichte der altindischen Literatur. Die 3000-jährige Entwicklung der religiös-philosophischen, belletristischen und wissenschaftlichen Literatur Indiens von den Veden bis zur Etablierung des Islams*. Scherz 1988.

Ruckaberle, Axel (Hg.): *Metzler Lexikon der Weltliteratur. 1000 Autoren von der Antike bis zur Gegenwart. Band 1–3*. Stuttgart/Weimar: Metzler 2006.

Schmidt-Glintzer, Helwig. *Geschichte der Chinesischen Literatur. Die 3000-jährige Entwicklung der poetischen, erzählenden und philosophisch-religiösen Literatur Chinas von den Anfängen bis zur Gegenwart*. Darmstadt: Wissenschaftliche Buchgesellschaft 1990.

Schulze, Martin: *Geschichte der amerikanischen Literatur. Von den Anfängen bis heute*. Berlin: Propyläen 1999.

Walter, Wiebke: *Kleine Geschichte der arabischen Literatur. Von der vorislamischen Zeit bis zur Gegenwart*. München: Beck 2004.

Wilpert, Gero von (Hg.): *Lexikon der Weltliteratur. Band I. Biographisch-bibliographisches Handwörterbuch nach Autoren und anonymen Werken*. Stuttgart: Körner 1988.

Zapf, Hubert (Hg.): *Amerikanische Literaturgeschichte*. Zweite aktualisierte Auflage. Stuttgart/Weimar: Metzler 2004.

Alphabetische Liste der vorgestellten Literaten

Alphabetische Liste der vorgestellten Literaten